신약성서개론

김 득 중 저

컨콜디아사

INTRODUCING THE NEW TESTAMENT

by Dr. Deuk Joong Kim

CONCORDIA PRESS
Seoul, Korea

"이 책을 칠순 생신을 맞으신
두 분 부모님께 바칩니다."

목 차

머리말 / 7

제 1 장 서 론

1. 신약성서는 어떤 책인가? 11

제 2 장 신약성서의 형성과 본문

2. 신약성서의 형성 21
3. 신약성서의 본문 35

제 3 장 복음서

4. 복음서는 어떤 종류의 책인가? 53
5. 공관 복음서 문제 61
6. 마가복음 71
7. 마태복음 93
8. 누가복음 119
9. 사도행전 143
10. 요한복음 167

제 4 장 바울 서신

11. 바울의 편지들 195
12. 데살로니가전서 209
13. 데살로니가후서 217

14. 갈라디아 서신 225
15. 고린도전서 235
16. 고린도후서 245
17. 로마 서신 255
18. 빌립보 서신 269
19. 빌레몬 서신 277
20. 골로새 서신 281
21. 에베소 서신 291
22. 목회 서신 : 디모데전·후서와 디도서 299

제 5 장 히브리인서와 공동 서신
23. 히브리인서 313
24. 공동 서신 325
25. 야고보 서신 327
26. 베드로전서 335
27. 유다 서신 343
28. 베드로후서 349
29. 요한 서신들 355

제 6 장 신약 성서의 묵시 문학
30. 요한계시록 367

머리말

우리 말로 읽을 수 있는 신약성서 개론이 이미 여러 권 출판되어 소개된 바 있다. 그런데도 불구하고 또 다른 신약성서 개론을 쓰게 된 동기는 주로 다음과 같은 두 가지 이유 때문일 것이다. 첫째는 성서 비평의 활용과 더불어 놀랍게 발전해 온 성서 연구의 결과들을 충분히 반영한 개론이 필요하다고 새삼 느껴졌고, 둘째로는 한국 교회의 양적 팽창과 함께 질적 성장을 희구하는 평신도들의 성서 연구 열의에 부응하는 적절한 신약성서 개론의 필요성이 느껴졌기 때문이다. 따라서 필자는 이 책을 씀에 있어서 두 가지 점에 늘 마음을 기울였다. 하나는 새로운 성서 연구의 결과들을 가능한 한 많이 이 책에 반영시키는 일이며, 다른 하나는 그럼에도 불구하고 신약성서를 연구하는데 직접 관련이 되지 않는 학자들의 전문적이며 학문적인 토론을 되도록 피하는 일이었다. 전자는 이 책이 신학생들의 교재를 목적으로 한 것이기 때문에 그랬고, 동시에 후자는 이 책이 성서 연구에 뜻을 둔 많은 평신도들을 위한 안내서로 의도되기도 했기 때문에 그랬다.

신약성서 개론에는 두 가지 종류의 것이 있을 수 있다고 생각한다. 하나는 신약성서를 전문적으로 연구하고 전공하려는 학도들(우리나라 형편으로는 신학 대학원 학생 수준의)을 위한 개론서이고, 다른 하나는 성서를 경건적인 차원에서만 읽다가 좀더 깊이 신약성서의 세계를 탐구하고자 하는 학도들(고등학교를 졸업하고 신학 대학에 입학한 신학생이나 열의 있는 평신도들)을 위한 개론서이다. 이렇게 두 가지로 나눌 때 이 책은 후자의 범주에 속한다고 볼 수 있다. 우리나라에서처럼 신학 대학에 들어와 처음으로 신약성서를 학문적으로 연구하기 시작한 신학생들이나 성서 연구에 대한 깊은 뜻을 가진 평신도들이 이 책의 대상이라고 생각된다. 실제로 이 책은 필자가 수년간 신학 대학에서 신입생들을 위해 신약성서 개론을 강의할 때 사용했던 강의 노트와 또한 여러 교회에서 평신도들을 위한 성서 연구를 위해 준비했던 강의 노트들을 종합하여 발전시킨 것이다. 필자는 특히 이 책에서 신약성서 각 책을 올바로 이해할 수 있는 올바른 관점을 제공하려고 애썼으며, 가능한 한 각 책의 내용을 이해시키는 데 마음을 기울였다. 처음으로 신학 대학에 들어와 신약성서 개론이란 과목을 공부하게 되는 신학생들과 또한 성서 연구에 뜻을 둔 평신도들에게 신약성서를 올바로 이해하기 위한 유익한 안내서가 되었으면 하는 것이 필자의 바람이다.

1986년 8월에
저자 金 得 中

제 1 장

서 론

1

신약성서는 어떤 책인가?

신약성서는 본래 27권이나 되는 서로 다른 책들로 구성되어 있다. 복음서들이 있는가 하면 역사 기록(사도행전)도 있고, 개인적인 사신(私信, 즉 빌레몬서)이 있는가 하면 교회들에 보낸 공동 서신(또는 회람 편지)이 있고, 또 신학적이며 교리적인 서신(로마서와 갈라디아서)이 있는가 하면 수사학적인 설교 형태의 서신(히브리서)도 있다. 책들의 분량도 모두 다르다. 28장(章)에 달하는 마태복음이나 사도행전이 있는가 하면 1장(章)으로만 되어 있는 빌레몬서, 요한이서와 삼서, 그리고 유다서가 있다.

신약성서에 포함된 이 27권의 책들을 형태에 따라 분류한다면 대충 다음과 같이 말할 수 있다. 즉 맨 처음에는 마치 예수의 자서전 형식으로 되어 있는 4권의 "복음서"들이 나오는데 사실상 이 복음서들은 예수의 전기(傳記)도 아니며, 예수의 생애와 행적에 대한 역사 기록도 아니다. 나중에 상세히 언급될 것이지만 이 복음서들은 예수의 행적과 교훈에 대한 전승들을 수집하여 그것들을 기초로 예수를 전하려고 했던 신앙적 목적을 가진 일종의 설교문(케리그마)들이다. 그 다음으로는 마치 초대 교회의 발전 과정을 서술한 역사책처럼 보이는 사도행전이 있는데, 실제로 이 책은 누가복음의 제2부 작품으로서 오히려 누가복음에 직접 연결되어야 할 책이다. 이 책은 누가복음과 비슷한 목적을 가진 신앙 증거의 기록이다. 이 5권의 책들 다음에 21개에 달하는 "서신들"이 나오는데 이것들은 대개 새로이 형성된 초대 기독교회 안에 생겨난 여러 가지 신앙적, 윤리적 문제들에 직면하여 제자들이 수신자들에게 신앙적 권고를 하기 위해 발송한 편지들이다. 그리고, 마지막으로는 묵시 문학의 일종이라고 말할수 있는 "요한의 계시록"이 나온다. 그런고로 만일 우리가 사도행전을 누가복음과 연결시켜 같은 책의 제1부와 제2부로 생각한다면, 신약성서 27권의 내용은 다음과 같이 요약 정리될 수 있다.

1. 복음서들 – 마태복음
   마가복음
   누가복음과 사도행전
   요한복음
2. 서신들
   1) 바울 서신 – 데살로니가전서와 후서, 고린도전서와 후서, 로마서, 갈라디아서, 에베소서, 빌립보서, 골로새서, 발레몬서.

2) 일반 서신 – 히브리서, 야고보서, 베드로전서와 후서, 요한 1서, 2서, 3서, 유다서.

3) 목회 서신 – 디모데 전서와 후서, 디도서.

3. 묵시 문학-요한계시록.

그런데 27권의 책들이 형태만 다를 뿐 아니라 그 저자들도 모두 다르다. 신약 27권을 기록한 저자들의 숫자는 모두 십여 명에 달하고 있는데 대충 그 이름들을 열거해 본다면, 마태, 마가, 누가, 요한, 바울, 베드로, 야고보, 유다, 그리고 그 이외에 이름이 밝혀지지 않은 익명의 저자들도 몇 사람이 있다. 이들은 모두 인간적인 그리고 신앙적(또는 신학적)인 차이를 갖고 있기도 하다. 바울이나 누가처럼 학식이 있는 자가 있는가 하면, 베드로처럼 무학의 사람도 있다. 사도가 있는가 하면, 무명의 인사도 있고 행함을 강조하는 저자(야고보)가 있는가 하면, 믿음을 강조하는 저자(바울)도 있다. 바울처럼 여러 권의 책(서신)들을 써서 숫자상으로 가장 많은 공헌을 한 저자가 있는가 하면, 누가처럼 단 두 권의 책을 썼으면서도 양적으로 가장 많은 공헌을 이룩한 저자도 있다.

또한 27권이 기록되어진 상황과 목적도 각기 다르다. 예수 그리스도를 하나님의 아들로 전파하여 그를 믿고 참생명에 이르게 하기 위해 기록된 선교적 목적의 책이 있는가 하면(요한 20:31), 이미 믿는 자들을 상대로 그들을 신앙적으로 훈련시켜 온전히 성장하도록 권면하고 교육하기 위해 기록된 책들도 있으며(마태복음이나 야고보서), 또는 이단 교설이나 외부의 박해로부터 믿는 자들을 지켜 올바른 신앙 가운데서 흔들림없이 견고히 바로 살게 하기 위하여 기록된 변증적 혹은 논쟁적 목적의 책들도 있다(갈라디아서나 유다서). 그리고 팔레스틴에서 주로 유대인 기독교인들을 상대로 기록한 책들(마태복음이나 야고보서)이 있는가 하면, 이방인 지역에서 이방인 기독교인들을 위해 기록한 책들도 있다(누가복음이나 바울의 서신들).

그 밖에 27권의 책들이 기록된 시기도 서로 다르다. 27권의 책들이 기록된 시기는 대체로 주후 50년경으로부터 주후 150년경에 달한다. 맨 처음에 기록된 책과 제일 나중에 기록된 책 사이에는 무려 한 세기의 시간적 간격이 있다. 지금의 성서에 포함된 27권의 책들이 기록되던 시대를 크게 나누어 본다면 첫째는 바울 시대요 둘째는 복음서 시대요 셋째는 일부 일반 서신과 요한계시록이 기록되던 시기이다. 제1세기에 있어서 예수의 시대는 주후 30년으로 끝나고 그 다음 약 20년간은 아무런 기록 문서도 나타나지 않고 있는 소위 "암흑 시대"(곧 구전 시대)이다. 그 후 50년경부터 바울의 서신들이 최초로 나타났고, 예수가 십자가에 달려 죽으신지 무려 40년이 지난 후인 70년경에 최초의 복음서인 마가복음이 기록되었다. 이 이후 마태복음과 누가복음이 나왔고 1세기 말경에 요한복음이 기록되었다. 일부 일반 서신과 목회 서신들은 2세기 초에 기록되었으며, 베드로후서나 요한계시록은 대체로 2세기 중엽에 기록된 것으로 보인다.

이렇게 저자, 기록 시기, 장소 및 기록 목적 등의 차이로 인해서 각 책들간에 기독교 신앙의 본질에 대한 이해가 약간 다르게 나타나고 있고 따라서 상이한 사상의 발전을 보여 주고 있기도 하다. 때로는 같은 저자에게서도 시간의 경과에 따라 사상의 발전과 변화가 나타나고 있기도 하다. 그러나 전체적으로는 신약성서가 통일성을 보여주고 있는데 그것은 각 저자들이 모두 같은 예수 그리스도를 믿고 있고, 동시에 예수 그리스도를 증거하는 같은 목적을 갖고 있기 때문이며, 또한 세상에서의 생활을 예수 그리스도에 대한 신앙에 의해서 의미있게 만들려고 하는 같은 의도를 갖고 있기 때문이다. 이렇게 신약성서가 여러 "사람"들의 말이기는 하지만, 결국 그 여러 음성들은 예수 그리스도를 통해 나타난 "하나님"의 구원 행동을 증거하고 있다는 점에서, 그리고 그것을 똑같이 구약성서의 관점에서 이해하고 있다는 점에서, 그리고 그 모두가 다 하나님께서 계획하신 구원 행동의 일부라는 점에서 통일성을 갖는다. 결국 이 통일성은 신약성서가 하나님의 깊으신 뜻을 계시해 주는 하나님의 말씀이란 점에서 나타나고 있다. 그렇기 때문에 신약성서는 여러 "인간의 말"이면서도 동시에 그 근원에 있어서는 "하나님의 말씀"이기도 하다. 이것은 마치 우리가 무대의 드라마에서 수많은 연기자들의 여러 말을 들으면서도 동시에 그들의 말을 통해 그 드라마를 쓴 작가 자신의 말을 듣는 것과도 같다. 또는 관현악 연주에서 여러 연주자들의 상이한 음악을 통해 작곡자 자신이 의도한 한 가지 주제 음악을 듣게 되는 것과도 마찬가지이다. 우리는 결국 신약성서를 기록한 여러 저자들의 설교와 증언에 의해 예수 그리스도를 통해 나타난 하나님의 구원 행동을 보게 되며, 그 구원 행동을 통해서 하나님의 뜻이 무엇인지, 기독교 신앙이 어떤 것인지, 그리고 기독교 교회의 의미가 무엇인지 등에 관해 배우게 된다.

그런데 우리가 지금 갖고 있는 신약성서 27권의 순서는 저자에 따라 편집 배열된 것도 아니고 그렇다고 기록된 연대순으로 배열된 것도 아니다. 글자 그대로 무순(無順)이라고 말할 수 있다. 연대적인 순서로 말하자면 바울 서신이 제일 먼저 나와야 할 것이며, 그 중에서도 데살로니가전서나 갈라디아서가 가장 먼저 배열되어야 할 것이다.

복음서 중에서는 마가복음이 제일 먼저 기록되었고 요한복음이 가장 나중에 기록된 것이다. 일반 서신 중 어느 것과 목회 서신은 주후 1세기 이후에 기록된 것으로 보이며, 신약성서 중에서 가장 후대에 기록된 것은 아마도 베드로후서나 요한계시록일 것이다. 만약 우리가 신약성서 27권을 기록된 순서대로 읽어 나간다면, 기독교 메시지의 역사적 발전 과정을 따라 읽을 수 있다는 점에서 성서 이해에 크게 도움 받을 수도 있을 것이다. 그러나 이 책에서는 편의상 신약성서에 현재 편집되어 있는 순서를 될 수 있는 대로 그냥 따르는 방향에서 다루게 될 것이다. 아마도 신약성서 27권이 교회 안에서 지금의 순서대로 전해지게 된 데에는 역사적으로 예수의 출현이 바울의 활동보다 먼저라는 인식이 작용했을 것으로 보인다. 즉 예수의 생애가 끝나고 바울의 선교 활동에 힘입어 소아시아 지방에 여러 교회들이 생겨나면서 많은 서신들이 기록되어지게 되었다는 생각 때문이었을 것으로 보여진다. 여하튼 현재의 순서도 영적인 의미에서는 전혀 잘못된 것이 아닐 수 있다. 즉 마태복음은 예수를 구약의 완성자로 강조하고 있기 때문에, 그리고 마태복음에는 구약성서의 인용이 많고 유대적 특징이 많기 때문에 독자들을 구약으로부터 신약 세계로 인도하기 위한 교량 역할로는 현재의 위치가 적합할 수 있으며, 구원의 이야기를 하나님의 심판과 승리로 마감하기에는 신약성서가 요한계시록으로 끝나는 것이 더 적절할 수가 있을 것이다. 그래서 이 책에서는 전통적인 순서를 따라 복음서를 먼저 다루고 서신을 다루되 가능한 한 기록된 연대순으로 다루고자 한다. 이것이 성서 이해에 더 도움이 될 것이라고 생각되기 때문이다.

제 2 장

신약 성서의 형성과 본문

2

신약성서의 형성

1. 어떻게 기록이 되었는가?

예수는 아무런 기록도 남겨주지 않았다. 그는 하나님 나라의 임박한 도래를 선포했으며, 사람들로 하여금 회개함으로써 하나님 나라의 도래를 준비하도록 권했다. 그는 말씀의 선포자였지 결코 기록을 통해 활동한 문서 예언자는 아니다. 그의 시대에 그의 가까운 제자들 중에서도 기록을 남기려고 또는 "성서"를 만들려고 시도했던 사람은 하나도 없었다. 예수나 그의 처음 제자들은 말로 전하는 것에 관심이 있었지 글로 기록을 남기는 일에는 별로 관심을 갖지 못했다. 처음 제자들이 예수와 마찬가지로 글로 기록을 남기는 데 관심을 기울이지 않았던 것에는 나름대로 몇 가지의 이유가 있었다고 생각된다.

첫째로, 초기의 기독교인들은 예수의 생애와 교훈 또는 그 이외의 신앙적 문서들을 기록하여 남길 만큼 그렇게 문학적 능력을 갖춘 사람들이 아니었다. 글로 기록을 남긴다는 것은 요즈음과는 달리 많은 시간을 요하는 커다란 일이었고 또한 기록하기 위해 양가죽이나 파피루스 같은 재료들을 사용했는데 그런 것들을 구하는 일도 결코 쉽지가 않았었다. 더구나 처음 크리스천 중에서 책을 기록할 만큼 유식한 사람이 그리 많지도 않았었다.

둘째로, 초기의 기독교인들은 너무나도 그들의 메시지를 전파하며 그 말씀대로 살면서 생활로 믿음을 증거하기에 바빴기 때문에 그 메시지의 영구적 보존에 대해선 별로 생각을 하지 못했었다. 그들에게 무엇보다 긴박했던 일은 누구에게나 복음을 들려줄 수 있도록 입으로 전하는 일이었다. 그런데다가 머지않아 곧 이 세대의 종말이 올 것이라는 그들의 기대와 신앙은 문서를 기록하여 남겨야 할 필요성을 더욱 느끼지 못하게 했다. 예수뿐만 아니라 바울 자신도 자기가 살고 있던 그 세대가 마지막 세대일 것으로 생각했었다. 그렇기 때문에 초기 기독교인들은 너무 늦기 전에 말씀을 전해야 했다. 이 세대의 종말이 너무나 임박했기 때문에 미래의 세대를 위해 기록을 남긴다는 일은 거의 무의미했을 뿐만 아니라 전혀 생각할 수도 없는 일이었다.

셋째로, 그 당시의 사람들은 대개 모든 말씀들을 기록하지 않은 채 기억하는 일에 익숙해 있었다. 당시의 사람들은 놀랄 만큼 기억력이 풍부했다. 마치 지난 날 우리의 서당에서처럼 유대 랍비들은 그들의 제자들에게 입으로 가르쳤고 그 제자들은 선생의 교훈과 말씀을 모두 외워서 배웠다. 예수 자신도 구약을 그렇게 배웠고 또 마찬가지로 아무런 기록도 남기지 않은 채 입으로 제자들에게 가르쳤었다.

이런 이유와 상황 때문에 기독교 문서(혹은 성서)들이 오랜 동안 출현하지 않게 되었다. 어떤 학자는 이 기간을 아무런 문서 기록이 없는 시대라고 하여 "암흑 시대"라고 부르기도 한다. 그러나 좀더 정확히 말한다면 이 시기는 기독교 전승들이 문서로가 아니라 입으로 전해지던 시기였기에 "구전(口傳) 시대"라고 불러야 할 것이다. 그러나 이 구전 시대가 끝없이 계속될 수만은 없었다. 일부에서 구전이 계속 전해지면서도 일부에서는 구전이 아닌 문서 기록의 필요성이 강하게 느껴지게 되었다. 구전 시대가 끝나고 구전으로 전해지던 메시지가 문서로 기록되어지게 된 데에도 몇 가지의 이유가 있었을 것으로 생각된다.

첫째 이유는 예수께서 십자가에 죽으시고 이어서 최초의 제자들도 하나씩 죽어가고 있었기 때문이다. "여기 서 있는 사람들 가운데 죽기 전에 하나님 나라가 권능으로 임하는 것을 볼 사람도 있다"(막 9:1)는 예수의 말씀에도 불구하고 그 말씀을 들었던 많은 사람들이 하나씩 다 죽어가고 있었다. 임박한 종말에 대한 처음 기대에 변화가 생기기 시작했다. 교회가 이 세상에서 좀더 오래 지속될 것이라는 기대가 생겨나게 되었다. 기독교인의 생활이 세상에서 좀더 오래 계속될 것이란 생각과 함께, 기독교인으로 하여금 이 세상에 더 잘 적응할 수 있게 하고 또 이 세상 안에서 기독교 신앙을 더 확고히 보전하게 하기 위해 교인들을 가르치고 훈련시켜야 할 필요성도 생겨나게 되었다. 이런 상황이 문서의 출현을 재촉한 요인의 하나가 되었을 것이다.

둘째로, 로마에 의한 교회의 박해가 문서의 필요성을 재촉하기도 했을 것이다. 기독교인에 대한 박해가 점차 극심해감에 따라서 기독교인들이 공개적으로 한자리에 모여 예배를 드린다는 것은 더욱 어려워지게 되었을 것이다. 따라서 구전을 통해 기독교인들을 가르치며 훈련한다든지 입으로 말씀을 전파하는 일이 어렵게 되었다. 지하 무덤과 같은 은밀한 장소에 숨어서 모이던 그 당시의 기독교인들로서는 기록된 문서가 입으로 전해지는 구전 설교보다 더욱 안전하고 더욱 용이하게 생각되었을 것이다. 이런 상황 속에서 기록된 문서의 필요성은 더욱 절실하였을 것이다.

셋째로, 초대 기독교인들은 예배를 드리기 위해서도 그들이 회당의 예배 형식에 따라 봉독하던 구약성서 이외에 독자적인 기독교 문서가 필요하다고 생각하기 시작했다. 이미 기독교는 모태와도 같은 유대교로부터 구별된 새로운 종교로서 발전하고 있었으며 더욱이 유대교와의 알력 관계 혹은 대립관계가 심화되면서부터 기독교 자체의 성문서의 필요성을 느끼기 시작했다. 이런 즈음에 최초로 바울의 서신들이 나타나게 되었고 그 이후 예수의 생애와 교훈에 대한 전승들이 복음서란 이름의 책으로 문서화되었다. 초대 기독교인들은 이런 문서들을 수집하고 보전하였다가 대중적인 예배 때에 구약성서와 함께 봉독하기도 했고 또한 개인의 경건적 목적을 위해 널리 이용하기도 했다. 이렇게 되자 점차로 예수의 교훈에 대한 기록이 요구되게 되었고 그래서 입으로 말해지던 것이 뒤로 물러나고 이제는 기록된 문서에 의존하게 되었다.

이렇게 해서 나타나게 된 최초의 기독교 문서는 바울의 서신들이었다. 그의 서신들은 주로 그의 전도 활동 후반기 그러니까 대략 50년대 초기로부터 60년대 초기 사이에 기록된 것으로 보여진다. 물론 바울은 그의 서신을 기독교 문서(즉 성서)로 영구적으로 남기려는 의도를 갖고 있지 않았으며 더구나 성경을 기록한다는 생각은 전혀 갖고 있지 않았다. 이것은 신약성서를 기록한 다른 저자들의 경우도 마찬가지이다. 바울은 그가 전도 여행 중에 세워놓은 그의 여러 교회들로 하여금 그가 그들에게 전해 주었던 복음에 대해 올바른 이해를 하도록 도와주고, 또한 그 복음에 합당한 생활을 하도록 가르치고 권면하기 위해 편지를 써보냈다. 때로는 그가 세워놓은 교회들 안에 이단적인 교설들, 또는 "다른 복음"이 들어와 교인들의 신앙을 위협하고 교회 안에 여러 가지 문제들을 일으키고 있었기 때문에 그런 문제들에 대해 교인들을 교육하고 보호하여 올바른 신앙 안에서 바로 서게 하고 교회 안에서 서로 덕을 세우는 일에 힘쓰게 하기 위해 편지들을 써 보내기도 하였다. 그렇기 때문에 그의 서신들은 거의 모두가 구체적인 역사적 상황 속에서 구체적인 필요와 요구에 응하려는 구체적인 목적을 가지고 기록된 것들이다. 아직 개개의 교회마다 책임 있는 지도자가 생겨나지 않은 상황이었기 때문에 바울은 전도 여행을 계속하는 가운데서도 그가 세워놓았던 교회와 끊임없이 연락을 취하면서, 계속 그들을 지도하기 위해서도 서신의 기록은 필연적이었을 수도 있다.

복음서들 가운데서 제일 먼저 기록된 것은 마가복음이다. 마가는 주후 70년경 예루살렘이 멸망할 즈음에 이방 세계를 향해 예수가 하나님의 아들임을 널리 증거하기 위해 펜을 잡았다. 그는 그 당시 세계에서 흔히 볼 수 있었던 종교적 영웅이나 철학적 교사들의 위대한 전기(傳記)의 형태를 따라 예수 그리스도를 설교하려고 시도했었다. 이 복음서가 나온 다음 여러 해 후에 마태와 누가는 각기 그들 나름대로 마가복음을 기초로 해서 각각 유대인들과 이방인들을 상대로 예수 그리스도의 생애와 교훈을 설교하며 교육하기 위해 복음서들을 기록했다. 그들 역시 기독교인들을 위한 성서를 기록하려고 시도한 사람들이 아니었다. 그렇다고 정확한 그리고 신빙성 있는 예수의 전기를 기록하려고 시도했던 것도 아니었다. 그들의 목적은 예수의 생애와 행적을 정확히 역사적으로 보도하는 데 있었던 것이 아니라, 오히려 초대 기독교인들로 하여금 예수를 하나님의 아들로 믿게 하고, 그 믿음 가운데서 올바로 성장할 수 있도록 교육하기 위한 것이었다. 따라서 그들의 목적은 역사적인 것이라기 보다는 오히려 선교적, 교육적인 것이었고 그들의 관심도 역시 예수의 행적과 교훈에 대한 전승을 수집하여 보전하고 전해 주는 데 있는 것이 아니라 도리어 그 전승자료를 이용하여 교인들을 교육시키는 데 있었다.

이렇게 기독교적인 문서들이 교회의 구체적인 필요와 요구에 의해 기록되기 시작하자, 수많은 기독교 문서들이 여러 곳에서 수많은 사람들에 의해 기록되어지게 되었다. 오늘날 우리가 갖고 있는 신약성서 안에는 정경(正經)이란 이름으로 오직 27권의 문서들만이 보전되어 있지만, 그것들만이 기록된 전부는 결코 아니었다. 이 27권의 문서들 이외에도 거의 같은 시대에 이 27권과 비슷한 수많은 서신들, 수많은 복음서들, 수많은 행전들과 계시록들이 많이 나타나 초대 교인들 사이에서 널리 유통되고 이용되었었다. 오늘날 우리는 정경에 포함되지 아니한 이런 문서들을 소위 외경(外經) 또는 위경(僞經)이라고 부른다. 가령 예를 들어본다면 외경 복음서들 중에서는 유아 복음서들, 베드로 복음서, 니고데모 복음서, 히브리인의 복음서, 에비온 복음서, 도마 복음서, 애굽인의 복음서 등이 있으며 외경 행전들 중에는 안드레 행전, 도마 행전, 바울 행전, 베드로 행전, 요한 행전, 빌라도 행전 등이 있고, 외경 묵시록 중에는 베드로 묵시록, 바울의 묵시록 등이 있다. 또 외경 서신들로는 바나바서, 라오디게아서, 클레멘트 1서, 2서, 3서 등등이 있다. 이런 수많은 외경 문서들은 모두 "기독교적" 문서들로서 그 형태에 있어서만이 아니라 질적인 내용에 있어서도 우리 성경에 포함된 27권의 책과 상당히 비슷하였다. 우리의 신약 성경 27권은 그 당시에 나타난 수많은 기독교 문서들 가운데서 선택되어 정경(正經)으로 인정된 책들이다. 성경을 가리켜 "책 중의 책"이라고 부르는 것은 우리의 성경이 그 당시 수많은 문서들 가운데서 선택된 책이라는 점을 인식할 때 더 잘 이해될 수가 있을 것이다.

2. 어떻게 정경이 되었는가?

수많은 유사한 문서들 가운데서 오직 27권만이 선택되어 기독교의 정경으로 확정되기까지에는 긴 시간과 역사가 필요하였다. 1세기 후반부터 나타나기 시작한 수많은 기독교적 문서들은 여러 지역의 여러 교회들 가운데서 널리 사용되게 되었다. 처음에는 각 지역 교회 지도자들이 교인들의 신앙과 경건에 유익이 된다고 생각되는 것들을 읽도록 권고하는 데서부터 시작되었다. 추천의 대상으로 선택되는 것은 전혀 각 교회 지도자들의 개인적인 판단에 의한 것이었다. 교회 지도자에 의해 추천된 책들은 교회 안에서 다른 책들보다 더 중요시되었고 교인들 가운데서 더 애용되게 되었다. 많은 문서들이 자꾸 나타남으로 인해서 추천되는 책의 숫자도 늘어날 수밖에 없었다.

그러나 수많은 문서들의 출현은 교회 안에 새로운 문제를 불러일으키게 되었다. 왜냐하면 그 많은 문서들 중에는 기독교인의 신앙과 경건 생활에 유익을 주는 것들도 많았지만, 다른 한편으로는 기독교 신앙을 위협하는 그리고 기독교인들을 잘못 인도할 이단적인 문서들도 있었기 때문이다. 그 이외에도 너무 허황된, 그리고 질적으로 너무 미급한 문서들도 교회 안에 아무런 제동 없이 자유롭게 유통되고 있었기 때문이다. 그런데다가 똑같은 책이 어떤 지역에서는 교회 지도자에 의해 추천되고 있는 반면에 다른 교회들에서는 인정되고 있지 않는 등 교회의 통일된 태도를 찾아볼 수가 없게 되었다. 이런 상태는 오히려 기독교인들에게 혼란만을 가중시켜 신앙에 덕이 되지 못할 수도 있었다. 그래서 자연히 신앙과 실행의 올바른 표준이 될 수 있는, 그리고 기독교회 안에서는 어디서나 통일적으로 인정될 수 있는 책들을 선정하여 확정해야 할 필요성에 직면하게 되었다.

이렇게 성경의 한계를 확정해야 할 필요성이 느껴지던 시기에 말시온(Marcion, 주후 140년)이 나타나 처음으로 정경 확정의 시도를 감행했다. 그러나 그의 정경 선택은 근본적으로 문제가 많았다. 그는 초대 교회를 위협했던 영지 주의의 신봉자였다. 영지주의는 영과 물질의 이원론을 주장하면서 영은 선하고 물질은 악한 것이라고 믿었다. 이런 근본적인 이해는 결국 악한 물질(세계)을 창조한 창조신도 악과 관련이 있다고 하여 적대시하게 되었다. 그래서 영지주의자들은 구약의 창조신을 예수가 계시하신 신약의 하나님과 구별하고 구약의 창조신과 관련된 것을 경시하고 배격하였다. 말시온은 이같은 영지주의적 창조신 개념 때문에 구약은 물론 구약과 연관성이 있는 모든 문서들을 배격하였는데, 곧 마태복음, 마가복음, 요한복음이 구약적인 색채를 갖고 있다고 하여 정경으로부터 제거해 버렸다. 그리고 누가복음은 그가 높이 평가하고 있는 바울과의 연관성 때문에 정경에 포함시키고 그 대신 누가복음에 나오는 구약성서의 인용문들은 모두 삭제해 버리는 등 상당한 수정을 가했다. 그는 누가복음 이외에 사도행전과 바울의 10개 서신, 곧 갈라디아서, 고린도전 · 후서, 로마서, 데살로니가전 · 후서, 라오디게아서, 골로새서, 빌립보서, 빌레몬서를 그리고 구약성서와 상반되는 신약성서의 구절들을 대립시켜 열거한 자신의 저작인 "대구"(對句, antithesis)를 정경에 포함시켰다.

말시온의 이같은 정경 선정은 교회 안에 문제를 제시하게 되었다. 자기의 비위에 맞게끔 구약성서 인용구를 마음대로 삭제해 버릴 수 있는 것일까? 더구나 자신의 저작을 자기 마음대로 정경에 포함시키는 일이 용인될 수 있는 것일까? 이런 질문과 더불어 말시온의 불완전한 정경 선정은 오히려 완전한 정경 선정을 위한 강한 촉진제가 되었다.

교회는 교회 나름대로 정경에 포함되어야 할 책의 요건이 어떤 것인가에 대해 생각하게 되었다. 적어도 어떤 기준에 따라서 정경에 포함시킬 책을 선정해야 될 것으로 생각했다. 아마도 다음과 같은 것들이 정경의 기준으로 중요시되었을 것으로 생각된다. 첫째로는 사도성이었다. 이 책은 사도에 의해 씌어졌는가 아니면 그 책의 저자가 자기의 책을 사도들의 책과 동일한 수준에 올려놓을 수 있을 만큼 사도들과 밀접한 관계를 갖고 있었던가? 이 두 번째 질문은 특히 마가복음, 누가복음, 사도행전 및 히브리서를 정경으로 확정짓는 데 중요한 역할을 했을 것이다. 둘째로는 책의 내용이었다. 그 책의 내용은 정경의 지위에 오를 만큼 영적인 성격과 훌륭한 내용을 갖고 있는가? 이런 질문을 근거로 해서 대부분의 외경과 위경이 삭제되고 오늘날 우리가 갖고 있는 27권의 책이 남게 되었을 것이다. 셋째로는 보편성이다. 즉 그 책은 모든 교회들 가운데서 모든 교회 지도자들에 의해 보편적으로 인정받고 있었는가? 가치 없는 많은 책들은 이미 이 기준에 의해 제거될 수밖에 없었다. 마지막으로는 영감이었다. 그 책은 하나님으로부터 영감을 받은 것인가? 내용 문제에 관련해서 이 기준도 중요한 역할을 했을 것으로 보인다.

이런 여러 가지 기준들에 의해 책들이 선정되었지만 그러나 결론은 일치되지 않은 채 계속 많은 논란을 불러 일으켰다.

따라서 여러 교회들의 의견이 일치되어 정경 27권이 확정되기까지는 좀더 많은 시간이 필요하였다. 그렇지만 대체로 2세기 말경에 이르러서는 신약성서가 오늘날 우리가 갖고 있는 것과 거의 같은 책들을 포함하고 있었다. 다만 최종적인 결론에 이르지 못한 채 정경 형성을 위한 진통이 계속되고 있었을 뿐이다. 곧 몇몇 책들에 대해서는 계속 그 권위와 진정성이 문제시되었다.

정경이 지금의 27권으로 최종 확정되기까지의 역사적 과정을 좀더 구체적으로 추적해 본다면 대충 다음과 같다. 첫째로 오리겐(Origen, 254년 사망)은 말시온의 그릇된 정경 형성에 자극받아 올바른 정경 형성에 관심을 갖고 각 교회들에서 어떤 책들이 성서로 인정되어 사용되고 있는지를 구체적으로 조사하기 위해 여러 지방을 순회하면서 자료를 수집하였다. 그는 이같은 자신의 자료 수집을 근거로 교회들 가운데서 사용되고 있는 모든 책들을 두 가지로 구분하였다. 첫째는 호모레고메나(Homolegomena), 곧 모든 교회에서 성경으로 보편적인 인정을 받고 있는 책들이고, 둘째는 안티레고메나(Antilegomena), 곧 교회들 가운데서 다소간에 반대를 받았던 책들이다. 그가 조사해서 구분한 바에 의하면 :

호모레고메나=4복음서
바울의 13서신
베드로전서
요한일서
사도행전

계시록
안티레고메나=히브리서
베드로후서
요한이서
요한삼서
야고보서
유다서
바나바서
허마스의 목자
디다케
히브리 복음서였다.

이 당시만 하더라도 정경 27권 중 거의 대부분의 중요한 문서들이 교회 안에서 이의 없이 성경으로 인정되어 이용되고 있었음을 알 수가 있다.

다음으로 정경 문제에 관심이 많았던 사람은 유세비우스(Eusebius, 주후 270~340년)였다. 그는 그 나름대로 정경의 한계에 대한 자신의 조사 결과를 발표한 바 있다. 그도 역시 호모레고메나 가운데 이미 오리겐이 인정했던 책들, 곧 4복음서, 사도행전, 바울 서신 14개(히브리서 포함), 요한일서, 베드로전서, 계시록을 포함시켰으며, 안티레고메나 중에서는 한편으로 교회 안에서 그냥 논란만 있었던 책으로 야고보서, 유다서, 베드로후서, 요한이서, 요한삼서와 다른 한편으로 교회로부터 가짜라고 낙인 찍혀 배격당한 책으로 바울행전, 허마스의 목자, 베드로의 묵시록, 바나바서, 라오디게아서를 각각 구분하여 언급하였다. 이때에도 우리 성경에 포함된 27권의 책 중 대부분이 교회 안에서 이미 성경으로 인정되고 있었음을 볼 수가 있다.

그 후 예루살렘 교회의 감독이었던 키릴(Cyril, 주후 315~386년)은 교회의 입교인이 되기 원하는 사람들에게 신약성서의 목록을 강의하면서 우리가 지금 갖고 있는 정경 27권 중에서 계시록을 제외한 26권을 거룩한 성경으로 소개하였다. 그 후 라오디게아에서 모인 종교회의(360년)에서도 "구약과 신약의 경전화"를 결의한 제59조에서 계시록을 제외한 26권을 기독교의 거룩한 성경으로 인정하였다. 신약성서 27권이 맨 처음으로 기독교 경전으로 추천된 것은 367년경 애굽 알렉산드리아의 감독이었던 아타나시우스(Athanasius)에 의해서였다. 그는 그의 교구 안에 있는 여러 교회들에 부활절 서신을 보내는 가운데서 지금의 신약성서와 똑같은 내용의 목록을 기독교의 거룩한 성경으로 추천하였다. 그 서신의 내용은 대략 다음과 같이 되어 있었다: "나는 이제 신약성서에 속하는 책들을 다시 소개하고자 합니다. 그것은 다음과 같습니다. 4복음서, 즉 마태복음, 마가복음, 누가복음, 그리고 요한복음이고 그 뒤에 사도행전과 사도들의 공동 서신 7권이 있는데 그것은 야고보의 것이 하나, 베드로의 것이 둘, 요한의 것이 셋, 그 뒤에 유다의 것이 있습니다. 이것들 외에 사도 바울의 서신이 14개 있는데 순서대로 배열한다면 첫째가 로마서, 다음은 두 개의 고린도서, 그 다음에 갈라디아서, 에베소서, 빌립보서, 골로새서, 데살로니가전·후서, 그리고 히브리서 입니다. 그리고 다음 둘은 디모데서, 또 하나는 디도서, 마지막은 빌레몬서 입니다. 그 밖에 또 요한의 계시록이 있습니다." 이 목록이 신약성서의 정경사에 신기원을 이루고 있다고 볼 수 있다.

그 이후 어거스틴도 참석했던 것으로 알려진 제3차 아프리카의 카르타고 종교 회의(397년)와 그 직전에 모였던 힙포 레기우스 종교 회의(393년)에서 지금의 신약성서 27권이 기독교의 경전으로 공식 채택된 이후에 신약성서 27권은 지금까지 별다른 큰 문제없이 그대로 기독교의 정경으로 인정되어 오게 되었다.

우리는 지금까지 신약성서 27권의 구체적인 역사적 상황 속에서 성서 기자들의 손에 의해 기록되었고 또한 수많은 유사한 문서들 가운데서도 그 27권만이 오랜 역사의 흐름 가운데서 초대 교회 지도자들의 끊임없는 신앙적 노력과 결정에 의해 정경으로 확정된 과정을 간단히 살펴보았다. 성경의 기록과 정경화 작업이 이렇게 사람들의 손에 의해 이루어져 왔지만, 우리는 이 성경 형성의 과정 전체가 보다 큰 하나님의 구원 계획의 일부라고 믿는다. 그리고 성경을 기록한 손이나 정경을 결정한 손들을 움직인 더 큰 손, 즉 하나님의 손길이 작용하셨을 것으로 믿는다.

3

신약성서의 본문

신약성서에 있는 27권의 책들이 맨 처음에 기록되었을 때 그 모습은 어떠했을까? 그 책들이 어떻게 전달되어 왔는가? 지금 우리가 갖고 있는 신약성서의 본문이 저자가 기록했던 본래의 본문과 똑같다고 믿을 수 있을까? 신약성서를 우리 신앙의 척도(정경)로 믿고 있는 우리들에게 이런 질문들은 중요한 의미를 갖는다. "일점 일획"이라도 틀림이 없기를 바라는 마음들이 있기에 그런 질문은 더욱 관심의 대상이 될 수 있다.

신약성서에 관한 한, 성서의 기자가 기록해 놓은 본래의 원문(原文) 혹은 원본은 전해지지 않고 있다. 우리가 지금 갖고 있는 본문은 결코 원문이 아니다. 원문은 다 없어지고 우리가 갖고 있는 것은 단지 사본에 지나지 않는다. 그것도 원문에서 직접 베껴놓은 첫 번째 사본이 아니라 사본들에서 다시 만들어낸 사본들이다. 그런데 문제는 각 사본들간에 차이점이 많이 있기 때문에 어떤 것이 원문에 가장 가까운 것인지를 가려내기가 쉽지 않다는 데 있다. 아무리 많은 종류의 사본들이 있다고 하더라도 본문의 단어와 표현이 모두 일치되고 있다면 문제는 없다. 그러나 사본들은 손으로 베낀 것이기 때문에 완전할 수가 없다. 필경사(혹은 서기관)의 여러 가지 실수 때문에 원문과는 다른 표현으로 전해 질 수가 있었다. 이것은 모든 고전 작가들의 경우도 마찬가지이다. 좀더 최근의 작가라고 할 수 있는 셰익스피어의 작품에 있어서도 학자들은 원본이 없기 때문에 여러 가지 증거를 통해 본래의 원문에 가장 가까운 본문을 찾아내려고 애쓰고 있다.

초대 기독교의 필경사들이 다른 역사가나 시인들의 작품을 베끼던 사람들보다 더욱 신중하고 조심스럽게 복음서나 서신들을 정확히 베낀 것은 틀림없을 것이다. 그러나 그들이 직업적인 필경사나 서기관이 아니었기 때문에 또는 그런 일에 능력이 없었기 때문에, 비록 틀림없이 해내려는 의욕이 있었다고 할지라도 의식적으로나 무의식적으로 오류를 범하는 일이 생길 수밖에 없었다. 여기서 먼저 사본 기록상에 생겨난 오류들이 어떤 것들인지를 살펴보기로 하자.

1. 사본 기록상의 오류들

현존하는 수많은 사본들을 비교해 봄으로써 사본을 베끼는 과정에서 생겨나는 일반적인 오류들이 대략 어떤 것들인지를 알아내게 되었다. 성서를 베끼는 필경사들이 오류를 범하지 않기 위해서 세심한 주의를 기울였다는 흔적이 많이 드러나고 있다. 어떤 전승에 의하면 어떤 경우 세 사람이 한 팀이 되어 사본을 베끼는데 한 사람은 읽어주고 다른 한 사람은 받아쓰고 또 다른 한 사람은 올바로 베껴 쓰는지를 지켜보는 일도 있었던 것으로 보인다. 이렇게 많은 주의를 기울였음에도 불구하고 사람들이 하는 일이기에, 그리고 여러 가지의 어려운 여건과 시설 속에서 작업이 이루어졌기에 결과적으로 적지 않은 오류들이 생겨나게 되었다. 그런데 서기관들 혹은 필경사들이 범한 오류들은 일반적으로 두 가지로 구분되고 있다. 즉 하나는 무의식적으로 범한 오류들, 곧 최선을 다해서 올바로 베끼려고 노력했으나 필경사가 자기도 모르는 사이에 저지른 오류들이고 다른 하나는 의식적으로 또는 의도적으로 본문에 수정을 가해 원문을 그대로 전하지 않은 오류들이다.

먼저 필경사들이 무의식적으로 범한 오류들을 좀더 자세히 살펴보면 대략 다음과 같이 구분해서 생각해 볼 수가 있다. 첫째는 눈의 잘못이다. 즉 필경사들이 비슷비슷한 희랍어 단어와 생략 표시 등을 잘못 보거나, 혹은 단어 사이의 간격이 없는 것을 잘못 읽음으로써 어떤 단어나 구절을 생략하거나, 또는 어떤 단어나 구절을 두 번 중복해서 기록하는 경우가 있다. 이 경우 이 잘못이 비록 사소한 경우라고 하더라도 일단 이렇게 잘못 기록된 다음에는 이것을 다시 베낄 경우 그 잘못된 기록은 자꾸 계속 반복되어 본문이 완전히 와전되어 버리게 된다. 둘째는 귀의 잘못이다. 즉 필경사가 읽어주는 사람의 말에 따라 받아쓸 경우 비슷한 소리를 잘못 듣고 받아씀으로써 본문을 와전시키는 경우가 있다. 희랍어에 발음이 비슷한 단어가 많이 있는데다가 똑같은 글자인데 악센트 표시에 의해서 의미가 달라지는 단어들도 많기 때문에 이런 오류들이 흔히 나타나고 있다. 셋째는 기억의 잘못이다. 필경사가 본문에 나타난 것과는 다른 순서로 기록하는 경우이다. 이 경우 어순(語順)을 바꾸어 기록하는 경우도 있고 또는 비슷한 단어를 바꾸어 기록하는 경우도 있다. "그가 내게로 왔다"를 "내게로 그가 왔다"로 바꾸어 기록했을 경우 의미상으로 큰 차이는 없다고 하더라도 원문을 있는 그대로 전해 주지 못하는 잘못을 범하고 있다. 넷째로는 판단의 잘못이 있다. 가령 사본의 난외 여백에 제시되어 있는 설명이나 주해를 본문의 일부로 잘못 생각하여 본문에 삽입시키는 경우가 있고 또는 최초의 사본들이 본래 단어 사이를 띄지 않고 계속하여 글자를 쓴 관계로 어느 곳에서 글자 사이를 띄어야 하는가에 대해 잘못 판단함으로써 의미가 달라질 경우도 있다. 다섯째로는 말투의 잘못도 있다. 즉 필경사나 서기관이 본문을 정확히 베끼는 과정에서 무의식적으로 자기들이 흔히 사용하는 말투로 기록하는 경우가 있다. 이 경우에도 의미상 큰 차이가 없다고 하더라도 원문이 있는 그대로 정확히 옮겨지지 않고 있다는 점에서는 와전의 책임을 면할 수 없다.

이렇게 무의식적으로 본의 아니게 범하는 잘못들도 있지만 흔히 고의적으로 즉 의도적으로 원문을 고쳐 기록하는 경우들도 있는데 이런 것들을 고의적인 오류들이라고 말한다. 필경사나 서기관들이 고의적으로 그리고 의도적으로 원문을 고쳐 와전하는 것에 대해 처음에는 이해하기가 어렵다고 생각되지만, 그러나 실제에 있어서 이 고의적 잘못들은 대개가 다 선한 의도에서 생겨나고 있다. 즉 필경사나 서기관들이 그들 생각에 본문이 잘못된 것을 올바로 고쳐놓는다는 선한 의도에서 그렇게 본문을 수정하고 있는 것이다. 첫째로는 언어적 혹은 문법적 교정을 말할 수 있다. 즉 필경사나 서기관이 거친 문장을 좀더 아름답게 다듬기 위해서, 그리고 문법상의 틀린 점이나 철자상의 오류를 바로 잡아놓기 위해서 수정을 가하는 경우이다. 그들이 비록 좋은 생각과 의도로 이렇게 수정을 가했지만, 본문을 본문 그대로 전하지 않고 와전시켰다는 책임은 면할 수 없다. 엄격한 의미에서 원문의 파괴자라고 말할 수밖에 없다. 둘째는 교의적인 수정이다. 즉 필경사나 서기관이 자기들이 소속되어 있는 집단이나 공동체의 특별한 교리나 견해를 지지하기 위해서 본문의 표현이나 내용에까지 수정을 가하는 경우이다. 제삼자에게는 이것이 선한 의도일 수 없으나 그들이 소속되어 있는 집단의 입장에서는 선한 의도로 생각될 수밖에 없었을 것이다. 셋째로는 조화와 통일을 위한 수정이다. 즉 예수의 말씀이나 그의 행적에 대한 똑같은 기록이 복음서들마다 다르게 표현되어 있을 경우 그것들을 조화있게 일치시키기 위해 어느 한쪽의 기록을 수정하는 경우이다. 또 신약성서에 인용된 구약의 본문이 구약성서 원문과 다를 경우, 구약성서 원문에 일치시키기 위해 다르게 잘못 인용된 본문에 수정을 가하는 경우도 있다. 넷째로는 예전적 수정이다. 즉 초대 교회 안에서 성서 본문을 예배식에서 사용하기 위해 예배식의 예전에 알맞게 수정을 가하는 경우이다. 이렇게 한번 와전된 본문이 이 본문을 베끼는 다른 필경사나 서기관들에 의해 계속 와전될 수가 있었다. 이런 수정들은 본래 선한 의도에서 야기되기도 했으나 성서의 원문을 찾아내려고 하는 성서 학자들에게 있어서 이런 수정들은 원문의 파괴로 보여질 수밖에 없다. 오늘날의 본문 비평가들은 이상과 같은 고의적 또는 무의식적 본문 와전을 앞에 놓고 현존하는 수많은 사본들을 비교 연구함으로써 성서 기자가 본래 써놓았을 원문을 찾아내려는 노력을 기울이고 있다. 성서의 원문에 가장 가까운 본문을 찾아내기 위한 구체적 작업 원칙을 살펴보기 전에 먼저 그 작업을 위한 귀중한 자료가 되고 있는 여러 사본들에 관해 살펴 보기로 하자.

2. 현존하는 사본들

신약성서에 포함된 모든 책들은 본래 "코이네"(통속) 희랍어로 기록되었다. 이 코이네 희랍어는 고전 희랍어의 후대 형태로서 헬라 시대의 일반적인 언어였었다. 이 희랍어가 대부분의 기독교 교회들 안에서 거의 공식 언어로 계속 사용되었으며, 신약성서의 사본들도 계속 희랍어로 기록되었다. 이런 희랍어 사본들은 크게 다음과 같이 세 가지로 구분되고 있다.

파피루스(Papyrus) 사본들

본래 파피루스는 이집트의 나일강 연안이나 지중해 연안에서 자라는 갈대 종류의 식물(植物)인데, 고대인들은 이 나무를 잘라서 껍질을 벗기고 그 줄기를 얇게 썰어 일정한 크기의 돌판에 넣어 짓쪄서 말린 다음 표면을 상아나 조개 껍질로 매끄럽게 만들어 종이와 같이 필기용으로 사용했다. 이런 파피루스 조각을 일정한 크기로 만들어 여러 장을 포개어 책 같이 이용하였다. 이런 파피루스 사본들 중에는 신약성서의 책들 또는 그 일부를 포함하고 있는 것들이 있다. 현재로서는 75개 정도가 알려지고 있다. 이런 파피루스 사본들은 모두 이집트 지방에서 발견되고 있는데 건조한 기후 때문에 부패함이 없이 오래 보존될 수 있었기 때문이다.

가장 오래된 파피루스 사본은 요한복음 18장의 네 절을 포함하고 있는 파피루스 단편인데 이 단편의 기록 연대는 제 2세기 초반, 아마도 주후 125년경으로 추산되고 있다.

대문자(大文字) 사본들

대문자 사본들인 신약성서 전부를 포함하고 있다. 이 사본들의 연대는 4세기 이후로 추산되고 있으며 어떤 사본들은 아다나시우스 정경에서 제외된 책들도 포함하고 있다. 이 사본들을 대문자 사본이라고 부르는 이유는 희랍어 알파벳의 대문자로만 기록되어 있기 때문이다. 대문자 사본들 중 중요한 것들은 다음과 같다.

시내 사본(Codex Sinaicus) – 이 사본은 1844년에 시내산 기슭에 위치하고 있는 성(聖) 캐더린 수도원에서 티센돌프(Tischendorf)에 의해 발견되었다. 이 사본에는 신약성서 전체와 바나바서 그리고 허마스의 목자가 기록되어 있다. 그리고 현재 영국 박물관에 보관중이다. 사본의 기록 연대는 4세기 중엽으로 추산되고 있다.

알렉산드리아 사본(Codex Alexandrianus) – 이 사본은 제

5세기 초에 기록된 것으로 본래 구약성서와 신약성서 그리고 외경 중에서 클레멘트 일서와 이서 및 솔로몬의 시편을 포함하고 있다. 본래 알렉산드리아에 보전되어 오던 것이었는데 1627년에 영국 왕 찰스 2세에게 보내져 지금은 영국 박물관에 보관중이다.

바티칸 사본(Codex Vaticanus) – 이 사본은 4세기 초에 기록된 것으로서 가장 오래된 것으로 알려지고 있다. 구약 전체와 신약의 대부분이 수록되어 있다. 현재는 로마 바티칸 도서관에 보관중인데 그 곳에 보관하게 된 경위는 알려지지 않고 있다.

베자 사본(Codex Bezae) – 복음서와 사도행전을 포함하고 있는 이 사본은 맨 처음 트렌트 종교 회의에서 클레르몽트(Clermont)의 감독의 손에서 나타났는데 나중에는 칼빈의 후계자인 개혁 신학자 데오돌 베자(Theodore Beza)의 손에 들어오게 되어 그가 1581년에 이 사본을 캠브리지 대학에 기증했다. 이 사본은 두 가지 점에서 학자들에게 중요한데, 첫째는 이 사본이 희랍어와 라틴어로 나란히 기록된 사본이란 점이며, 둘째는 이 사본이 포함하고 있는 책들의 본문이 다른 희랍어 사본들과 다르다는 점이다. 이 본문을 "서방" 본문이라고 부르는 까닭은 이 본문이 서방에서 나온 라틴어 번역본과 공통점을 많이 갖고 있기 때문이다.

소문자(小文字) 사본들

제9세기에 이르기까지 모든 성서 사본들은 대문자로 기록되었다. 악센트 부호, 쉼표, 구두점 등 일체의 기호를 사용하지 않고 글자간의 띄어쓰기도 없이 연이어 기록되었다. 그러다가 9세기부터 큰 변화가 일어나 소문자로 즉 초서체의 글씨로 기록되기 시작했다. 이런 소문자 사본들은 거의 16세기에 이르기까지 나타나고 있다. 소문자의 출현은 좀더 쉽게 좀더 많은 사본들을 만들어내는 데 크게 기여했다. 대문자 사본이 250개 정도인데 비해서 소문자 사본은 2500개 정도에 이르고 있다.

그리고 소문자 사본의 출현과 함께 본문에 띄어쓰기, 악센트 및 쉼표, 구두점 등의 기호 표시가 나타나게 되었다. 또한 중세에 이르러 본래 신약성서 원문에는 없던 장(章)과 절(節)의 구분도 생겨나게 되었다.

전승에 의하면 장(章)의 구별은 1228년경 캔터버리(Canterbury)와 스테판 랑톤(Stephan Langton) 대주교에 의해 이루어졌으며, 절(節)의 구분은 그 이후 1551년에 프랑스의 로버트 스테파너스(Robert Stephanus)에 의해 이루어졌다.

이런 수많은 대문자 사본 및 소문자 사본들은 신약성서의 본문, 즉 없어져 버린 원문을 되찾아내려는 본문 비평가들에게 매우 귀중한 자료들이 되고 있다. 본문 비평가들은 이런 수많은 사본들을 비교 검토함으로써 원문에 가장 가까운 본문을 회복시키려고 노력하고 있다. 그런데 이런 희랍어 사본들 이외에 희랍어 원문을 찾아내는 데 귀중한 자료가 되고 있는 것이 또 있다. 우선 중요한 것이 신약성서의 초기 "번역본들"이다.

3. 초기의 번역본들(Versions)

신약성서의 여러 책들이 기록되던 당시나 또는 그 이후 수 세기 동안에 희랍어는 신약성서가 유통되던 세계의 일반적인 언어로 통용되었었다. 그러나 점차로 희랍어의 보편성은 약화되기 시작했고 따라서 각 지역의 언어가 여러 지방에서 지배적인 언어로 등장하여 사용되기 시작했다. 즉 서방에서는 라틴어가, 동방에서는 시리아어가, 그리고 이집트에서는 곱틱어가 널리 사용되게 되었다. 결과적으로 기독교 문헌들이 이런 언어들로 씌어지기 시작했고 또한 신약성서의 각 책들이 이런 언어로 번역되기 시작했다. 이렇게 해서 나타난 번역들을 우리는 "번역본들"이라고 부른다. 이런 번역 작업은 신약성서가 경전화되기 이전에 이미 진행되었으며 교회 당국의 공식적인 번역본이 나타나기 전에 시작되었다. 이런 여러 고대 번역본들 중 중요한 것은 다음과 같다.

라틴어 번역본

라틴어 번역본 중 대표적인 것은 제 4세기 말에 제롬(Jerome)에 의해 나온 벌게이트(Vulgate)이다. 이것이 나중에 가톨릭 교회가 공인한 권위있는 번역본이 되었다. 그러나 최근에 이르러 이 벌게이트가 있기 이전에 고대 라틴어 번역본이 있었음이 확증되고 있다. 벌게이트도 그 고대 라틴어 번역본을 토대로 했던 것으로 보인다. 고대 라틴어 번역본은 주후 150년경까지 소급되고 있기도 하다.

시리아 번역본

안디옥, 다메섹 등이 초대 기독교회의 중심지였던 점을 고려한다면, 이미 초기에 그 지역의 기독교인들을 위한 번역 성경이 필요했으리라고 하는 점은 짐작하고도 남음이 있다. 가장 유명한 것은 주후 170년경 타티안(Tatian)에 의해 만들어진 "디아테싸론"(Diatessaron), 곧 일종의 종합 복음서이다. 다음으로는 제5세기 초에 나온 "공인" 번역본인 "페쉬타"(Peshitta)이다. 페쉬타에는 복음서들 이외에 사도행전, 바울 서신들(히브리서 포함), 야고보서, 베드로전서, 그리고 요한일서가 포함되어 있다. 그런데 페쉬타 이전에 고대 시리아 역본이 이미 있었던 것으로 알려지고 있고 그 번역 시기도 2세기까지 소급되고 있는 것으로 보인다.

곱틱어 번역본

이집트의 알렉산드리아나 이디오피아는 일찍이 복음이 전파된 곳이며, 특히 알렉산드리아는 초대 기독교회의 또 다른 중심지라고 말할 수 있다. 이집트에도 일찍부터 여러 가지 방언으로 성서가 번역되어 나타났었다. 사히딕 역본, 보하이릭 역본, 화이윰 역본, 그 외 다른 방언으로 된 역본 등 여러 번역본들이 있으나 라틴어 번역본이나 시리아 번역본에 비해서 그렇게 중요한 편이 아니다. 다만 이디오피아 번역본은 두 권의 유대교 묵시 문학, 즉 에녹서와 유빌리서를 완전히 번역해 주고 있다는 점에서 더구나 이 번역본이 아니고서는 그 두 책이 오직 단편적으로만 전해지고 있다는 점에서 아주 중요한 의미를 갖고 있다.

이런 여러 가지의 번역본들이 신약성서의 원문을 찾아내는 데 중요한 자료가 되고 있다. 고대 시리아 번역본과 고대 라틴어 번역본이 가장 오래된 것으로 알려진 바티칸 사본(4세기 중엽)보다도 오히려 약 200년 전에 번역된 것이란 사실만 보더라도 고대 번역본의 중요성은 더욱 드러나게 된다.

4. 교부들의 인용문

신약성서의 원문을 찾아내는 데 있어 희랍어 사본들과 초기의 여러 번역본들이 중요한 자료가 되고 있는데 그 밖에도 또 다른 중요한 자료가 있다. 이것은 초기의 교부들 혹은 초기의 기독교 작가들의 문헌 가운데서 나타나고 있는 수많은 신약성서의 인용문들이다. 이런 인용문들은 광범위한데다 그 수도 아주 많기 때문에 신약성서 사본들을 이용하지 않고 그런 인용문들만 갖고도 신약성서를 어느 정도 구성해 놓을 수 있을 정도이다. 대부분의 이런 인용문들은 주로 희랍어와 라틴어로 나타나고 있는데, 희랍어로 신약성서 본문을 많이 인용했던 교부들로는 말시온(165년 사망), 클레멘트(155~215), 이레니우스(140~203), 오리겐(185~253) 등이 있으며, 라틴어 인용문을 많이 남겨준 서방 교부들 중에는 터툴리안(150~222년), 제롬(340~420년), 어거스틴(354~430년) 등이 있다.

이들의 인용문들은 두 가지 점에서 신약성서 원문을 회복하려는 노력에 도움을 주고 있다. 첫째, 이런 많은 인용문들은 사본이나 번역본들 이외에 또 다른 형태의 성서 본문을 제시해 주고 있어, 사본이나 번역본들과 비교하면서 원문을 가려내는 데 중요한 자료로 이용될 수 있다는 점이다. 둘째는 이런 인용문이 어떤 사본들에 의존하고 있는지를 가려냄으로써 사본의 기록 연대를 확인하고 그 사본의 신빙성 여부를 판단하는 데 도움을 주고 있다는 점이다. 즉 교부들의 활동 연대가 비교적 정확히 알려지고 있기 때문에 그들이 사용한 사본이나 본문의 연대를 측정하는 데 커다란 도움이 될 수 있다는 것이다.

이 밖에도 초대 교회에서 사용했던 성구집(聖句集, the lectionaries)들도 고대의 성서 본문을 참고하는 데 자료가 되고 있다. 이것은 주로 교회에서 예배용이나 교육용으로 사용한 성서 본문인데, 대개가 다 성서 본문을 목적에 맞추어 변형시킨 것이기 때문에 다른 자료들만큼 그렇게 중요하게 인정되고 있지는 않다. 따라서 여기서는 더 이상 상세한 언급을 할 필요도 없을 것이다.

5. 원문을 확정짓는 원칙들

이상의 여러 자료들은 신약성서의 본문이 사본 전달 과정에서 얼마나 많은 와전을 겪었는지 즉 얼마나 많은 변형이 생겨나게 되었는지를 보여주기에 충분하다. 상이한 독법(讀法)으로 기록되어 있는 여러 가지 본문을 앞에 놓고, 수많은 사본이나 번역본 등을 참고해 가면서 원문에 가장 가까운 본문을 확정 짓는 일은 결코 쉬운 일이 아니며 또한 확실한 일도 아니다. 그러나 본문 비평가들은 대략 다음과 같은 몇 가지 원칙에 따라서 원문을 가려내려고 노력하고 있다. 이것을 본문 비평의 "척도"라고 부르기도 한다.

첫째는, 수많은 여러 독법이나 다른 본문 중에서 좀더 짧은 것을 원문에 가까운 것으로 인정하는 것이다. 사본을 베끼는 필경사나 서기관들의 경우 원문에 있는 단어나 문구를 빼버리기보다는 오히려 덧붙이는 경향이 있기 때문이다. 즉 설명을 위해 혹은 의미를 좀더 분명히 밝히기 위해 첨가하는 경향이 있기 때문이다.

둘째는, 여러 상이한 독법이나 본문들 중에서 좀더 어려운 독법이나 본문을 원문에 가까운 것으로 인정하는 것이다. 서기관들이나 필경사들의 경우 쉬운 본문을 어렵게 만들기보다는 오히려 어려운 독법이나 본문을 이해하기 쉽게 만들기 위해 설명이나 주석을 덧붙이는 경향이 있기 때문이다.

셋째는, 다른 독법이나 본문의 발전 과정을 좀더 잘 설명해 주는 본문을 원문에 가까운 것으로 인정하는 것이다. 이 원칙은 앞의 두 원칙과 어느 정도 중복될 수도 있다. 예를 들어 짧고 어려운 독법에 길고 쉬운 설명이 첨가되었을 경우 짧고 어려운 독법이기 때문에 설명을 덧붙여 길게 쉽게 만들었다는 것을 쉽사리 가정할 수가 있다. 이 경우 다른 독법의 발전을 잘 설명해 줄 수 있는 본문이 원문에 가까운 것으로 생각될 수 있다.

넷째는, 저자 자신의 독특한 문체가 반영되어 있는 독법이나 본문을 원문에 가까운 것으로 인정하는 것이다. 이것은 거꾸로 필경사나 서기관들의 특징이나 그들의 문체가 반영된 본문은 원문으로 인정하지 않는다는 것을 의미한다. 저자의 문체나 어휘를 밝히는 데에는 흔히 성구사전(Concordance)이 도움이 될 수 있다.

본문 비평가들은 여러 가지 희랍어 사본들, 여러 가지의 초기 번역본들, 그리고 많은 초대 교부들의 신약 인용문들을 자료로 삼고, 앞에서 말한 여러 원칙에 따라 원문에 가장 가까운 본문을 찾아 놓았다. 물론 이렇게 찾아 놓은 본문이 성서 기자가 기록했던 원문과 동일하다는 증거는 없다. 다만 아주 근사할 것이라는 믿음이 있을 뿐이다.

성서 본문에 대한 이런 연구가 성서 본문에 대한 신뢰도를 약화시킨다고 우려할 사람들도 없지는 않겠으나, 실제로 성서의 본문 연구에 깊은 관심을 가져본 학자들은 오히려 성서 본문에 대한 확실한 신뢰심을 가질 수 있게 되었다. 왜냐하면 비교적 최근의 작가인 셰익스피어의 원문을 찾는 일에도 어려움이 있는 것을 생각할 때, 그렇게도 오래된 성서의 본문이 비교적 그렇게도 정확히 보전된 사실에 경이를 금치 못하게 되기 때문이다. 그리고 본문 비평은 사본들간의 차이가 중요한 본문에서 나타나고 있는 것이 아니라 별로 중요하지 않은 본문에서 그것도 사소한 차이를 보이고 있는 것을 확인할 수 있었기 때문이다. 실제로 많은 사본간의 차이는 중요한 내용이나 단어 등에서 나타나고 있는 것이 아니라 어순이나 전치사 선택 등에서 나타나고 있다. 그렇기 때문에 우리는 본문 비평가들이 찾아놓은 신약성서 본문이 저자들의 원문과 별로 큰 차이가 없다고 믿어도 좋다. 정말로 문제가 되는 것은 우리가 지금 갖고 있는 희랍어 본문이 저자가 기록한 본문과 얼마나 가까우냐 하는 것이 아니라 오히려 그 희랍어 본문이 얼마나 정확히 우리의 말로 번역되었는가 혹은 얼마나 올바로 우리에게 이해되었는가 하는 것이다.

제 3 장

복 음 서

4

복음서는 어떤 종류의 책인가?

초대 교회에서 사용되던 많은 복음서들 중에서 신약성서 정경(正經)에 포함된 복음서는 오직 마태복음, 마가복음, 누가복음, 그리고 요한복음 뿐이다. 이 네 복음서들 중 처음 세 권을 흔히 공관(共觀) 복음서라고 부르는데 이 명칭은 오히려 많은 오해를 불러일으킬 수 있는 명칭으로 생각된다. 왜냐하면 그 명칭은 세 복음서가 같은 내용을 같은(共) 관(觀)점을 갖고 기록했다는 인상을 주며 그래서 그 세 복음서의 공통된 내용은 예수의 교훈과 활동을 역사적으로 신빙성 있게 기록한 것이라는 생각을 주기 때문이다. 그런데다가 복음서가 기록되던 당시 희랍과 로마 세계에는 종교적 위인이나 영웅들에 관한 전기들이 많이 나타나고 있었기 때문에 많은 사람들은 복음서도 그런 종류의 책으로, 즉 갈릴리에 나타났던 유대인 예언자 예수에 관한 역사적 전기로 쉽게 생각해 버리게 된다. 그래서 실제로 네 복음서를 토대로, 그리고 거기에다 여러 권의 외경 복음서들을 참고로 해서 역사적으로 믿을 만한 예수전(傳)을 써보려고 시도한 사람들도 많았다.

그러나 오늘날에 와서는 복음서를 토대로 예수의 역사적 전기를 쓸 수 있다고 생각하는 사람은 거의 사라졌다. 복음서에 대한 새로운 이해를 갖게 되었기 때문이다. 그 새로운 이해란 다른 것이 아니라 복음서는 결코 역사적 목적을 갖고 역사적 사실들을 역사적으로 정확히 기록하여 보도해 주려고 했던 역사 기록이 아니라는 점에 대한 깨달음이었다. 복음서는 본래 역사 기록을 목적으로 한 책이 아니라 초대 교회의 신앙가들 곧 복음서 기자들이 예수 그리스도에 관한 신앙을 전파하기 위해서 기록한 일종의 설교요 신앙 고백이며, 전도 문서라고 말할 수도 있다. 이 같은 사실은 신약성서 가운데 예수의 교훈과 활동을 기록한 복음서가 네 개씩이나 포함되어 있는 사실로도 어느 정도 뒷받침되고 있다.

만약 복음서가 역사(歷史)나 전기(傳記)를 목적으로 기록된 책이라면 도대체 같은 내용, 같은 종류, 같은 형태의 복음서를 네 권이나 중복시켜 포함시킬 이유가 없었을 것이다. 그 중 가장 정확하고 보다 완전한 것 하나를 포함시키는 것으로 충분했을지 모른다. 더구나 그 네 권의 복음서는 서로 상충되는 내용을 많이 기록하고 있지 않은가? 복음서를 네 개씩이나 포함시킨 이유는 기독교 신앙을 위해 너무나도 중요한 예수의 생애와 교훈, 그리고 그의 인격과 활동을 좀더 폭넓게, 그리고 깊게 전파하기 위해 네 사람의 서로 다른 신앙적 증거와 서로 다른 형태의 설교를 제시하는 데 있었을 것이다.

복음서가 어떤 종류의 기록인지를 올바로 이해하기 위해서 우리는 복음서에 나오는 두 구절에 주목해야 한다. 그 두 구절은 복음서를 올바로 이해하기 위한 열쇠 역할을 한다고 말할 수도 있을 것이다. 그중 하나는 요한복음 21:25이다. 요한복음 저자는 그의 책 마지막 부분에서 다음과 같이 고백하고 있다. "예수께서 행하신 일은 이밖에도 많아서 그것을 낱낱이 기록한다면 이 세상이라도 그 기록된 책들을 다 두기에 부족하리라고 생각합니다." 이 말은 곧 복음서들이 예수의 말씀이나 행적을 전부 다 기록한 것이 아니라 그 일부만을 선택해서 기록할 수밖에 없었다는 말이다. 그리고 선택된 일부만이 기록된 것이기에 기록된 내용이 서로 연결되어 있다고 하더라도 실제로 역사적으로 그렇게 연결되어 일어난 것은 아닐 수 있다는 말이다. 더구나 그런 이야기를 선택한 사람이 바로 복음서 저자이고, 그 저자 자신이 자기의 판단으로 기록 여부를 결정한 것이기에 복음서들간에 선택된 내용이 다를 수도 있고 기록된 순서가 얼마든지 달라질 수가 있는 것이다. 그래서 마가복음에선 예수의 첫 번째 이적이 귀신 들린 자를 고친 사건(1:23-28)인 데 반해서, 마태복음에선 문둥병자를 고친 이적이 예수의 최초 이적(8:1-4)이며 요한복음에서는 물로 포도주를 만든 것이 예수의 첫 번째 이적(2:1-12)이다. 또 마태의 경우 예수가 산 위에서 설교를 다 마친 후(5-7장) 산에서 내려와 여러 이적들을 베푸시는 것으로 기록(8-9장)되어 있는데 누가복음에선 오히려 이적이 먼저 나오고 설교도 산 위에서가 아니라 평지에서 6장에서 14장까지에 걸쳐 하시면서 중간중간에 여러 이적을 행하시는 것으로 기록되어 있다.

복음서에 기록되어 있는 내용과 순서는 복음서 기자들의 결정에 따라 기록된 것이며, 그들은 역사적으로 정확한 순서를 따르기보다 자신의 설교와 증언의 목적에 따라 내용과 순서를 선택하고 있다. 따라서 복음서 기록을 토대로 예수의 생애와 행적의 순서를 정확히 찾아낸다는 것은 아주 어려운 일이다.

또 다른 중요한 성경 본문은 요한복음 20:31이다. 요한복음 저자는 복음서를 기록하는 목적을 자기 말로 친히 밝히고 있기 때문에 이 구절은 중요하다. "오직 이것을 기록함은 너희로 예수께서 하나님의 아들 그리스도이심을 믿게 하려 함이요, 또 너희도 믿고 그 이름을 힘입어 생명을 얻게 하려 함이니라." 이 기록 목적은 요한복음에만 적용되는 것이 아니라 모든 복음서에 다 적용된다고 보아야 한다.

그런데 복음서 기자는 자신의 기록 목적을 두 가지로 명시하고 있다. 첫째는 예수를 믿게 하기 위함이고 둘째는 믿고 생명을 얻게 하려 함이다. 둘 다 역사적인 목적이 결코 아니다. 첫째는 신앙적 목적이고 둘째는 목회적 목적이다. 복음서 기자들은 독자들의 신앙을 불러 일으킬 목적으로, 그리고 독자들을 기독교 신앙을 통해 좀더 풍성한 삶에로 이끌기 위한 목적으로 펜을 잡은 사람들이지 예수의 교훈과 활동에 대한 정확한 역사 기록을 후세에 남기기 위해 복음서를 쓴 사람들이 아니다.

그러나 그렇다고 복음서가 역사적 사실과는 아무런 관계가 없다거나 혹은 복음서가 역사 기록이 아닌 순수한 창작이란 말은 아니다. 복음서에는 예수의 생애와 활동에 관한 믿을 만한 자료와 기록들이 많이 있다. 실제로 복음서만큼 예수에 관한 역사적 자료를 가장 많이 그리고 보다 정확히 보전하고 있는 역사적 문서는 없다. 그러나 그 역사적 자료들이 복음서에서 역사적인 목적을 위해서 소개되고 있는 것이 아니라, 오히려 독자들의 신앙을 불러일으키고 더욱 견고케 하려는 신앙적, 설교적 목적을 위해 기록되고 있을 뿐이다. 이런 의미에서 복음서는 역사 기록으로가 아니라 예수에 관한 역사적 자료를 이용한 복음서 기자의 설교로 이해되어야 한다.

이렇게 복음서가 역사 기록이 아니라 설교이기 때문에 우리가 복음서를 읽을 때 우리는 예수께서 살아 활동하시던 역사적 예수의 상황보다는 오히려 복음서가 기록되던 당시의 상황, 곧 복음서를 받아 읽게 될 독자들의 역사적 상황을 머리 속에 기억하며 읽어야 된다. 복음서는 그 복음서가 기록되던 그 당시의 사람들을 향한 설교이기 때문이다.

그래서 오늘날의 학자들은 복음서가 형성되기까지의 과정을 연구하면서 세 가지 단계의 역사적 상황(Sitz-im-Leben)을 구분하고 있다. 첫째는 예수의 역사적 상황이다. 복음서는 팔레스틴에서 3년간 행해졌던 예수의 역사적 활동을 반영해 주고 있다. 예수의 본래 말씀과 실제적 사건들이 있었던 시기이다(대략 주후 30~33년). 이 단계가 복음서 자료의 역사적이며 신학적인 원천이다. 두 번째 단계는 예수의 본래 말씀들과 실제 사건들이 사도들과 다른 전도자들에 의해 입으로 설교되던 구전 시대이다. 이 시기는 예수의 죽음 이후 복음서가 기록되기까지 계속되었을 것이다. 그리고 이 시기에는 초대 교회가 도덕적, 교리적, 또는 교인 훈련적 목적에서 예수의 말씀과 사건들을 교회의 형편에 따라 조금씩 변형하여 이용하였다. 세 번째 단계는 복음서 기자들이 복음서를 기록하면서 전승 자료를 통해 자신들의 개인적인 신학적 관심을 표시하던 시기이다. 이것이 바로 오늘날 우리가 갖고 있는 복음서가 보여주는 역사적 상황이다. 본래는 예수의 말씀이 한정된 유대인 청중들에게 전파되었는데, 그 후에는 사도들에 의해 좀더 넓은 세계로 전파되다가 마지막으로 기록된 책의 형태로 종합되고 조직되어 복음서 기자 자신의 개인적인 독특한 신앙 고백과 신학적 관심을 통해 전해지게 되었다.

그런고로 예를 들어 마가복음 8:34에서 "누구든지 나를 따라 오려거든 자기를 버리고 제 십자가를 지고 따르라"고 복음서 기자가 기록했을 때 우리는 그 말씀이 마가복음이 기록되던 주후 70년 당시 박해 가운데서 십자가를 지고 고통을 당하던 기독교인들에게 예수를 따르며 그의 제자가 되는 길이 바로 십자가를 지는 길이라고 설교하고 있는 것을 보아야 한다.

그리고 요한복음 9:22에서 "예수를 그리스도라고 하는 사람은 누구든지 회당에서 쫓아내기로 유대 사람들이 이미 결의해 놓았기 때문이었습니다"는 말이 나올 때 우리는 요한복음이 기록되기 얼마 전인 주후 85년경에 있었던 유대 당국의 조치, 즉 유대인 중 기독교로 개종하는 사람들을 회당에서 축출하기로 했던 랍비들의 결정을 읽을 수 있어야 한다. 이 마지막 세 번째 단계는 복음서 기자가 자기 시대 기독교인들에게 예수에 관한 전승 자료를 가지고 설교하던 상황이었다.

이 세 역사적 단계를 거친 복음서 자료의 역사를 피라미드 건축에 비교해 생각해 볼 수 있다. 피라미드를 쌓기 위한 돌들(복음서 자료들)은 채석장에서 가져왔는데 30년경의 예수 공생애 활동 시대가 바로 그 채석장이다. 그런데 피라미드 건축을 위해 쌓아올린 수많은 돌들은 채석장으로부터 직접 피라미드 건축에 이용된 것이 아니라 여러 해 동안(구전 시대) 여러 석공들(구전 전달자들)의 손에 의해 깎아지고 다듬어진 후에 마침내 훌륭한 건축가(복음서 기자)가 그 돌들을 적재 적소에 이용하면서 복음서라는 피라미드를 건축하게 된다.

그러나 복음서 기자들이 모두 똑같은 모양의 피라미드를 건축해서는 안 된다. 그들은 각기 자기가 처해 있던 교회 형편의 요구에 따라 그 지역, 시기, 상황에 가장 알맞은 형태의 피라미드를 만들었다. 복음서 기자들이 사용한 재료들은 동일한 것들이었지만, 그들의 설교 목적이나 신학적 관심의 차이 때문에 서로 다른 내용의 복음서 즉 서로 다른 특징을 가진 설교를 기록하게 된 것이다. 복음서는 역사로 읽을 것이 아니라 복음서 기자의 설교로 읽어야 한다.

물론 복음서의 말씀들이 문맥이나 그 본래의 역사적 상황과 아무런 관련 없이도 우리에게 감동을 주고 은혜롭게 읽혀질 수가 있다. 그러나 그런 경우 그 말씀은 다른 종교적 영웅이나 성현의 전기나 어록과 크게 다를 것이 없게 된다. 복음서의 말씀이 우리에게 능력 있는 말씀으로 전달될 수 있는 것은 오직 그 말씀이 예수 그리스도를 통해 새로운 삶을 얻게 된 사람들의 피와 살을 통해 나오는 능력있는 설교 혹은 신앙 간증이 될 때이다. 하나님께서는 지금도 그런 증언과 설교를 통해 우리에게 말씀하고 계시며 그런 의미에서 복음서와 성서가 우리에게는 하나님의 말씀이다. 복음서는 역사 기록이나 전기로 읽힐 것이 아니라 예수 그리스도에 대한 복음서 기자의 간증 혹은 그들의 설교로 읽혀져야 한다. 복음서가 그런 책이기 때문이다.

5

공관 복음서 문제

복음서들 중에서도 처음 세 복음서, 즉 마태복음, 마가복음 그리고 누가복음을 가리켜 일반적으로 "공관(共觀) 복음서"라고 부른다. 예수의 생애와 교훈을 "같이"(共) "보고"(觀) 기록했다는 의미에서이다. 실제로 세 복음서는 요한 복음서와는 달리 서로 비슷한 점을 많이 갖고 있다. 그러나 유사점만 있는 것이 아니라 그 세 복음서간에는 차이점들도 많이 드러나고 있다. 이렇게 세 복음서가 서로 비슷하면서도 서로 다른 점을 보이고 있는 까닭은 무엇인가? 이런 현상에 대해 만족할 만한 설명을 줄 수 있는 해답은 있는가? 이런 질문들을 가리켜 우리는 "공관 복음서 문제"라고 부른다. 결국 공관 복음서 문제는 공관 복음서의 형성에 관한 문제이며, 세 복음서가 사용한 자료에 관한 질문이기도 하다. 질문에 대한 대답을 찾아보기 전에 먼저 세 복음서는 어떤 점에서 서로 비슷하며 또 어떤 점에서 서로 다른가를 살펴보기로 하자.

세 복음서간의 유사점들

1) 예수 생애에 대한 일반적 개요.

① 갈릴리 전도(막 1-7:23, 마 3-15:20, 눅 3-9:7).
세례 요한, 예수의 시험, 예수의 병 치료 활동, 회당과 광야에서의 설교, 종교 지도자들의 반대, 12제자들의 선택 등.

② 갈릴리 이외 지역의 여행(막 7:24-9:50, 마 15:21-18:35, 눅 9:18-50).
베니게, 벳세다, 가이사랴 빌립보에 여행하며 메시아로 인정받음, 변화산 사건과 그에 따른 교훈 등.

③ 예루살렘 여행(막 10장, 마 19-20장, 눅 9:51-19:28).
갈릴리를 떠나 남으로 내려와 예루살렘으로 가는 여리고에 이름.

④ 예루살렘에서의 최후(막 11-16장, 마 21-28장, 눅 19:29-24:53).
예루살렘 입성, 수난 주간, 심판, 십자가의 죽음, 부활 등등.

그런데 이런 개요가 거의 같은 순서로 기록되어 있으며, 가끔 이 순서를 벗어나기는 하지만 그럴 경우 다시 곧 이 순서로 되돌아오고 있다.

2) 기록에 있어서의 어휘나 표현의 유사성.

사건이나 교훈에 대한 평행 본문에 있어서 단어나 표현

의 유사성이 현저하다. 예를 들어본다면,

중풍병자의 치료(마 9:1-8, 막 2:1-12, 눅 5:17-26)

금식 문제(마 9:14-17, 막 2:18-22, 눅 5:33-39)

겨자씨 비유(마 13:31-32, 막 4:30-32, 눅 13:18-19)

오천명을 먹임(마 14:13-21, 막 6:30-44, 눅 9:10-17)

부자 청년(마 19:16-22, 막 10:17-22, 눅 18:18-23)

바디매오를 고침(마 20:29-34, 막 10:46-52, 눅 18:35-43)

예수의 권위에 대한 도전(마 21:23-27, 막 11:27-33, 눅 20:1-8)

세금 문제(마 22:15-22, 막 12:13-17, 눅 20:20-26)

베드로의 부인(마 26:69-75, 막 14:66-72, 눅 22:56-62)

등등.

우선 세 복음서에 공통적으로 소개되고 있는 몇 개의 평행 본문들을 살펴본다고 하더라도 우리는 즉각 이 세 복음서들간에 어떤 분명한 연관성이 있을 것이라고 생각할 수 있게 되며, 곧 공통의 자료가 있었을 가능성을 생각하게 된다. 그러나 유사성만이 아니라 세 복음서들 간에는 현저한 차이점들도 있다.

세 복음서간의 차이점들

1) 사건의 순서와 배열이 다르다. 예를 들어, ① 귀신들린 여인의 병 치료 기록과 야이로의 딸을 고치는 이야기가 한 사건의 기록으로 나타나고 있는데, 마가와 누가에서는 비유에 대한 교훈의 뒤에 나오고 마태에서는 그 교훈 앞에 나오고 있다.

② 예수께서 나사렛에서 배척받으신 것이 마태와 마가에서는 거의 동일한 시기로, 누가에서는 초기에 있었던 일로 기록되어 있다.

③ 수난 주간에 예루살렘에서 행한 교훈이 마가에서는 13:9-13에 기록되어 있는데 마태에서는 그것이 10:17-22에 즉 예수의 전도 생활 초기에 갈릴리에서 행한 것으로 기록되어 있다.

2) 동일한 사건 기록에 있어서의 어휘나 표현의 차이점.

예를 든다면, 예수께서 십자가 위에서 하신 마지막 말씀이 세 복음서마다 각기 다르며, 마태에 나오는 족보와 누가에 나오는 족보의 내용이 적지 않게 다르다. 부활 기록에서도 세 복음서가 각기 그 내용을 달리 기록하고 있다.

3) 어떤 복음서에는 기록되어 있는데 다른 복음서에는 빠져 있는 이야기들도 많이 있다. 예를 든다면, 마가복음엔 산상설교나 예수의 족보와 탄생 설화가 없다. 마태복음에는 마가나 누가에 없는 상당한 분량의 예수 교훈을 포함하고 있는가 하면, 누가는 특히 비유들 중 다른 복음서에 없는 것들을 많이 갖고 있다.

이렇게 세 복음서는 서로 비슷한 점을 많이 갖고 있으면서 동시에 차이점들도 많이 갖고 있다. 그렇다면 그 이유는 무엇인가? 이런 문제가 바로 소위 "공관 복음서 문제"이다. 그렇다면 이 문제에 대한 적절한 대답은 무엇인가?

이 질문에 대해 여러 가지 대답이 제기되어 왔는데 주로 다음과 같은 것들을 고려해 볼 수 있다.

1. 영감설(Inspiration Theory)

이 대답에 의하면 복음서 기자들은 하나님의 영감에 의해서 예수의 교훈 및 제반 활동에 대한 기록을 할 것이며 그렇기 때문에 세 복음서 기자들이 그렇게 유사할 수밖에 없다는 것이다. 그러나 이 설명에는 두 가지의 약점이 있다. 첫째는, 이 설명이 하나님께서 복음서 기자의 인간적 특성이나 능력에 구애됨이 없이 영감에 따라 받아쓰게 했다고 생각하는데 이것은 하나님께서 인간을 대하시는 방법이나 또는 성경이 영감론에 대해 가르치는 바와 모순이 된다. 둘째는, 이 설명이 유사점에 대해서는 어느 정도 설명이 될 수 있으나 차이점에 대해서는 만족할 만한 설명을 할 수 없다.

가령 왜 하나님이 마가에게는 야고보와 요한이 하늘 보좌를 예수께 요구했다고 영감을 주시면서(10:35 이하), 마태에게는 그들의 어머니가 부탁한 것으로(20:20 이하) 영감을 주셨는가? 또 왜 마태복음은 로마 백부장이 예수께 직접 와서 그의 종을 고쳐 달라고 요청했다고 기록하게 하면서, 누가복음은 백부장이 나타나지도 않은 채 다른 사람을 통해 요구했다고 기록하게 하셨는가? 아마도 이 설명은 복음서 자체의 연구에서 나온 것이라기보다는 오히려 "영감론"이란 선입감 때문에 생겨난 설명일 것이다.

2. 구전설(口傳說, The Oral Tradition Hypothesis)

이 설명에 의하면 각 복음서 기자들은 각기 구전을 토대로 하여 복음서를 기록했다고 한다. 그들은 각자 독립적으로 어느 정도 고정된 형태를 갖춘 구전에 의존했기 때문에 서로 유사성과 차이점들을 보이고 있다는 것이다. 그러나 이 설명에도 약점이 있는데 그것은 이 설명에 의하면 구전이 고정된 형태를 취하고 있다는 것과 또한 전체 설화가 같은 순서로 이미 연결되어 전해졌음을 전제하고 있으나 그런 가능성은 실제로 희박하다. 초대 교회 안에서 유통된 구전들은 본래 단편적인 것이었고 서로 연결된 설화로 전해지지 않았으며, 구전 단계에서 용어와 사건의 배열이 그렇게 일치될 정도로 구전이 확정된 형태를 가졌을 리가 없다. 이것은 곧 구전만이 아니라 기록된 문서를 사용했을 가능성을 보여주고 있다. 더구나 마태와 누가에는 기록되어 있으면서 마가에만 기록되지 않은 것들에 대해 만족한 설명을 제시하기가 어렵다.

3. 최초 문서설(The First Document Theory)

이 설명은 세 복음서들 중 어느 하나가 구전에 의지하여 기록되었고 그 다음 복음서들이 그 최초의 복음서를 토대로 기록되었다는 것으로 상호 의존설(the interdependence theory)과도 비슷한데 이 설명 중 가장 두드러진 것은 마태복음이 최초로 기록되었고 마가는 마태복음을 축소 요약했다는 입장이다. 이 주장은 일찍이 어거스틴에 의해 제창되었으며, 오늘날에 이르기까지 비록 광야의 외로운 소리로나마 계속 주장되고 있다. 이 설명은 마가복음이 마태복음보다 짧다는 사실과 마태복음에 기록된 것 중 상당한 분량이 마가복음에 나타나지 않는다는 사실에 근거하고 있다. 그러나 이 설명도 두 가지 약점을 가지고 있다. 첫째, 마가복음이 마태복음보다 짧다는 인상 때문에 마가가 마태의 요약 축소판이라고 말할 수는 없는데 그 이유는 평행 본문들에 있어서 마가복음의 기록이 마태복음의 기록보다 더 긴 것이 많이 있기 때문이다. 예를 든다면,

중풍병자를 고침(마가=12절, 마태=7절)

거라사의 귀신들린 자(마가=20절, 마태=7절)

오천명을 먹이심(마가=15절, 마태=9절)

야이로의 딸과 혈루병 여인(마가=23절, 마태=9절)

간질병 아들을 고치심(마가=16절, 마태=7절)

이런 경우들에서는 오히려 마태가 마가의 요약 축소판이라고 보아야 하지 않은가? 둘째로 마태복음에 기록되어 있는 아주 귀중하고 가치있는 내용들이 마가에 생략되어 있는 점이다. 요약이나 축소라면 산상 수훈이나 탄생 설화 같은 것들을 통째로 빼놓을 리가 없다.

4. 일문서설(一文書說, A Documentary Theory)

이 설명은 세 복음서가 기록되기 이전에 원시적인 형태로

기록된 복음서가 하나 있었으며(이것을 a primitive written Gospel 또는 독일어로 Ur-evangelium이라고 부른다) 세 복음서가 모두 이것을 이용하여 복음서를 기록했다고 주장한다. 이 설명이 세 복음서에 있어서 사건의 순서 및 배열, 그리고 어휘나 표현의 유사성에 대해서는 잘 설명해 주고 있지만, 누가와 마태에는 기록되어 있으면서 마가에는 기록되지 않은 것이라든가, 마태복음에서만 기록되어 있는 것이라든가, 누가복음에서만 볼 수 있는 자료에 대해서는 아무런 설명도 못 하고 있다. 따라서 이 설명도 어거스틴의 최초 문서설과 마찬가지로 오늘날에는 일반적으로 도외시 당하고 있다. 좀더 만족스런 설명이 필요한 것이다.

5. 이문서설(二文書說, The Two Document Theory)

이 설명에 의하면 복음서들 중 최초로 기록된 것은 마가복음이며, 그래서 마태와 누가는 마가복음을 자료로 이용하였다고 한다. 그런데 마태와 누가는 마가복음 이외에 또 하나의 자료를 이용하였는데 그것이 소위 Q자료라는 것이다. 마가복음에는 기록되지 않았으나 마태와 누가가 똑같이 소개하고 있는 내용이 많이 있는 것으로 보아 두 복음서 기자가 마가복음 이외에 또 다른 자료를 문서 자료로 이용했다고 생각할 수 있다. 그래서 마가복음과 Q자료가 다른 복음서들의 기본 자료가 되었다고 주장한다. 이 설명이 지금까지 소개한 다른 어떤 설명보다도 가장 문헌 비판에 충실한 믿을만한 설명이기는 하지만 그래도 이 설명에 약간의 약점이 내포되어 있다. 그것은 곧 마태복음에만 나오는 특수한 자료들과 또한 누가복음에만 나오는 특수한 자료들이 있는데, 이문서설을 가지고서는 그것들에 대한 문제를 설명해 낼 수 없기 때문이다. 그래서 이문서설에서 다시 사문서설로 발전하게 되었다.

6. 사문서설(四文書說, The Four Document Theory)

이 설명은 결국 이문서설을 연구 확대시킨 것에 지나지 않으며 따라서 이문서설의 기본 가정을 그대로 받아들이고 있다. 즉 마가복음과 Q자료가 복음서 형성의 기초자료인데 이 두 자료 이외에 마태는 자기만이 입수한 자신의 특수 자료(이것을 보통 M이라고 표시)를, 그리고 누가는 누가대로 자기만이 수집해서 알고 있던 자신의 특수 자료(이것을 L로 표시)를 사용하여 각자 복음서를 기록했다고 한다. 이것을 도표로 그려본다면 다음과 같다.

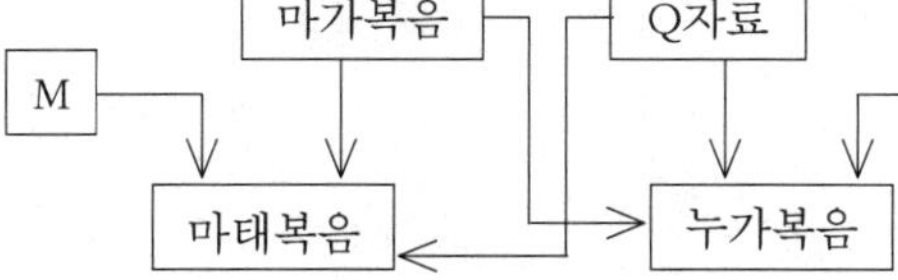

이 설명이 오늘날 학계의 정설(定說)로 받아들여지고 있는데 이것을 다시 정리해 본다면,

1) 마가복음이 공관 복음서들 중 가장 오래된 최초의 복음서이며 나머지 두 복음서의 자료로 이용되었다.

2) 복음서 문헌을 위한 또 다른 자료가 있었으니 이것이 곧 Q자료, 즉 마가복음에는 없으나 마태와 누가에 똑같이 소개되고 있는 자료이다. 이것은 주로 예수의 말씀을 수집해 놓은 어록이다.

3) 마태복음과 누가복음은 마가복음과 Q자료를 결합하고 또 거기에 각자 자기의 특수 자료를 부가하여 기록했다.

오늘날 대부분의 학자들은 복음서 형성에 관한 한 이 사문서설을 그대로 인정하고 있으며, 오늘의 복음서 연구들은 대개 이 사문서설을 기초로, 또는 그 전제 아래서 발전되고 있다. 따라서 새로운 설명이 나타나기까지는 이것을 사실로 받아들이는 것이 좋을 것이다.

6

마가복음

1. 최초로 기록된 복음서

앞에서 간단히 설명한 이문서설이나 사문서설은 마가복음이 공관 복음서들 중 제일 먼저 기록된 복음서라는 견해를 근거로 하고 있다. 그렇다면 마가복음이 제일 먼저 기록되었다고 믿는 데에는 어떤 이유와 근거가 있는가? 다음과 같은 몇 가지 점들을 생각해 볼 수 있다.

① 마가복음 내용의 거의 전부가 마태복음이나 누가복음 혹은 그 두 복음서에 그대로 포함되어 있다. 마가복음 내용의 95% 정도가 마태복음에, 그리고 마가복음의 65% 정도가 누가복음에 그대로 나타나고 있다. 마가복음에는 모두 662절이 있는데 609절이 마태복음에 평행 본문으로 나오고 있고, 357절이 누가복음에 나오고 있다. 두 복음서 중 어느 곳에서도 찾아

볼 수 없는 마가 본문은 30절 뿐이다.

② 언어의 일치가 뚜렷하다. 마가복음에 사용된 희랍어 단어들 중 절반 이상이 다른 두 복음서의 평행 본문들 가운데 그대로 되풀이 사용되고 있다. 특정한 본문들에서는 그 퍼센티지가 더 높다. 마태복음과 누가복음 본문이 서로 다를 경우에라도 마가는 일반적으로 그 복음서 중 하나와는 일치되고 있다. 마태와 누가가 서로 일치하면서 마가와 다른 단어를 사용하는 경우는 별로 없다.

③ 복음서 전반에 걸친 사건의 일반적인 순서가 마가복음의 순서이다. 때때로 마가와 누가가 마가의 순서를 이탈하기는 하지만, 그러나 그들이 동시에 같은 곳에서 이탈하는 경우는 없으며, 항상 다시 마가의 순서에로 되돌아오고 있다. 이것은 마가복음이 다른 두 복음서의 공통 자료였다는 증거일 것이다.

④ 마가복음이 가장 짧은 복음서이다. 다른 두 복음서가 이 짧은 복음서를 이용하고 거기에 다른 자료들을 다 첨가하여 확대시켰다고 생각하는 것이 자연스럽지 마가복음이 더 긴 다른 복음서를 요약하거나 축소시켰다고 보기가 어렵다. 마가가 산상 설교나 다른 복음에 나오는 귀중한 예수의 비유들을 생략했다고 생각하기가 어렵다. 오히려 그런 자료들은 나중의 복음서가 마가복음에 덧붙여 확대시킨 것으로 보는 것이 더 좋다. 이런 점에서도 마가에서 다른 복음에로 발전했다고 보는 것이 다른 복음에서 마가복음에로 발전했다고 믿는 것보다 더 가능성이 있다. 이 밖에도 여러 이유들로 인해서 오늘날 대부분의 학자들은 마가복음의 최초 기록설을 별다른 이의 없이

받아들이고 있다.

2. 기록 시기

어떤 문서를 이해하는 데 있어서 그 문서의 기록 시기를 아는 것은 매우 중요하다. 모든 문서는 구체적인 역사적 상황 속에서 기록된 것이고 따라서 그 문서의 내용이 그 역사적 상황과 밀접히 연관되어 있기 때문이다. 그러나 신약성서 27권 중 기록 시기를 정확히 알아낼 수 있는 것은 하나도 없다. 다만 그 문서들이 기록되었을 일정한 기간을 미루어 짐작할 수 있을 따름이다. 그러나 우리에게 있어서 중요한 것은 구체적으로 언제 기록되었느냐고 하는 저작 연대를 정확히 알아내는 것이 아니라 문제의 문서가 어느 시기에 즉 어떤 역사적 혹은 시대적 배경 가운데서 기록되었는가를 알아내는 일이다. 기록 동기와 기록 목적이 구체적인 역사적 상황과 밀접히 관련되기 때문이다.

마가복음에 관한 한 대부분의 학자들은 그 기록 시기를 대충 주후 70년경으로 생각한다. 그런데 이 70년은 제1세기 역사 중에서 유대인이나 기독교인들에게 있어 아마도 가장 중요한 연대일 것으로 생각된다. 왜냐하면 하나님의 도성이라고 생각되던 예루살렘 성(城)이 로마 군인들에 의해 멸망되고, 아울러 유대인들의 신앙의 중심지요 초대 기독교인들에게 있어서도 중요한 신앙의 거점이었던 예루살렘의 성전 곧 하나님의 집이 바로 주후 70년에 이방인들에 의해 "돌 위에 돌 하나 남지 않고" 다 허물어졌기 때문이다. 그러나 마가복음을 이해하는 데 있어서 더 중요한 것은 예루살렘 성전의 몰락이 아니라 주후 60년에서 70년까지에 이르는 고난과 박해의 시기이다. 주후 64년경에 그 유명한 네로 황제의 박해가 있었고, 이 때에 초대 기독교는 수많은 기독교인들과 함께 초대 기독교의 위대한 두 지도자 베드로와 바울을 잃게 된다. 이 당시 기독교인들은 그리스도를 믿는다는 사실 하나 때문에 붙잡혀 사자의 밥이 되거나 십자가에 달려 죽는 신세가 되었다. 로마의 박해는 기독교도들에게만 행해진 것은 아니었던 것으로 보인다. 유대인들도 고통을 견디다 못해서 66년에 로마를 대항해 싸움을 일으켰는데 이것이 이른바 유대 전쟁(the Jewish War)으로 알려지고 있다. 이 전쟁이 70년에 예루살렘의 멸망으로 끝나버리고 만다. 마가복음은 이 때쯤 기록되었던 것으로 생각된다.

결국 제1세기의 60년대는 박해와 전쟁과 고난으로 점철된 10년간이었고 이 시기에 그리스도를 믿는다는 사실 때문에 끌려가 심문을 당하고(예수처럼), 십자가를 짊어져야 했으며(구레네 시몬처럼), 끝내는 "나의 하나님 나의 하나님 어찌하여 나를 버리시나이까?"라는 울부짖음 속에서 죽어간(예수처럼) 기독교인의 숫자가 하나 둘이 아니었다. 마가복음을 가리켜 "고난의 복음" 혹은 "박해 문학"이라고 부르는 것도 이런 때문이다. 마가는 기독교인에 대한 로마의 박해가 극심했던 때에 고난과 박해를 당하고 있는 기독교인들로 하여금 그 고난에 적절히 대처할 수 있도록 그리고 소망을 갖고 그 고난을 극복할 수 있도록 설교하기 위해서 펜을 잡았다. 이 목적을 달성하기 위해 마가는 40여년 전에 실제로 있었던 예수의 수난 이야기 중에서 독자들에게 적합하다고 생각되는 것을 골라서 설교 자료로 이용하고 있다. 마가복음이 기록될 당시 많은 기독교인들이 십자가에 달리고 있었는데 이미 40여년 전에 예수가 똑같이 십자가에 달렸다. 마가의 독자 중 많은 사람들이 끌려가 심문을 당했는데 이런 독자들에게 예수가 산헤드린과 빌라도 법정에 끌려가 심문당했던 이야기는 훌륭한 본보기 혹은 좋은 교육 자료가 될 수 있었을 것이다. 70년대의 기독교인들 중에도 유다와 같은 배신자 혹은 배반자가 생겨 교회 지도자나 동료 기독교인을 로마인에게 넘겨주는 일이 많았을 것이고, 또 70년대의 기독교인들 중에도 베드로와 같이 목숨 하나를 보전하기 위해 예수를 모른다고 부인했던 사람들도 많았을 것이다. 이런 사람들에게 유다의 배반 이야기와 베드로의 부인(否認) 이야기는 좋은 교육 자료가 될 수 있었을 것이다. 70년대의 기독교인들이 십자가에 달릴 때에도 주변에 많은 조롱자들이 있었을 것이고, 어떤 기독교인들은 십자가를 지고 처형장으로 행하는 다른 동료 기독교인에게서 40년 전에 십자가를 지고 처형장으로 향하던 예수의 모습을 상기했을 수도 있다.

결국 마가는 40년 전에 예수가 이러저러한 고난을 당하다가 죽었다는 이야기가 전해오기 때문에, 또 그것이 예수에 관한 이야기이기 때문에 중요하게 보전하기 위해서 복음서를 기록한 것이 아니다. 오히려 그 반대이다. 즉 70년경의 기독교인들이 고난을 당하여 십자가에 달려 죽고 있기 때문에 그들에게 필요하고 적절하다고 생각되는 교훈을 위해 예수의 수난에 관해 전해지는 이야기 중에서 일부를 골라 그것을 자료로 삼아 자기 시대 기독교인들을 위한 설교를 제시하고 있는 것이다. 유다처럼 예수를 배신하지 말 것이며, 베드로처럼 예수를 모른다고 부인하지 말 것이며, 오히려 예수처럼 심문을 당하더라도 "내가 그로다"라고 담대히 자신의 정체와 신앙을 밝힐 것이며 구레네 시몬처럼 자기의 십자가를 지고 가야 할 것이라는 설교가 그 당시 독자들에게 주어지는 설교였다. "누구든지 나를 따르려거든 자기를 부인하고 자기 십자가를 지고 따르라"(막 8:34)는 예수의 말씀도 십자가를 지는 기독교인들에게 그것이 바로 제자됨의 길임을 가르치기 위해 필요한 말씀이었다. 이렇게 마가복음은 고난당하는 교회, 고난당하는 교인들에게 주어진 설교였다. 그 시대가 그런 고난과 박해의 시대였기 때문이다.

3. 이적의 복음

마가복음이 박해와 고난의 시기에 기록되었기 때문에 마가복음에서 수난 설화가 차지하는 위치는 막중하다. 실제로 마가는 예수의 수난의 이야기를 많이 수집하여 제시하고 있으며, 예수의 수난 이야기가 독자들의 수난을 위한 귀중한 설교 자료로 이용되고 있다.

그러나 마가복음에서 수난 설화에 못지 않게 중요한 또 다른 자료가 있는데 그것이 곧 이적 설화들이다. 마가복음 전체에서 이적 설화는 이백여 구절을 차지하고 있고, 마가복음의 삼분의 일에 해당된다. 전체적으로 볼 때 마가만큼 많은 이적 이야기를 소개하고 있는 복음 기자는 없다. 우선 마가가 소개하고 있는 이적 설화를 살펴본다면 다음과 같다.

가버나움에서의 귀신 축출(1:21-28).

시몬의 장모를 고치심(1:29-31).

문둥병자를 고치심(1:40-45).

중풍병자를 고치심(2:1-12).

손마른 자를 고치심(3:1-6).

광풍의 바다를 잔잔케 하심(4:35-41).

거라사 귀신을 몰아내심(5:1-20).

혈루병 여인을 고치심(5:25-34).

야이로의 딸을 일으키심(5:22-24, 35-43).

오천명을 먹이심(6:30-44).

물 위로 걸으심(6:45-52).

수로보니게 여인의 딸을 고치심(7:24-30).

귀먹은 벙어리를 고치심(7:31-37).

사천명을 먹이심(8:1-10).

벳세다 맹인을 고치심(8:22-26).

간질병 소년을 고치심(9:14-29).

맹인 바디매오를 고치심(10:46-51).

무화과 나무를 저주하여 말림(11:12-14, 20-25).

이 목록을 보면 금방 알 수 있듯이 마가복음에선 1장에서부터 이적 이야기가 나오기 시작하여 11장에 이르기까지 거의 연속적으로 계속되고 있다. 마가는 복음서를 기록할 때 이적 이야기를 매우 중요시했던 것으로 보인다.

더구나 마가복음을 이해하는 데 있어서 이적 이야기가 중요하다는 사실은 초대 기독교의 문헌 역사상 이적 설화에 관심을 갖고 최초로 수집한 사람이 마가라는 사실에서도 엿보인다. 마가 이전에는 기껏해야 바울의 편지들이 있었고 혹은 예수의 어록이 수집되어 전달되었을 뿐이다. 마가가 처음으로 예수의 이적들을 수집한 셈이다. 그렇다면 마가가 예수의 이적 설화를 중요시하여 수집한 목적은 무엇인가? 그리고 마가는 예수의 이적 설화를 통해서 독자에게 무엇을 말하려고 했을까? 마가는 "하나님의 아들 예수 그리스도의 복음"(1:1)을 기록하면서 특별히 예수를 하나님의 아들로 강조하려고 했으며 이것을 수많은 예수의 이적 이야기로 뒷받침하려고 했다. 예수는 마가복음에서 보통 사람들이 할 수 없는 많은 이적들을 행하고 있다. 말씀과 명령 또는 접촉과 안수 등으로 병자를 고치고, 귀신을 쫓아내며 자연을 지배하고 죽은 자까지도 부활시킨다. 마가가 이렇게 예수를 초자연적 초인간적 능력을 가진 "하나님의 아들"로 강조하는 이유는 무엇인가? 그 이유는 역시 박해와 고난 가운데 있는 기독교인들 때문인 것으로 생각된다. 즉 예수가 고난중에 있는 그의 백성을 구원하실 수 있는 충분한 능력을 가진 것으로 나타내기 위해서다. 고난과 죽음의 위협속에서 "나의 하나님 나의 하나님 어찌하여 나를 버리시나이까?"(15:34) 혹은 "하나님! 당신은 살아계십니까?" "우리의 죽게 된 것을 돌아보시지 않습니까?"(4:38)라고 외치면서 하나님의 구원 능력에 의심을 가질지도 모를 독자들에게 마가는 예수의 초자연적, 초인간적 능력을 수많은 이적 설화를 통해 과시함으로써 죽음의 위협에 처한 독자들에게 소망을 갖게 하려고 했던 것으로 보인다. 마가 시대의 기독교인들은 비록 박해와 고난과 죽음의 위협 가운데서라도 절망할 필요가 없다. 왜냐하면 그들에겐 "능력이 더 많으신 이"(1:7)가 있기 때문이며, 그 예수는 그들을 구원하실 수 있는 충분한 능력을 가진 하나님의 아들이기 때문이다. "하나님의 아들 예수 그리스도"(1:1)에 대한 마가의 이런 설교는 고난중에 있던 그의 시대 교인들에게만이 아니라 그와 비슷한 상황에 처한 모든 시대 기독교인들에게도 똑같이 "복음" 곧 기쁜 소식이 될 수 있을 것이다.

4. 마가복음의 구조

마가복음의 전체적 구조는 주로 마가복음을 구성하고 있는 두 가지 종류의 자료들, 즉 이적 설화와 수난 설화를 중심으로 구분되고 있다.

마가복음 전체를 16장이라고 할 때, 전반부(1-8장)는 주로 이적 설화로만 구성되어 있고, 후반부(9-16장)는 대체로 수난 설화로 구성되어 있다. 그리고 전반부 이적 설화의 메시지는 예수를 초인간적인 하나님의 아들로 전하는 것이고, 후반부 수난 설화의 메시지는 예수를 고난당하시는 하나님의 아들로 전하는 것이다. 그래서 전반부는 하나님의 사자인 세례 요한이 나타나 자기 뒤에 "보다 능력이 많으신 이", "더 강한 자"가 오실 것을 예언하는 것으로 시작된다. 세례 요한의 그 예언은 그 직후에 예수가 요한에게 세례받고 물에서 나올 때 하늘로부터 "너는 내 아들"(1:11)이라는 음성이 들림으로써 뒷받침되고 있다. 그 이후 계속 많은 이적 이야기를 통해 예수가 신적인 능력을 가진 하나님의 아들임이 입증되고 있다. 그런데도 이상한 것은 제자들이 이 예수의 정체에 대해 계속 무지한 상태에 남아 있다는 점이다. 그래서 예수가 광풍의 바다를 잔잔케 했을 때에도 제자들은 "저가 뉘기에 바람과 바다라도 순종하는고?"(4:41)하고 자신들의 무지를 드러내고 있고, 예수가 물 위로 걸어오셨을 때도 "그들은 깨닫지 못했다"(6:51). 그래서 예수로부터 "너희가 그렇게 둔하냐"(7:18)고 책망당했고, 또 "아직도 알지 못하고 깨닫지 못하느냐 아직도 마음이 둔하냐 너희는 눈이 있어도 보지 못하고 귀가 있어도 듣지 못하느냐…너희가 아직도 깨닫지 못하느냐"(8:17-21)고 계속 지적당했다. 그들이 깨닫지 못하고 눈을 가지고도 보지 못하기 때문에 예수께선 벳세다 맹인의 눈을 뜨게 해 주셨고(8:22-26) 맹인의 눈이 뜨임을 받은 직후에야 베드로의 입을 통해 비로소 "당신은 그리스도이십니다"(8:29)란 신앙고백이 나오게 된다. 베드로가 예수는 그리스도라고 고백하는 것으로써 전반부가 그 마지막 클라이맥스에 도달하게 된다. 이것을 도식으로 그리면 마가복음의 전반부는 다음과 같은 구조로 되어 있는 셈이다.

"보다 강한 자"에 대한 요한의 설교(1:7-8)	→	하늘 음성 "너는 내 아들" (1:11)	→	예수의 신적 능력을 입증하는 많은 이적 설화
제자들의 무지 (1:41, 6:52, 7:18, 8:17-21)	→	벳세다 장님의 치료 (8:22-26)	→	베드로의 신앙 고백 (8:27-30)

그런데 후반부의 수난 설화도 전반부와 거의 같은 형태로 발전되고 있는 점이 흥미롭다. 먼저 도식으로 그려보면 다음과 같다.

"많은 고난"에 대한 예수의 예언(8:31)	→	하늘 음성 "너는 내 아들" (9:7)	→	예수의 고난을 말해주는 거듭된 수난 예고 (9:31, 10:33-34)
제자들의 무지 (9:32, 10:35-45)	→	장님 바디매오의 치료 (10:46-51)	→	백부장의 신앙 고백 (15:39)

마가복음의 후반부는 예수께서 "인자가 반드시 많은 고난을 받고 장로들과 대제사장들과 율법학자들에게 배척을 받아 죽임을 당했다가 사흘만에 다시 살아날 것"(8:31)을 제자들에게 가르치는 것에서부터 시작한다. 예수의 이 첫 번째 수난 예고가 있은 직후에 변화산에서 들려온 하늘 음성이 "이는 내 사랑하는 아들이니 저의 말을 들으라"(9:7), 즉 수난 예고의 말을 들으라고 확인해 준다. 그 이후 거듭 예수의 수난 예고가 주어짐으로써(9:31, 10:33-34) 예수가 고난당하는 하나님의 아들임이 선포되고 있다. 그런데도 역시 이상한 것은 제자들이 예수의 수난에 대한 무지를 계속 드러내고 있다는 점이다. 그래서 그들은 고난을 위해 예루살렘으로 향하고 있는 예수의 뒤를 따르면서도 "누가 더 높으냐?"(9:33-37)고 다투기도 하고, 요한과 야고보는 하늘의 영광 자리를 자기 형제들에게 달라는 어처구니없는 요구를 제시하기도 한다(10:35-40). 그들이

아직도 깨닫지 못하고 눈을 가지고도 볼 것을 보지 못하기 때문에 예수는 고난의 장소인 예루살렘에 입성하기 전에 제자들의 눈을 다시금 뜨게 해 주어야 했다. 그래서 마가는 바디매오 장님의 눈을 치료하는 이야기를 예루살렘 입성 직전에 편집했다. 그리고 예루살렘에 들어간 후 예수가 처형당하는 순간에 처형을 진두 지휘했던 로마 백부장의 입에서 "이 사람은 진실로 하나님의 아들이다"(15:39)란 고백이 나온다. 이런 구조로 미루어보아 마가가 맹인 치료 이적을 전반부와 후반부에서 각각 한 번씩 중요한 사건이 벌어지기 직전에 소개한 것은 한편으로 제자들의 눈을 뜨게 함으로써 그 다음 사건을 바로 보게 하려는 목적이 있었고 다른 한편으로는 독자들에게도 맹인의 눈이 뜨일 때에는 그들 자신의 눈을 똑바로 뜨고 그 다음 내용을 올바로 읽게 하려는 목적이 있었다고 생각해 볼 수도 있다.

이런 이중 구조는 결국 마가가 전반부의 이적 설화를 통해서는 예수가 능력이 많으신 하나님의 아들임을, 그리고 후반부의 수난 설화를 통해서는 예수가 고난 당하는 여호와의 종임을 전하려고 했음을 드러내고 있다. 그런데 전반부에서 이적 설화들을 편집하여 소개함에 있어서도 마가는 그 나름대로 일정한 도식에 따라 자료를 편집하고 있는 것이 눈에 뜨인다. 일정한 패턴에 따라 이적 이야기를 편집한 것은 무엇보다도 구전(口傳)이 지배적인 시대에 기억을 용이하게 하기 위한 것으로 생각된다. 가령 우리는 5,000명과 4,000명을 먹인 이적을 중심으로 다음과 같은 두 가지 패턴을 찾아볼 수 있다.

풍랑 진압 (4:35-41)	→	거라사 귀신 (5:1-20)	→	야이로의 딸과 혈루병 여인 (5:21-43)	→	5,000명을 먹임 (6:30-44)
풍랑의 바다 위를 걸으심 (6:45-52)	→	게네사렛 병자들 (6:53-56)	→	수로보니게 여인의 딸과 귀먹은 벙어리 (7:24-37)	→	4,000명을 먹임 (8:1-10)

이 패턴은 바다 이적에서 시작하여 무리를 먹인 이야기로 끝나고 있다.

5,000명을 먹임 (6:30-44) → 배를 타고 건너편으로 (6:45-52) → 바리새인과 예수의 논쟁 (7:1-23)

제자의 우둔함과 깨닫지 못함 (7:18-19) → 귀먹은 벙어리를 고치심 (7:31-37)

4,000명을 먹임 (8:1-9) → 배를 타고 달마누다 지방으로 (8:10) → 바리새인과 예수의 논쟁 (8:11-13)

제자의 우둔함과 깨닫지 못함 (8:17-21) → 벳세다 장님을 고치심 (8:22-26)

이 패턴에서는 무리를 먹이신 이야기에서 시작하여 각각 귀먹은 벙어리와 장님을 고쳐 듣고 보게 만드는 이야기로 끝나고 있다.

그런데 이런 패턴에는 후반부의 수난 설화 부분에서도 엿보이고 있다. 이 경우는 주로 예수의 수난 예고를 중심으로 나타나고 있는데, 예수가 수난 예고를 할 때마다 제자들이 그것을 잘 이해하지 못하기 때문에 예수가 제자직에 관한 설교를 제시하는 형태로 나타나고 있다.

(1) 예수의 1차 수난 예고(8:31)

(2) 제자들의 무지(베드로가 예수의 수난을 말리고 그 때문에 사단이란 소리를 듣는다. 8:33)

(3) 제자직에 관한 설교("누구든지 나를 따라오려거든 자기를 버리고 제 십자가를 지고 따르라", 8:34-38)

(1) 예수의 2차 수난 예고(9:31)

(2) 제자들의 무지(예수를 따라가는 길에서 누가 더 높으냐고 서로 다투었다. 9:33-34)

(3) 제자직에 관한 설교("누구든지 첫째가 되고자 하면 맨 마지막이 되어야 한다…", 9:35-37)

(1) 예수의 3차 수난 예고(10:33-34)

(2) 제자들의 무지(야고보와 요한이 하늘 영광의 자리를 요구하다. 10:35-40)

(3) 제자직에 관한 설교("너희 가운데 누구든지 크게 되려고 하면 남을 섬기는 자가 되어야 하고…", 10:42-45)

전반과 후반에 걸쳐 마가가 일정한 패턴에 따라 자료를 편집하고 있는 것으로 보아 마가는 실제로 있었던 역사적 사건을 일어났던 그 순서대로 그대로 기록해 주고 있는 것이 아니라 오히려 자신의 설교적인 목적을 위해 또는 독자들로 하여금 전해지는 전승 자료를 좀더 쉽게 기억할 수 있게 자료들의 순서를 비교적 자유롭게 취사 선택하여 편집한 것이라고 생각하는 것이 더 좋을 것으로 보인다.

지금까지 우리는 주로 마가복음에 나오는 자료들을 중심으로 전반부에는 이적 설화, 그리고 후반부에는 수난 설화로 구성되어 있다고 말했다. 그런데 이것을 마가복음에 나타나는 지리적 언급을 중심으로 구분할 경우에는 주로 전반부가 갈릴리를 중심으로 하고 있고, 후반부는 예루살렘을 중심으로 삼고 있는 것을 알 수 있다. 곧 대부분의 이적 설화들은 갈릴리에서 행해진 것들이고 대부분의 수난은 예루살렘에서 일어난 것들이다. 결국 지리적으로 마가복음이 전반의 갈릴리와 후반의 예루살렘으로 구분되고 있는 셈이다. 마가복음에서 중요시되고 있는 이 두 지명, 곧 갈릴리와 예루살렘은 다만 지리적인 의미만을 갖는 것이 아니라 신학적인 의미를 갖고 있다는 것이 여러 학자들의 공통된 생각이다. 마가에 의하면 갈릴리는 예수의 고향이요 예수가 처음 제자들을 모집한 곳이요 예수 활동의 본거지요 많은 무리들로부터 환영받은 성공의 장소이다. 그러나 예루살렘은 예수가 배척당하고 부인당하고 붙잡혀 심문당하고 처형당한 고난과 죽음의 장소이다. 마가복음에선 부활하신 예수의 첫 출현지로 요한복음과 누가복음과는 달리 갈릴리가 지명되고 있는데(14:28, 16:7) 이것은 그만큼 갈릴리가 마가에겐 중요한 지역이었기 때문으로 생각된다. 아마도 마가의 공동체가 갈릴리를 중심으로 발전된 신앙 공동체였기 때문에 예루살렘을 중심으로 한 신앙 공동체와 달리 갈릴리를 중요하게 강조하고 있는 것으로 생각되기도 한다.

5. 이방 선교적 경향

예수가 유대인이었고 또 그의 처음 제자들이 그러했듯이 초대 기독교인들도 처음엔 대부분 유대인들이었다. 예수는 자신이 이스라엘의 잃은 양을 위해 보냄을 받았다고 공언했고(마 15:24) 또한 열두 제자들을 뽑아 파송할 때에도 "이방 땅에는 들어가지도 말고 사마리아 고을에도 들어가지 말고 오직 이스라엘의 잃은 양에게로만 가라"(마 10:5)고 명령하셨다. 예수의 부활 직후만 하더라도 베드로와 요한 등 예수의 제자들은 예루살렘 성전을 중심으로 신앙 생활을 하였으며, 그 후에 바울이 이방인 선교사로 부름받았다는 확신 가운데 이방인 전도에 많은 관심을 쏟고 있지만, 그가 이방 선교에 그토록 열심이었던 이유 중의 하나는 그것이 유대인을 회개시키는 길이라고 생각했기 때문이다(롬 9-11장). 이렇게 초대 기독교는 유대인 중심의 신앙 공동체로 시작되어 발전되었다.

그런데 주후 60년대에 이르러 정치적인 박해가 심해지면서, 그리고 특히 로마에 의해 유대 나라가 최종적으로 멸망되어 예루살렘과 그 성전이 허물어지면서부터 많은 초대 기독교인들이 팔레스틴을 떠나 이방 땅으로 흩어지기 시작했다. 초대 기독교인들이 이방 땅에 거주하며 이방인들과 함께 생활하기 시작하면서 그들에게 복음을 전파하기 시작했다. 그래서 이방인 개종자의 숫자가 늘어나기 시작했다. 초대 기독교인들이 이방인에 대한 선교에 관심을 기울이게 된 데에는 또 다른 이유가 있었는데 그것은 기독교회가 유대교로부터 독립하여 독자적인 종교로 발전하면서부터 기독교와 유대교 사이의 갈등이 심각해지기 시작했고 이런 상황 속에서 더 이상 유대인 개종자를 얻기가 힘들어졌기 때문이다. 자연히 새로운 선교의 대상으로 이방인이 고려되게 되었다. 이 같은 역사적 상황의 변화는 필연적으로 신학적 관점에도 변화를 가져오게 하였다. 즉 기독교 복음의 이방화가 곧 그것이었다. 최초로 기록된 마가복음에서부터 우리는 이방인과 이방인 선교에 대한 관심이 두드러지게 드러나는 것을 볼 수 있게 된다.

누가복음을 가리켜 흔히 "이방인의 복음서"라고 부르기도 하지만 마가복음도 누가복음에 못지 않게 이방인과 이방 선교에 특별한 관심을 갖고 있는 것으로 보인다. 이 점은 마가가 이방인의 개종에 대한 분명한 언급을 하고 있는데서도 나타나고 있다. 예를 들어 악한 포도원 농부 비유를 통해서 유대인들이 "아들"인 예수를 배척하고 죽였기 때문에 복음이 "다른 사람들"에게 주어질 것이라는 점이 강조되고 있다(막 12:9-11). 마가는 또 예수의 입을 통해 "복음이 먼저 모든 민족에게 전파되어야 한다"(13:10)고 말하고 있다. 그리고 장차 인자가 구름을 타고 임할 때에도 "그때 그는 천사들을 보내어 땅 끝에서 하늘 끝까지 사방에서 하나님이 택하신 사람들을 모을 것이며"(13:27), "온 세계 어디서든지 복음이 전파될 것이라"(14:9)고 강조한다. 이것과 함께 마가복음에서 예수를 가리켜

"하나님의 아들"이라고 고백한 유일한 사람이 이방인 백부장이라는 사실은 주목할 만하다(15:39). 사실상 마가복음의 제목(1:1)과도 관련이 있는 하나님의 아들이란 명칭 자체도 유대적 명칭이라기보다는 오히려 이방적 명칭이라는 점이 의미있는 일이기도 하다.

마가가 복음서를 기록하면서 예수 활동의 본거지로 갈릴리를 택하고 나중에 부활하신 예수까지도 갈릴리로 먼저 가시게 기록한 것은 갈릴리가 이방인의 땅이요 이방에 대한 선교가 그의 주요 관심사였기 때문이었던 것으로 보인다. 마태복음 4:15에서도 갈릴리는 "이방인의 갈릴리"로 불리고 있다. 마가에서도 갈릴리는 이방 세계를 가리키는 대명사와 같은 말이다. 이방 선교에 대한 마가의 이런 관심은 복음서가 기록되던 주후 70년경의 상황으로부터, 또는 갈릴리를 중심으로 발전하고 있던 마가의 갈릴리 기독교의 상황으로부터 이해되어져야 할 것으로 보인다.

6. 저자와 기록 장소

마가복음에는 마가복음 저자의 정체를 알아낼 수 있을 만한 근거 자료가 하나도 없다. 마가를 마가복음의 저자라고 말한 가장 오래된 교회의 전승은 히에라폴리스의 감독이었던 파피아스(Papias)의 말에 근거되어 있다. 그의 말에 의하면 마가는 베드로의 통역자로서 주님의 말씀과 행함을 비록 순서대로는 아닐지라도 그의 기억에 따라 비교적 정확하게 기록하였다는 것이다. 파피아스가 마가복음의 저자로 생각했던 마가는 분명히 사도행전에서 자주 언급된 바 있는 요한 마가와 같은 인물일 것으로 생각된다(12:12, 13:5, 15:39). 그는 초대 예루살렘 공동체를 위해 자기 집을 모임 장소로 내주었던 어떤 마리아의 아들이었다. 그의 조카 바나바(골 4:10)와 바울이 예루살렘 성도들을 위한 모금 여행을 한 후 그를 안디옥으로 데려왔고(행 12:25) 첫 번째 전도 여행 때 그를 데리고 갔었다(행 13:5). 나중에 바나바는 마가 때문에 바울과 갈라섰고 마가와 함께 구브로로 갔다(행 15:37 이하). 후에 마가는 다시 바울의 일행과 합류했고 그래서 빌레몬서 24절에서 바울은 마가를 자기 동역자 중의 하나로 언급하고 있다. 그리고 골로새서 4:10에서는 바울이 골로새 교회에 마가를 잘 영접하라고 부탁한다.

또 디모데후서 4:11에서는 디모데에게 마가를 로마로 데려오라고 말한다. 비록 베드로가 마가를 가리켜 "내 아들"(벧전 5:13)이라고 부르고 또 파피아스가 마가를 베드로의 통역자라고 말했지만 실제로 마가는 바울과도 밀접히 연결되어 있었던 것으로 보인다. 마가복음에 이방 선교에 대한 관심이 많이 나타나는 것도 마가가 이방인의 사도였던 바울과 밀접한 관계를 갖고 있었기 때문인 것으로 생각된다.

그러나 이 요한 마가가 마가복음의 저자라는 생각은 별다른 역사적 증거가 분명하지 않기 때문에 반대를 받고 있기도 하다. 저자가 요한 마가라면 분명히 예루살렘 출신이었을 것으로 보이는데 실제로 마가복음의 저자는 팔레스틴의 지리에 대해 잘 모르고 있었던 것으로 보인다. 그래서 여러 번 지리적 언급을 함에 있어 잘못을 범하고 있다는 지적이다(예; 5:1, 7:

31, 10:1 등). 더구나 마가라는 이름이 그 당시 흔한 이름이었기에 이 마가가 꼭 요한 마가였다고 보기도 어렵다. 그래서 오늘날 대부분의 학자들은 오히려 마가복음의 저자를 잘 알려지지 않은 익명의 인물로 생각하고 있다.

마가복음의 기록 장소에 관해선 가장 오래된 전승인 파피아스의 글에도 아무런 언급이 없다. 그러나 초대 교회 교부들인 알렉산드리아의 클레멘트와 이레니우스 같은 사람들은 마가복음이 로마에서 기록되었다고 전하고 있다. 이것을 뒷받침하는 본문상의 증거로는 흔히 마가복음에 라틴어 단어가 많이 사용되고 있는 사실이 지적되었다. 예를 들어, 5:9, 15 에서 사용된 "군대"란 의미의 "레기온" 6:37의 "데나리온" 12:42에서 "렙돈 두 푼 곧 한 고드란트"라고 설명한 것, 15:16의 "브라이도리온이라는 뜰" 등과 같은 용어들이다. 그러나 이런 용어들이 전승 자료에서 온 것일 수도 있어서 반드시 마가가 로마에서 기록했기 때문에 이런 용어가 나타나는 것으로 보기는 어렵다. 간혹 마가복음이 갈릴리에 편중하고 있다는 점을 근거로 갈릴리가 기록 장소라고 주장하는 학자도 있으나 이것은 오히려 로마보다도 더 가능성이 없는 것으로 보인다. 따라서 현재로서는 기록 장소에 관한 확실한 결론은 없는 상태에서 가끔 로마가 언급되고 있을 정도이다.

7. 마가복음의 결말 부분

마가복음의 결말에 관한 한 우리는 세 가지 형태의 본문을 갖고 있다. 가장 오래된 그리고 가장 권위 있는 고대 사본들, 가령 시나이 사본과 바티칸 사본들에 의하면 마가복음은 16:8에서 끝나고 있다. 다음으로 거의 대부분의 사본들에는 16:9-20의 본문이 첨가되어 있으며 이것을 흔히 "긴 첨가 부분"(the longer ending)이라고 부른다. 우리말 개역 성경은 이 본문을 마가복음의 일부로 포함시키고 있으나 괄호로 묶어서 어떤 사본들에는 이 본문이 없음을 밝히고 있다. 그런데 긴 첨가 부분과는 다른 "짧은 첨가 부분"(the shorter ending), 즉 16:21-22를 가진 사본도 있다. 우리말 공동 번역은 이 사본을 따르고 있고 다음과 같이 번역되어 있다. "그 여자들은 베드로와 그의 동료들에게 가서 그들이 들은 모든 것을 간추려 이야기해 주었다. 그 뒤 예수께서는 친히 제자들을 해가 뜨는 곳에서 해가 지는 곳까지 보내시어 영원한 구원을 선포하는 거룩한 불멸의 말씀을 전하게 하셨다 아멘."

오늘날 대부분의 학자들은 본문상의 증거와 사본상의 증거 등을 근거로 마가복음의 본래 결말은 16:8에서 끝나고 있고 16:9-22는 후대의 첨가로 보고 있다. 그리고 그 부분이 첨가된 주요 이유는 다른 복음서들에 나오는 예수의 부활 이후 출현 사건들이 마가복음에 기록되어 있지 않기 때문에 후대에 이르러 다른 복음서들과의 조화를 위해 첨가된 것이라고 보고 있다. 그러나 일부 학자들은 비록 권위있는 고대 사본들에는 없고 비교적 후대 사본들에서만 나타나고 있기는 하지만 대부분의 사본들에 첨가 부분이 나타나고 있는 데다가 마가복음 16:8이 접속사로 끝나고 있기 때문에 16:8을 마가복음의 본래 결말이라고 보기 힘들다고 주장하기도 했다. 한 문장이, 그리고 한 문서가 접속사로 느닷없이 끝나버릴 수가 없다는 것이다. 그러나 비교적 최근에 이르러 그 당시 희랍 로마 세계의 많은 문헌 증거를 통해 문장이나 책이 접속사로 끝난 경우가 많이 있음이 확인되면서부터, 그리고 예수의 많은 이적 절차들이 무리들의 놀람으로 끝나고 있는 것이 빈 무덤 설화가 여인들의 놀람으로 끝나는 것과 비슷하고 결국 이것이 마가의 문학적 특징일 수 있다는 주장이 대두되면서부터 마가복음이 본래 16:8에서 끝났다는 주장은 더욱 강력한 주장이 되었다. 그러나 비록 16:8이 마가복음의 본래 결말이었다는 것을 인정한다고 하더라도, 마가복음이 최종적으로 경전화되는 과정에서는 이미 첨가 부분이 포함된 본문이 정경으로 받아들여졌다는 점 때문에 오늘의 우리로서는 첨가 부분을 마가복음의 일부로 포함시켜 읽는 것이 타당할 것으로 생각된다.

7

마태복음

1. 마태복음의 성격

각 복음서의 첫 구절에는 각 복음서의 성격을 잘 규정해 주는 중요한 단어가 기록되어 있다. 각 복음 기자들은 자기 책의 서두에서 자기 책의 성격을 한 마디로 규정해 주고 있다는 말이다. 가령 마가복음 기자는 마가복음 1:1에서 자기 책의 성격을 다음과 같은 말로 규정짓고 있다. "하나님의 아들 예수 그리스도의 복음(euaggelion)의 시작" 즉 마가는 자기 책을 "복음"이라고 규정하고 있는데 아마도 이 말은 "좋은 소식" 곧 일종의 "설교"임을 뜻하는 말이다. 다른 한편 누가는 그의 복음서 서두에서 "우리 가운데 이루어진 사실들에 대한…내력(diegesis)"(1:1)이란 말로 자기 복음서의 성격을 밝히고 있다. "내력"이라고 번역된 "디에게시스"란 희랍어는 "설화, 설명"

등의 뜻을 가진 말로서 "우리 중에 이루어진 일에" 대해 설명하겠다는 것이 그의 목적이요 결국 누가복음의 성격을 규정해주고 있다. 그런데 마태복음은 서두(1:1)에서 자기 복음서의 성격을 "책"(biblos, book)이라고 밝히고 있다. 그러나 유감스럽게도 이 단어가 우리말 성경 번역본에는 분명하게 번역되어 있지 않은데 마태는 자기 복음서의 성격을 아브라함과 다윗의 자손 예수 그리스도의 창세(혹은 탄생)의 "책"이라고 규정짓고 있다. 이렇게 마태는 다른 복음서들과는 다르게 자기 복음서를 "복음"이나 "내력"으로가 아니라 "책"으로 기록하고 있다.

그렇다면 마태가 기록한 "책"은 구체적으로 무엇을 목적으로 한 어떤 책인가? 많은 학자들은 마태복음을 가리켜 "기독교인들을 위한 교회 교과서"(textbook) 혹은 "요리 문답책"(catechism)이라고 부른다. 이것은 곧 마태복음이 기독교인들의 신앙 훈련을 위해, 혹은 신앙 교육을 위해 기록된 교과서란 뜻이다. 특히 마태복음의 독자들이 유대인 기독교인들이기 때문에 마태는 유대인들에게 그들의 신앙과 생활을 지도하고 규제할 수 있는 절대적인 권위의 책, 곧 율법책이 있었듯이, 새로이 기독교인으로 개종한 사람들에게도 그런 율법책에 해당되는 권위있는 교과서와 같은 책을 제공해 주려고 했던 것으로 보인다. 이 점은 마태가 마가와는 달리 예수의 행적에 치중하기보다는 오히려 예수의 말씀들과 그의 설교들을 수집하여 그것들로 그의 복음서의 핵심을 이루게 편집한 데서도 드러나고 있으며, 또한 이 점은 다음에 살펴보게 될 마태복음의 기본 구조에 의해서도 확인되고 있다. 왜냐하면 마태복음의 기본 구조는 주로 예수의 설교들을 소개하는 것으로 중심을 이루고 있기 때문이다. 마태복음의 이런 성격 때문에 "기독교인의 교육 및 신앙 훈련을 위한 교회 교과서"란 말은 마태복음의 성격을 나타내기에 적합한 말이며 또한 마태복음을 가리켜 "교사의 복음서"(the teacher's Gospel) 혹은 "교육을 위한 복음서"(the teaching Gospel)라고 한 바클레이의 말도 어느 정도 적절하다고 생각할 수 있다.

2. 기록된 시기와 역사적 배경

마태복음이 언제 기록되었는지를 정확히 밝혀내기란 그리 쉽지가 않다. 그러나 다음과 같은 몇 가지 점을 확인함으로써 기록 시기를 대충 헤아려 볼 수는 있다.

첫째로, 마태복음이 마가복음을 자료로 이용한 것으로 생각되기 때문에 마가복음이 기록된 주후 70년경보다는 후대에 기록되었을 것이며,

둘째로, 마태복음의 일부 본문(가령 22:6-7, 23:38)을 통해 우리는 마태복음 기자가 예루살렘 및 성전이 로마인들에 의해 파괴된 사실을 알고 있었다고 결론지을 수 있는데 그 사건은 주후 70년에 있었다.

셋째로, 범죄한 형제들(18:15-17), 거짓 선지자들(7:15 이하)에 대한 언급 등은 1세기 말경에 교회 안에 나타났던 위험들을 암시해 주고 있다(cf. 요일 4:1 이하, 요이 10절). 그 외에 성부와 성자와 성신의 이름으로 세례를 주라는 명령(28:19)도

마태복음이 훨씬 후기에 기록되었음을 반영해주고 있다.

넷째로, 유대 종교 지도자들에 대한 계속적인 공격의 어조가 고조되고 있는 점은 기독교가 유대교와 갈라지면서 극심한 긴장 관계에 있던 시기를 반영해 주고 있다.

따라서 마가복음이 기록된 이후 마태복음 기자의 손에 입수되기까지의 시간과 유대 종교 지도자들에 의한 기독교인들에 대한 탄압과 공격이 심각해지기까지의 시간을 감안한다면, 마태복음이 기록되어진 시기는 대충 주후 85년에서 90년경으로 추산될 수 있다.

그러나 마태복음이 85~90년경에 기록되었다는 것만으로는 충분하지 않다. 오히려 그 시기가 어떤 때였느냐를 알아보는 것이 더 중요하다. 한마디로 말해서 이 시기는 유대교의 신앙의 중심지요 초대 기독교인들에게 있어서도 어느 정도 신앙의 본거지였던 예루살렘이 로마에 의해 돌 위에 돌 하나도 남지 않고 다 허물어진 뒤 유대교 안에서 중대한 변화가 일어나던 때였다. 그 변화란 곧 성전 중심주의의 유대교가 성전을 잃고 난 뒤 어쩔 수 없이 회당 중심주의로 돌아서게 되었고, 그 말은 곧 성전을 중심으로 행해지던 제사 중심의 신앙 생활이 성전 멸망 이후 회당이 신앙의 중심이 되면서부터 회당에서 행해지던 율법 연구 즉 말씀 중심의 신앙 생활로 바뀌게 되었다는 말이다. 아울러 회당을 중심으로 율법 연구를 하는 것이 주요한 신앙의 형태가 되면서부터 제사장 계급은 자연히 사라져 버리고 새로이 랍비들, 즉 바리새인들이 백성의 실질적인 지도자로 등장하기에 이르렀다.

유대교인들의 신앙 형태가 이렇게 장소 중심에서 탈피하여 말씀 중심으로 옮겨가는 이 큰 변화의 물결이 주로 유대인 출신이었던 초대 기독교인들에게 아무런 영향이 없을리 없었다. 특히 마태복음 저자는 이 시기에 유대교 안에서 일어나고 있던 이런 변화에서 자기가 해야 할 일에 대한 중요한 암시를 받았던 것으로 보인다. 초대 기독교인의 신앙 지도에 관심을 갖고 있던 마태복음의 저자 마태로서는 성전을 잃은 뒤의 유대인들의 상황이 예수와 그 처음 제자들이 다 죽어버린 후의 초대 기독교인들의 상황과 상당히 비슷함을 느꼈을 것이다. 그리고 유대교가 예루살렘 성전의 멸망이란 난국 이후의 신앙적 위기를 율법 즉 하나님 말씀에 대한 연구로 극복하려고 했듯이, 예수와 그의 처음 제자들이 죽은 이후 신앙적인 위기와 혼돈을 예수의 말씀을 수집하여 기록함으로써, 그리고 그 말씀을 초대 기독교인들의 신앙적 지침으로 제시함으로써 극복하려고 했던 것으로 보인다. 마치 유대인들이 비록 성전은 허물어졌고 그래서 제사는 더 이상 드릴 수 없게 되었더라도 모세의 율법을 연구하고 그 말씀대로 행하는 한, 유대인으로서 아무런 염려가 없었듯이, 초대 기독교인들이 비록 예수를 잃고 또 처음 제자들에 의한 지도마저도 그들의 죽음으로 잃게 되었더라도 만일 초대 기독교인의 손에 예수의 말씀을 기록한 문서만 쥐어준다면, 그래서 그들이 그 말씀을 열심히 읽고 그 말씀대로 살기만 한다면 기독교인으로서의 생활에 큰 염려는 없을 것으로 생각했을 것이다. 유대인들의 손에 쥐어진 모세 오경에 해당되는 권위 있는 예수의 말씀을 초대 기독교인들의 손에 쥐어주고자 했던 것으로 보인다. 이렇게 모세 오경이 마태에게 있어선 어느 정도 마태복음 기록의 모델이 되었다는 점에서 많은 학자들은 마태복음을 가리켜 "마태 오경(五經)"이라고 부르기도 한다. 이 점은 마태복음의 구조 특히 오경적 구조를 살펴볼 때 더욱 분명히 드러나고 있다.

3. 마태 복음의 구조

마태복음은 다른 복음서나 서신들에 비해 비교적 분명하고도 독특한 구조를 갖고 있는데 우리는 이것을 세 가지로 나누어 생각해 보고자 한다.

1. 오경(五經)적 구조 : 1930년 베이컨(B.W. Bacon)의 "마태복음 연구" 이후로 마태복음이 5개의 주요 설교로 구성되어 있다고 하는 점이 널리 주장되어 왔다. 그 5개의 설교를 지적한다면 다음과 같다.

1) 제자직에 관한 설교(5-7장)
2) 사도직에 관한 설교(10장)
3) 천국 비유 설교(13장)
4) 교회에 관한 설교(18장)
5) 종말에 관한 설교(24-25장)

마태가 의도적으로 이 5개의 설교로 마태복음의 기본 구조를 삼으려 했다는 생각은 이 5개의 설교가 노래의 후렴처럼 모두 똑같은 공식적인 문구로 끝나고 있는 사실을 통해 뒷받침되고 있다. 그 문구는 곧 "예수께서 이 말씀을 마치시매…"

(And it came to pass, when Jesus had ended these saying)로서 마태복음에선 5개의 설교가 끝날 때마다(7:28, 11:1, 13:53, 19:1, 26:1) 설교의 종결 문구로 5번 사용되고 있으며, 마지막 5번째의 설교가 끝났을 때는 "예수께서 이 말씀을 다(pantas) 마치시고"라고 대단원의 막을 내리고 있다. 그래서 많은 학자들은 마태가 이 5개의 설교로 마태복음의 기본 구조를 삼았고 거기에 예수의 족보와 탄생 설화(1-2장)를 서론으로, 그리고 예수의 수난 설화(26-28장)를 결론으로 첨가하여 그의 복음서를 구성한 것이라고 생각하고 있으며, 이런 이해에 기초해서 그리고 또한 그 밖에도 마태가 그의 복음서에서 모세의 모델을 상당히 따르고 있다는 점을 근거로 마태복음을 가리켜 흔히 "마태 오경"(五經)이라고 부르기도 한다.

물론 학자들 중에는 마태복음의 오경적 구조에 이의를 제기하면서, 혹은 그것을 보완하여 마태 6경(六經) 혹은 마태 7경(七經)을 말하면서 마태복음 안에 나오는 설교들을 보다 합리적으로 구분해 보려는 사람들도 있다. 그러나 이런 생각은 반복되고 있는 5개의 종결 문구 때문에 주장하기가 어려워진다. 그러나 여하간 이런 모든 생각들은 마태복음의 기본 구조와 내용이 주로 설교로 이루어져 있다고 이해하는 점에서 별다른 차이가 없다. 그리고 이 점에서 마태복음이 다른 복음서들과 다른 점이 드러나고 있는데 그것은 곧 마태복음의 중심은 설교에 있지 예수의 생애나 그의 활동에 있지 않다는 점이다. 마태는 설교를 중심으로 교인들을 가르치는 일에 더 많은 관심을 가지고 있었던 것으로 보인다.

2. 교차 대칭적 구조 : 마태복음이 보여주고 있는 또다른 독특한 구조는 교차 대칭법(chiasm)에 있다. 교차 대칭법이 어떤 것인지는 다음과 같은 문장을 예로 들어 이해할 수 있다.

먹기 위해 사는가?

살기 위해 먹는가?

또는,

먹기 위해

사는가?

살기 위해

먹는가?

아마도 이런 식의 표현은 히브리인들의 글에서 흔히 볼 수 있는 평행법(parallelism)의 일종으로 기억하기 쉽게 글을 쓰기 위한 방법 중의 하나였을 것이다. 그런데 이런 교차 대칭법이 마태복음에서 뚜렷이 드러나고 있고 특히 그 구조에서도 이 점을 발견할 수 있다. 마태복음의 5개 설교 중 첫 번째 것은 "하늘나라에 들어감"이 주제인데 마지막 것은 "하늘나라의 도래"가 주제여서 처음과 마지막이 평행을 이루고 있고 두 번째 설교는 "사도들의 파송"과 관련되어 있는데 네 번째 설교는 "사도들의 목회"와 연관되어 있어 서로 대칭을 이루고 있다. 이렇게 이해할 경우 세 번째 설교인 천국 비유 설교는 다섯 설교 중 한복판에서 핵심을 이루고 있는 셈이 된다. 천국 설교가 마태복음의 중심 메시지라는 점은 마태가 마태복음을 "하늘나라의 복음"이라고 거듭 규정하고 있는 사실에서도 드러나고 있다(4:23, 9:35, 24:14). 마태의 5개 설교를 교차 대칭으로 표시하면 다음과 같다.

1. 산상 설교(천국에 들어감)
2. 사도들의 파송("천국이 가까왔다고 전파하라", 10:7)
3. 천국 설교("천국은 마치…와 같으니")
4. 사도들의 목회("천국에서는 누가 가장 크냐?", 18:1)
5. 종말 설교(천국의 도래)

그리고 마태의 주요 메시지가 천국의 메시지란 점은 마태복음에서만 하나님의 사자인 요한의 설교(3:2)와 예수 자신의 설교(4:17)와 예수의 후계자들인 제자들의 설교(10:7)가 모두 "천국이 가까왔느니라"로 통일되어 있는 점에서도 나타나고 있다.

이 밖에도 마태복음의 서두에서 예수의 탄생이, 그리고 말미에서 예수의 부활이 그의 또 다른 새 탄생으로 나타나고 있는 점이 대칭을 이루고 있고, 첫 장에서 "하나님이 우리와 함께 계시다"(1:23)가 강조되었는데, 마지막 장에서 "내가 항상 너희와 함께 있으리라"(28:20)고 임마누엘이 강조되고 있는 것도 서로 대칭을 보여주고 있다. 또 3장에서 예수의 세례가 소개된 것은 27장에서 예수의 죽음의 세례(cf. 막 10:38)가 소개된 것과 대칭을 이루며, 4장에서 "네가 하나님의 아들이거든"이라고 말한 사단의 시험은 27장에서 십자가 앞을 지나는 행인들이 "만일 네가 하나님의 아들이거든"이라고 예수를 조롱하며 시험하는 것과 대칭을 이루고 있다. 이 같은 대칭적 구조는 다른 어느 복음서에서보다도 마태복음에서 가장 분명히 나타나고 있는 것으로 보인다.

3. 설화와 설교의 교차적 구조 : 우리는 이미 앞에서 마태가 설교를 중심으로 그의 복음서를 구성했다고 말했는데, 마태복음의 구조가 보여주고 있는 또 다른 특징은 마태복음에서 설화와 설교가 교차적으로 혹은 교대적으로 나타나고 있는 점이다. 결국 마태는 설교를 중심으로 마태복음을 구성하되 설교와 설교 중간에 꼭 설화를 소개하는 방법을 택하고 있는 것으로 보인다.

1-4장(설화): 메시아의 출현
5-7장(설교): 제자직에 관한 설교
8-9장(설화): 10개의 이적 설화들
10장(설교): 사도직에 대한 설교
11-12장(설화): 유대인들의 배척
13장(설교): 천국 비유 설교
14-17장(설화): 제자들의 신앙 고백
18장(설교): 교회에 관한 설교
19-22장(설화): 권위와 초대
23-25장(설교): 종말에 관한 설교
26-28장(설화): 예수의 수난 설화
28:18-20장(설교): 예수의 마지막 설교

이렇게 마태복음에 있어서는 설화들이 설교와 밀접히 연관되어 편집되어 있을 뿐만 아니라, 어떤 점에서는 설화들이 그 뒤에 나오는 설교를 준비하는 종속적 역할을 하고 있다. 특히 각 설화 부분의 마지막 부분은 그 다음 설교의 준비 작업이고, 또한 각 설교 부분의 마지막 항목은 그 설교의 중심 사상을 요약하여 강조하는 역할을 하고 있다. 이런 점이 다른 복음서들에서는 거의 나타나고 있지 않기 때문에 우리는 이것을 마태복음의 독특한 구조적 특징이라고 불러도 좋을 것이다.

4. 마태복음의 주요 특징들

1) 모세 유형론(Moses Typology) : 오늘날 많은 학자들은 마태가 마태복음을 기록하면서 예수를 "새 모세" 혹은 "제2의 모세"로 전하려 했었다고 생각한다. 그리고 바로 이런 의도 때문에 마태복음에 소개되고 있는 예수의 생애가 모세의 모형에 따라 전개되고 있다고 말한다. 이 점은 다음과 같은 몇 가지 사실들에서 분명히 드러나고 있다. 모세가 탄생했을 때 애굽의 바로왕이 히브리 족속의 모든 사내아이들을 죽이라고 명령했듯이(출 1:22) 예수께서 탄생했을 때에도 헤롯왕은 베들레헴의 모든 사내아이들을 죽이라고 명령했다(마 2:16). 모세는 기적적으로 구원을 받아 죽음을 면했고(성장해서는 미디안 광야로 피신), 예수는 애굽으로 피난함으로써 죽음을 모면했다. 그리고 왕이 죽은 후에 모세와 예수는 각각 자기의 고향으로 돌아와 거기서 하나님의 사업을 시작하고 있다(출 4:18이

하; 마 2:19-21).

예수가 40주야를 광야에서 금식한 것은 모세가 40주야를 시내산에서 금식한 것과 퍽 유사하다(출 34:28, cf. 신 9:9, 18). 예수가 산에 올라 제자들과 무리들에게 새 율법을 가르치신 것은 모세가 시내산에 올라가 십계명을 받아 그것을 이스라엘 백성들에게 준 모형을 따르고 있다. 마태가 예수께서 행하신 10개의 이적을 마태 8-9장에서 소개하고 있는 것은 모세가 애굽의 바로왕 앞에서 행했던 10개의 이적적 재앙을 연상시키고 있다. "엿새 후에" 예수가 베드로, 요한, 야고보를 데리고 변화산에 올라가 "구름" 가운데서 변화한 사건은 모세가 아론, 나답, 아비후를 데리고 시내산에 올랐을 때 "엿새 동안" 구름이 산을 가린 가운데 모세의 얼굴에서 "광채"(출 34:29)가 나던 일을 연상시키고 있다.

마태가 이렇게 예수의 생애를 모세의 생애에 비추어 소개하는 이유는 무엇일까? 마태는 모세의 권위 밑에서 살아온 유대인 기독교인들에게 예수를 설교하면서 최고의 권위로 생각되어 온 모세에 견주어 예수를 소개하려고 의도했던 것으로 보인다. 그래서 마태복음에서는 예수가 "세례 요한보다 더 큰 이"(마 11:1), "성전보다 더 큰 이"(12:42), "요나보다 더 큰 이"(12:41), "솔로몬보다 더 큰 이"(12:42)로 강조되고 있고 의미상으로 "다윗보다 큰 이"(22:41-46)이다. 그리고 모세의 율법에서는 이러저러하게 명했으나 "그러나 나는 너희에게 명하노니"(5:22, 28, 34, 39, 44 등)라고 강조함으로써 예수를 "모세보다 더 큰 이"로 나타내려는 의도를 보여주고 있다. 유대인들에게 있어서 모세는 하나님 다음으로 최고의 권위요

"큰 이"였다. 그러나 그렇게 이해하고 있는 유대인 독자들에게 마태는 예수가 모세보다 더 큰 이임을 설교하고 있다. 마태복음이 오경적 구조를 갖고 있는, 그래서 마태복음을 마태 오경이라고 부르는 것도 바로 이런 관점에서 이해 되어져야 할 것이다.

2) 유대의 특징 : 마태복음에 모세 유형론이 나타나고 있는 것이라든가 또는 마태복음이 오경(五經)적 구조로 되어 있는 사실 자체가 유대인 독자들을 염두에 둔 유대적 특징일 수 있다. 그런데 그 밖에도 마태복음에는 독자들이 주로 유대인이었기 때문에 나타나는 많은 특징들이 있는데 주요한 것을 언급하면 다음과 같다.

첫째는 빈번한 구약성서의 인용이다. 마태복음에는 직접적인 혹은 간접적인 구약 인용이 100여 회에 걸쳐 나타나고 있는 것으로 알려지고 있는데 이런 빈번한 인용과 암시 이외에, 마태는 중요한 예수의 생애 사건을 소개하면서 마치 노래의 후렴처럼 "이에 선지자로 말씀하신 바가 이루어졌느니라" 혹은 "이 모든 일의 된 것은 주께서 선지자로 하신 말씀을 이루려 함이니"라고 공식적인 문구를 반복하고 있다(1:22, 2:15, 17, 23, 4:14, 8:17, 12:17, 13:35, 15:7-8, 21:4, 26:56, 27:9 등). 이것은 예수의 생애의 사건들이 구약 예언의 성취임을 강조하면서, 예수는 보통 사람이 아니라 유대인이 대망해 왔던 자, 곧 하나님께서 이스라엘에게 보내신 특별하신 분임을 나타내려는 의도에서 나온 것으로 보인다.

둘째로 마태복음에는 다른 복음서들에서는 찾아보기 어려운 독특한 유대적 표현들이 많이 나온다. 신약성서의 다른 문서들에서는 "하나님 나라"(the kingdom of God)란 용어가 일반적으로 사용되고 있는데 오직 마태복음에서만 그 용어 대신에 "하늘나라"(the kingdom of Heaven)란 말이 자주 사용되고 있다. 이 이유는 경건한 유대인들이 "하나님"이란 거룩한 이름을 사용하는 대신에 그 별칭으로 "하늘"이란 말을 쓰던 관습에 기인되는 것으로 보인다. "하늘 아버지"란 용어도 마찬가지이다. 이 밖에도 유대인의 묵시 문학에서 많이 사용되고 있는 "심판의 날"이라든가 혹은 "슬피 울며 이를 갊이 있으리라"는 등의 표현도 전형적인 유대적 용법으로 생각되고 있다. 이런 것과 함께 마태복음에 사용되고 있는 예수의 명칭들이 대체로 유대적인 용어인 것은 결코 우연이 아닐 것이다. 가령 "아브라함의 아들", "다윗의 아들", "오실 이", 혹은 "임마누엘" 등은 유대적인 명칭들이다.

다음으로 마태복음에서만 예수의 공생애 활동이 오직 유대인들만을 위한 것 같은 말씀이 강조되고 있다. 가령 예수는 열두 제자들을 파송하면서, "이방 사람들의 길로도 가지 말고 또 사마리아 사람들의 도시에도 들어가지 말라 다만 이스라엘 집의 잃은 양에게로 가라"(10:5-6)고 명령하신다. 뿐만 아니라 예수 자신도 "나는 오직 이스라엘 집의 잃은 양을 위해서만 보내심을 받았다"(15:24)고 강조하신다. 예수가 "이스라엘의 모든 동네를 다 다니지 못하여 인자가 오리라"(10:23)고 말한 것이나 인자가 영광의 보좌에 앉을 때 "너희도 열두 보좌에 앉아 이스라엘 열두 지파를 심판하리라"(19:28)고 말한 것도 마태복음 기자의 관점이 유대적인 것임을 반영해 주고 있다. “내가 율법이나 예언자들의 말을 폐하러 온 줄로 생각하지 말라 폐하러 온 것이 아니라 완성하러 왔다”(5:17)고 말한 것도 역시 같은 관점에서일 것으로 보인다.

이런 모든 유대적 특징들은 독자가 주로 유대인 기독교인들로 구성되어 있었기 때문에 마태가 그들의 관심을 자기의 메시지에로 끌어들이기 위해 사용할 문학적 테크닉일 수 있다. 마태는 우선 그들에게 기독교는 유대교의 완성이라고 강조하려고 했을 것이다. 그러나 물론 이것이 마태가 말하려고 했던 것의 전부는 아니다. 만일 이것뿐이라면 마태복음은 유대인의 복음으로 끝날 것이고 기독교인의 복음으로 기독교의 정경 가운데 하나가 되지는 못했을 것이다. 우리는 이런 유대적 특징에도 불구하고 그것을 넘어서는 마태의 보편주의적 관심을 찾아볼 수 있어야 한다.

3) 이방 지향적 경향 : 마태복음의 이방 지향적 보편주의 관심은 복음서의 처음부터 끝까지 일관되어 있다. 우선 마태는 복음서의 서두에서 예수의 족보와 혈통을 소개하는 가운데서 놀랍게도 네 명의 여인을 언급하고 있다. 족보에 여인의 이름이 오르는 일은 분명히 유대 전통에서는 예외적인 일이다. 그러나 더욱 놀라운 것은 마태가 언급하고 있는 네 여인이 모두 이방의 여인 혹은 이방인과 관계가 있는 여인이라는 점이다. 다발과 라합은 가나안 여인이고, 룻은 모압 여인이고 우리야의 아내 밧세바는 이스라엘 여인이나 그의 남편 우리야가 헷(=히타이트) 사람이다. 아마도 그래서 밧세바의 이름 대신

우리야의 이름을 거론한 것으로 보인다. 이렇게 이방 여인들의 이름을 지적하는 의도는 무엇일까? 그것은 아마도 예수의 혈통에 이방인의 피가 흐르고 있음을 암암리에 강조하려는 의도였을 것으로 보인다. 예수는 유대인의 메시아만이 아니라 이방인의 메시아이기도 하다. 이런 마태의 관심은 1:1에서 예수를 "아브라함과 다윗의 자손"이라고 표현하는 데서도 나타나고 있다. 왜냐하면 아브라함은 모든 족속의 복의 근원으로 불리우는 믿음의 조상이기 때문이다.

이런 이방 지향적 관심은 제2장에서 아기 예수에게 제일 먼저 찾아와 경배한 자가 멀리 이방에서 온 "동방 박사" 세 사람이었다고 소개하는 데서도 나타나고 있다. 누가복음의 경우, 첫 경배자가 양치던 유다의 목자였던 점을 생각한다면 마태의 관심은 분명히 다르게 나타나고 있다. 마태복음 8:10에서는 예수가 "이스라엘 중에서는 이만한 믿음을 본 적이 없다"고 칭찬하고 있는데 그 칭찬을 받은 사람은 이스라엘 사람이 아니라 로마의 백부장이었다. 그리고 또 다른 로마의 백부장이 십자가 위에서 운명하시는 예수를 보고 "참으로 이 사람은 하나님의 아들"(27:54)이라고 고백하고 있는데 이 신앙 고백은 베드로의 신앙 고백에 준하는, 교회의 반석이 되는 고백이었다.

이렇게 이방인들이 훌륭한 믿음을 갖고 있음을 강조하는 것과 함께 마태는 하나님의 나라가 오히려 그들에게 주어질 것임을 말하고 있다.

"내가 너희에게 말한다. 많은 사람이 동쪽과 서쪽으로부터 와서 하늘나라에서 아브라함과 이삭과 야곱과 함께 잔치에 참여하겠고 이 나라의 아들들은 바깥 어두운 데 쫓겨나 거기서 슬피 울며 이를 갈 것이다"(8:11-12). 포도원 일꾼 비유의 결론도 "하나님의 나라를 너희로부터 빼앗아 열매를 맺는 백성에게 주겠다"(21:43)는 것이었다. "먼저 된 자가 나중 되고 나중 된 자가 먼저 될 것이라"는 말씀이 반복해서(19:30, 20:16) 강조되고 있는 것도 이방인이 유대인을 대신하여 하늘나라에 먼저 들어가게 될 것을 암시하고 있다. 이 밖에도 마태는 "복음이 온 땅에 전파되어야 한다"(24:14, 26:13)고 거듭 강조하고 있고, 그의 복음서를 끝맺는 마지막 결론 부분에서도 다시 예수의 마지막 말씀을 통해 "가서 모든 민족으로 제자를 삼으라"(28:18-20)고 명령하고 있다. 이 같은 강한 이방 지향적 관심 때문에 마태복음은 뚜렷한 유대적 특징에도 불구하고, "유대인의 복음서"라기 보다는 오히려 "이방인의 복음서"라고 불리우는 것이 더 타당할 것으로 생각된다.

4) 윤리적 행동에 대한 강조 : 마태복음에서 나타나고 있는 또 다른 특징 중의 하나는 저자 마태가 독자들에게 윤리적 행동, 곧 선한 행동을 강조하면서 거기에 대한 심판과 보상을 말하고 있는 것이다. 마태는 나무와 열매의 비유(7:15, 12:33)를 통해서, 그리고 세례 요한(3:10)과 예수의 설교를 통해서(7:19), "좋은 열매를 맺지 않으면 찍혀 불에 태워질 것"이라고 거듭 강조하고 있다. "너희 착한 행실을 보고 하늘에 계신 너희 아버지께 영광을 돌리게 하라"(5:16)는 말씀이나 "너희의 의가 율법 학자와 바리새파 사람들의 의보다 낫지 못하면 너희는 결단코 하늘나라에 들어가지 못할 것이다"(5:20)고 한 말

씀들은 독자들의 선하고 의로운 행실을 요구하는 강력한 설교의 말씀이다. 입으로만 주여 주여 하는 자가 아니라 하늘에 계신 아버지의 뜻대로 행하는 자라야 하늘나라에 들어갈 수 있으며(7:21) 하늘 아버지의 뜻대로 행하는 자가 곧 예수의 형제요 자매이다(12:50). 마태에 의하면 하늘나라에 들어갈 수 있는 제자의 자격이 하늘 아버지의 뜻을 행하는 것이며, 바리새인이나 서기관의 의보다 나은 의를 행하는 것이며, 선한 행실로 하나님께 영광을 돌리는 것이다.

마태의 이런 강조와 더불어, 마태복음에서는 적극적인 악행보다는 오히려 선행을 행하지 않는 게으름과 무관심이 정죄의 대상이 되고 있는 점이 특이하다. 예수의 마지막 설교들인 25장의 세 비유들 곧 열 처녀 비유, 달란트 비유 그리고 마지막 심판의 비유들은 모두 어떤 잘못과 죄를 범한 사람을 정죄하고 그들을 축복의 자리로부터 제외시키고 있는 것이 아니라, 마땅히 해야 할 일들을 행하지 않은 자들을 정죄하고 그들을 저주하고 있다. 마지막 심판 비유의 경우에는 축복을 받을 자와 영벌을 받을 자가 믿음이나 신앙의 여부에 의해 결정되는 것이 아니라 선행을 행한 자와 행하지 않은 자로 구분되고 있다. 마태는 선행이 구원의 열쇠인 것처럼 요구하며 강조하고 있다.

그리고 이런 선행에 대한 강조는 마지막 심판과 보상에 대한 강조에서도 나타나고 있다. 알곡과 쭉정이는 갈라지게 될 것이고(3:12) 좁은 문으로 들어가는 사람과 넓고 큰 문으로 들어가는 사람(7:13-14), 모래 위에 집을 짓는 사람과 반석 위에 집을 짓는 사람(7:24 이하), 곡식과 가라지(13:24 이하)는 구별될 것이고 그물에 걸린 고기들 중 "좋은 것은 추려 그릇에 담고 나쁜 것은 내버려질 것"이다(13:47-50). 이렇게 모든 사람은 그 열매와 행실을 보고 영벌을 받을 자와 영복을 받을 자로 갈라지게 된다(25:31 이하). 마태 오경이라고 불리우는 마태복음의 다섯 설교들이 모두 마지막 심판 때의 형벌과 보상에 대한 언급으로 끝나고 있는 점이 마태의 관심을 잘 반영해 주고 있다. 산상 설교는 두 건축자의 비유로 끝나며, 사도직에 관한 설교는 "누구든지 보잘것없는 사람 중 하나에게 냉수를 대접하면 결코 자기 보상을 잃지 않을 것이라"는 말(10:42)로 끝나며, 천국 비유 설교는 "그물에 걸린 고기" 비유로 끝나고, 교회에 관한 설교는 "너희가 형제를 용서하지 않으면 하늘 아버지께서도 이같이 하실 것이라"(18:35)는 말로 끝나고, 마지막 종말 설교는 최후 심판 비유로 끝나고 있어 결국 마태 오경의 모든 설교들은 모두 심판과 보상에 대한 말씀으로 끝맺음되고 있는 셈이고 이것이 마태의 주요 관심사였던 것으로 보여진다.

그렇다면 마태가 이토록 선행과 심판과 보상을 강조하는 이유는 어디에 있는가? 아마도 그 이유는 마태복음이 기독교인들을 위한 신앙 훈련 교과서였다는 점에서 찾아야 할 것이다. 마태는 그의 복음서를 기록하면서, 입으로만 주여 주여하고 신앙 고백하면서 생활로 아무런 믿음의 열매도 맺지 못하는 그 당시의 이름뿐인 기독교인들, 형식적인 기독교인들에게 믿음에 부합되는 선한 행실, 선한 삶을 살도록 권면하려고 했을 것이다. 이것만이 교인들을 그 당시 외식하는 유대 종교 지도자들의 영향으로부터 지켜 하나님 앞에 진실된 삶을 살게 하는 길이었을 것이다. 이렇게 마태가 믿음보다도 행함을 강조하고 있는 점에서 마태복음은 행함이 없는 믿음은 죽은 믿음이며 따라서 행함으로 의롭다함을 받는 것이지 믿음으로만은 아니라고 주장한 야고보서의 교훈과 비슷한 사상을 갖고 있다.

5) 교회적인 관심 : 앞에서 마태복음을 가리켜 교인들을 위한 신앙 훈련 독본이라고 말했거니와, 복음서들 중 마태복음만큼 "교회"를 의식한, 교회 중심적인 복음서는 없을 것이다.

이 점은 우선 복음서들 중에서 오직 마태복음에서만 "교회"라는 단어가 세 번(16:18, 18:17) 사용되고 있는 데서도 엿보이고 있다. 마태복음이 다른 복음서 특히 마가복음이나 누가복음과 달리 예수의 생애에 관한 전승보다는 그의 말씀 전승에 더 많은 관심을 보이고, 그 말씀들을 중심으로 그의 복음서를 형성한 것도 예수의 말씀들을 가지고 교인들을 지도하고 교육하려는 관심에서였을 것으로 보인다. 이런 점에서 마태복음을 가리켜 일종의 요리문답(catechism)이라고 부르는 것도 이해할 만하다. 특히 마태복음에 나오는 네 번째 설교(18장)를 가리켜 흔히 "교회에 관한 설교"(ecclesiological discourse)라고 부르지만 실제로는 마태복음 전체를 가리켜 그런 이름을 붙여도 좋을 것이다.

둘째로, 마태는 마태복음이 교회의 예배식에서 사용된 것을 염두에 두었던 것처럼 보이기도 한다. 이미 킬패트릭(G.D. Kilpatrick)이 그의 마태복음 연구(1946)에서 마태복음이 당시 교회 안에서 예배시에 사용할 수 있는 일종의 성구집 역할을 하도록 기록되었다고 주장했는데 우리는 가장 좋은 실례를 마태복음에 소개된 주기도문의 본문(6:9-13)에서 찾아볼 수 있다. 만약 우리가 마태복음 6:9-13에 나오는 주기도문을 누가복음 11:2-4에 나오는 주기도문과 비교해 본다면 마태가 예수께서 가르치신 기도문을 교회 예배식에서 사용할 수 있는 형태로 수정해 놓았음을 금방 알 수 있게 된다. 마태는 "아버지"란 호칭을 "하늘에 계신 우리 아버지"라고 좀더 예배시의 기도문에 적합한 형태로 만들어 놓았고, 마지막 기도의 송영을 첨가한 것도 같은 이유에서였을 것으로 보인다.

셋째로, 마태가 교회의 기초를 건물이나 사람 위에가 아니라 오직 예수를 하나님의 아들로 믿는 신앙 고백 위에 두려고, 또 그렇게 가르치기 위해서 베드로의 신앙 고백 사건(마 16:13 이하)에 교회 건축 및 천국 열쇠에 관한 본문을 삽입한 것이다. 복음서 마지막에 "아버지와 아들과 성령의 이름으로 세례를 주라"(28:19)는 후대의 교회 세례식 예문을 소개한 것 등도 마태의 교회에 대한 관심의 표현으로 생각되어진다. 예수의 마지막 말씀으로 "모든 족속으로 제자를 삼으라"든가 "내가 너희에게 명한 모든 것을 가르쳐 지키게 하라"는 말씀도 당시 교회의 선교적, 교육적 훈련에 대한 관심에서 나왔을 것으로 보인다.

마지막으로 마태복음에서는 예수의 제자들이 모범적으로, 이상적으로 소개되고 있는데 이 점이 마가복음과는 대조적이다. 마가복음에서는 제자들의 무지, 그들의 과오와 실수가 가혹할 정도로 지적되고 있는데 마태는 그런 본문들을 일일이 수정하여 가능한 한 제자들의 모습을 훌륭한 빛에 비추어 소개하려고 한다. 가령 비유를 깨닫지 못하는 제자들에 대한 책망(막 4:13)이 오히려 마태에서는 그들에 대한 축복으로 대치되고(13:16 이하) "믿음이 없다"는 책망(막 4:40, 9:19)이 마태에서는 "믿음이 적다"(8:26, 17:20)는 말로 부드러워지고 있으며, 요한과 야고보가 예수께 영광의 자리를 요구한 기록이 마태에 와서는 그들이 아니라 그들의 어머니가 그런 요청을 한 것으로 기록됨으로써(20:20-28) 제자들에 대한 그릇된 부정적인 인상의 요소를 배제하고 있다. 열두 제자의 명단에서 베드로 이름 앞에 "첫째는"이란 부사를 첨가함으로써 베드로를 수제자로 인정하여 그의 지위를 높이고 그에게 천국 열쇠를 주어 교회 치리의 대권을 임명하는 것도 모두 베드로를 비롯해 모든 제자들이 예수의 후계자로서 교회의 치리와 교육을 담당하는 자들이고, 또한 일반적으로 교회 지도자들도 그들의 뒤를 이어 교회를 책임맡은 자들이기에 교회 안에서의 권위의 확립이란 필요성 때문에 제자들에 대한 긍정적, 혹은 호의적 묘사가 나타나고 있는 것으로 생각된다. 이런 것은 모두 마태복음의 저자가 복음서를 기록할 당시의 교회의 상황과 요구를 의식한, 또는 그것에 부응하기 위한 관심에서 생겨난 결과로 생각된다. 모든 복음서가 다 교회를 의식한 것일 수 있으나 그중에서도 마태복음은 가장 교회를 의식한, 교회를 위한 복음서라고 말할 수 있다.

5. 저자 문제

전통적으로 마태복음은 열두 사도 가운데 한 사람인 세리 마태가 기록한 복음서로 알려져 있다. 이런 전통적 이해는 유세비우스(Eusebius, 주후 약 370~340년경)가 인용한 파피아스(Papias, 주후 130년경)의 다음과 같은 전승에 근거되어 있다. "마태가 (예수의) 말씀들을 히브리 언어로 기록하였는데 모든 사람이 자기의 능력대로 그것을 번역했다. 유세비우스는 또 다음과 같은 말도 인용하고 있다. "베드로와 바울이 로마에서 복음을 전파하며 교회를 세우고 있는 동안 마태는 히브리인들 중에서 그들 자신의 언어로 복음서를 출판하였다." 유세비우스의 책으로부터 찾아낼 수 있는 유세비우스 자신의 견해도 마태가 유대인에게 복음을 전했고 자기의 복음서를 "그의 모국어로" 기록했다는 것이었다. 또 유세비우스는 로마의 클레멘트(Clement, 101년경에 사망)의 말, 즉 네 복음서 중 첫 번째 것은 "한때 세리였다가 후에 사도"가 된 마태에 의해 기록되었다는 말을 인용하기도 했다. 이 같은 초대 교회 교부들의 증언을 기초로 마태복음이 열두 사도 가운데 한 사람이었던 세리 마태에 의해 기록되었다는 주장이 오랫동안 인정되어 왔다.

그러나 이런 전통적인 마태의 저작설에는 많은 문제점이 있다고 지적되어 왔다. 첫 번째 문제점은 파피아스가 언급한 바 있던 "(예수의) 말씀들"이 과연 오늘날 우리가 갖고 있는 마태복음을 가리키는 것인가 하는 문제이다. 파피아스는 마태복음이 본래 "히브리어로" 기록되었다고 전해 주고 있는데,

오늘날 많은 학자들은 우리가 지금 갖고 있는 마태복음은 히브리어로부터 희랍어로 번역된 것이 아니라 처음부터 마가복음을 토대로 희랍어로 기록되었다고 믿는다. 더구나 비록 제2세기의 기독교인들이 파피아스가 언급한 "(예수의) 말씀들"을 마태복음 전체를 가리키는 말로 이해했다고 하더라도 그것이 오늘의 마태복음과 똑같은 것이라는 증거는 없다.

또 다른 문제점은 마태복음의 저자가 과연 열두 제자 가운데 하나였던 "세리 마태"인가 하는 문제이다. 분명히 마태는 열두 제자의 명단 중에서 마태란 이름 앞에 "세리"란 말을 첨가하고 있다. 그러나 마가와 누가에서는 그냥 "마태"라고만 기록하고 있을 뿐 "세리"란 언급은 없다. 또한 마태는 "예수께서…마태라는 사람이 세관에 앉아 있는 것을 보시고 이르시되 나를 좇으라"(9:9) 하셨는데 마가복음 2:14나 누가복음 5:22에 의하면 세관에 앉아 있다가 부름을 받은 자는 "마태"가 아니라 "레위"였다. 흔히 마태와 레위는 동일 인물인 것으로 알려지고 있으나 그 증거도 분명치 않다. 왜냐하면 마가복음 2:14에서는 세관에 앉아 있던 레위가 "알패오의 아들 레위"라고 밝혀지고 있는데 마태의 열두 제자 명단에서는(10:3) 알패오의 아들로 야고보가 언급되고 마태와는 다른 인물로 되어 있기 때문이다. 마가복음 3:18에서도 "…마태, 도마, 알패오의 아들 야고보…"라고 언급되고 있다. 따라서 마가와 누가에서 분명한 것은 마태와 레위가 동일 인물이 아니며, "알패오의 아들"로 레위와 야고보가 각각 언급되고 있는 점을 볼 때(막 2:14와 3:18) 레위와 야고보는 서로 형제간이거나 아니면 동일 인물일 것이며, 마가복음 3:18에 의하면 분명히 마태와 알패오의 아들은 서로 다른 인물이다. 결국 마태복음 저자가 열두 제자 중 한 사람인 "세리" 마태라는 생각도 확실치 않다. 마태가 9:9에서 세관에 앉아 있던 인물을 레위가 아니라 마태라고 밝히고 10:3에서 열두 제자의 명단을 제시하면서 마태란 이름 앞에 "세리"란 말을 첨가한 것은 세리 마태와 세리 레위를 동일 인물로 보았기 때문일 것이다. 결국 세 복음서 기록간의 차이에도 불구하고 마태복음의 기록만을 근거로 마태복음의 저자를 열두 사도 중 하나인 세리 마태로 보는 데에는 여전히 문제가 남게 된다. 더구나 마태가 마가복음을 자료로 이용한 점을 고려 할 때, 예수의 측근 제자였고 목격자였던 마태가 열두 제자 중의 하나도 아니고 목격자도 아닌 마가의 기록에 그토록 의존하고 있다는 사실은 이해하기가 힘들다. 마태복음의 저자를 열두 제자 중의 한 사람인 세리 마태로 보는 것은 추측에 지나지 않는다. 아마도 추측이라기보다는 희망일 수도 있다. 초대 교회는 복음서의 권위를 높이기 위해 복음서를 제자나 목격자의 기록으로 인정하려고 했었기 때문이다.

그러면 마태복음의 저자는 누구인가? 오늘날 대부분의 학자들은 1세기 말경에 살았던 "익명의 크리스천" 그리고 아마도 유대인 크리스천의 손에 의해 기록되었을 것으로만 생각하고 있다. 그러나 마태복음에 유대적인 특징과 이방적 특징이 동시에 나타나고 있는 것으로 보아 한 사람의 작품이 아니라 한 학파, 즉 "마태의 학파"에서 나온 작품이라고 생각하는 사람도 있다. 우리는 이것을 다시 본래 마태복음의 초안을 작성한 사람은 예수의 메시지에 충실하게 유대적 특징을 강조했는데 나중에 마태복음을 마무리짓는 단계에서 또 다른 사람의 손에 의해 이방적 경향이 첨가된 것으로 생각해 볼 수도 있다. 1세기 말경엔 기독교가 이미 유대교로부터 돌아서서 이방인 선교를 지향하고 있었고 이방인 가운데서 많은 개종자를 얻으려고 힘쓰던 때였기 때문이다. 이렇게 생각한다면 결국 우리는 마태복음의 기록과 관련해서 상이한 여러 저자들에 의한 단계적인 저술, 혹은 편집 과정을 인정하는 셈이며 이것은 또한 마태복음이 "마태 공동체"의 산물이란 생각을 받아들이는 것이 된다.

8

누가복음

1. 누가 문서(Luke-Acts)의 성격

누가복음은 신약 성경에 포함된 복음서들 중에서 양(量)적으로 가장 큰 복음서이다. 다른 한편 사도행전은 신약 성경에 포함된 27권의 문서들 중에서 가장 큰 책이다. 또 누가복음이 그 다음으로 가장 큰 책인 점을 감안한다면 누가는 신약성서 가운데서 가장 큰 두 권의 책을 기록한 셈이며, 신약성서 기자들 중에서 양적으로는 가장 큰 공헌을 남긴 셈이다. 실제로 누가복음과 사도행전을 합치면 바울의 모든 서신을 합친 것보다 많으며, 요한의 문서들(복음서와 서신들과 계시록)을 다 합친 것보다도 많다. 이런 점에서도 누가의 문서는 신약성서에서 결코 무시되어서는 안 될 중요한 부분을 이루고 있다.

누가복음과 사도행전이 같은 저자의 손에 의해 기록된 문서란 데에는 아무런 이의가 없다. 더구나 오늘날 대부분의 학자들은 누가복음과 사도행전을 별개의 두 책으로 기록한 것이 아니라 단행본의 제1권과 제2권(one book with two volumes)으로 기록했다는데 의견을 같이 하고 있다. 이 점은 두 권의 서론이 각각 보여주고 있는 바와 같이 두 권이 모두 같은 사람(곧 데오빌로)에게 헌정된 사실에서도 어느 정도 드러나고 있다. 그래서 어떤 학자는 누가 문서 두 권의 이름을 각각 "데오빌로 전서"와 "데오빌로 후서"라고 붙이기도 했다. 이렇게 누가복음과 사도행전을 별개의 두 책으로 보지 않고 하나의 책으로 보기 때문에 외국 학자들은 두 권을 합쳐서 영어로 Luke-Acts 라고 하나의 이름으로 만들어 부르고 있다. 이것을 우리나라 말로 번역한다면 아마도 "누가 문서(文書)"라고 부르는 것이 가장 좋을 것이다. 누가 문서의 통일성은 다음에 살펴보게 될 누가 문서의 구조에서 좀더 분명히 밝혀지게 될 것이다.

2. 누가 문서의 구조

누가 문서의 구조는 크게 다음과 같이 두 가지로 나누어 생각할 수 있다. 첫째로는 연대기적으로 나누는 방법이다. 이 경우 내용적으로 보아 누가복음은 예수의 탄생에서부터 그의 죽음과 부활과 승천까지, 즉 예수께서 주로 팔레스틴 안에서 유대인을 대상으로 복음을 전파하는 것이 다루어지고 있고, 반면에 그 속편이라고 할 수 있는 제2권 사도행전에서는 예수의 승천 이후부터 바울이 로마에 입성할 때까지 즉 예수의 제자들이 땅 끝까지 이방인을 상대로 복음을 전파하는 것이 다루어지고 있다. 결국 제1권에서는 예수의 활동이, 그리고 제2권에서는 그의 제자들의 활동이 기록되어 있는 셈이다. 이렇게 본다면 누가 문서는 어느 학자의 책 이름처럼 "예수로부터 바울까지"를 다룬 책이라고 할 수 있다.

둘째로는 누가의 문서를 지리적으로 나누는 방법이다. 이 경우 제1권인 누가복음은 비록 1-2장이 예루살렘의 장면이기는 하지만, 주로 갈릴리로부터 예루살렘까지(from Galilee to Jerusalem) 이르는 복음 전파의 과정이 다루어지고 있으며 그 반면에 제2권인 사도행전은 제1권이 끝난 곳에서 시작하여 로마에 복음이 전파되는, 즉 "예루살렘으로부터 로마까지"(from Jerusalem to Rome) 복음이 전파되는 과정을 기록하고 있다. 그래서 스트리터(B.H. Streeter)란 학자는 사도행전을 가리켜 "로마로 가는 길"이라고 부르는 것이 좋겠다고 말했는데 그렇다면 제1권인 누가복음은 마땅히 "예루살렘으로 가는 길"이라고 불러야 할 것이다.

누가 문서의 끝, 곧 사도행전의 끝이 로마로 끝나고 있기 때문에 일부 학자들은 오래 전부터 누가가 본래 제1권 누가복음과 제2권 사도행전 이외에 제3권을 계획한 것이 아닐까 하고 소위 제3권설을 내세우고 있기도 하다. 이런 주장의 근거는 사도 바울의 서신에 의할 경우(롬 15:23, 28) 바울의 전도 여행의 최종 목적지가 로마가 아니라 서바나이기 때문에 복음이 로마까지 전파되는 것 이외에 다시 "로마로부터 서바나까지"(from Rome to Spain) 복음이 전파되는 과정이 있어야 할 것이라는 생각이다. 이런 주장을 하는 사람들의 생각대로라면 누가의 제3권은 "서바나로 가는 길"이 될 것이다. 그러나 아직까지는 누가가 제3권을 계획했다는 증거도 없는데다가 그런 문서가 존재했었다는 언급이나 증거가 하나도 없기 때문에 그대로 받아들이기는 어렵다.

다음으로 누가복음 자체의 구조를 살펴본다면, 누가복음 자체도 지리적으로 내용이 구분되고 있음을 보게 된다. 마가복음의 경우는 전반이 갈릴리, 그리고 후반이 예루살렘으로 양분되고 있으나 누가복음은 마가복음과 달리 갈릴리에서 예루살렘까지의 "여행 부분"이 길게 확대되어 있다. 이것을 흔히 "여행 설화"(the travel narrative) 혹은 "중심 부분"(the central section)이라고 부른다. 그래서 누가복음의 구조는 다음과 같이 크게 세 부분으로 나눌 수 있게 된다.

예수의 갈릴리 활동(4:14-9:50)

예수의 예루살렘 여행(9:51-19:28)

예수의 예루살렘 활동(19:29-23:49)

눅 1-2장은 서론적인 설명이 되는 셈이고 눅 24:50-53은 예수의 승천 장면으로 결론적인 부분을 이루고 있다.

3. 누가복음 형성에 관한 이론

누가복음 형성에 관한 문제는 곧 누가복음 자료에 관한 문제와 관련이 된다. 누가가 어떤 자료를 기초로 하여 어떻게 누가복음을 구성했는가 하는 문제에 관해서는 학자들간에 의견이 일치되어 있지 않다. 대표적인 이론을 몇 가지만 소개하면 다음과 같다.

1) 2자료설 혹은 4자료설

앞에서 공관복음서 문제를 다루면서 이미 언급한 바 있듯이 이 이론에 따르면 복음서 기자 누가는 제일 먼저 기록된 마가복음과 Q자료(2자료설)를 기본 자료로 사용하였고 그밖에 다른 복음서에 나오지 않는, 따라서 누가복음 기자만이 관심을 갖고 수집한 누가의 특수 자료, 즉 L자료(4자료설)를 첨가하여 지금의 누가복음을 구성했다. 이 경우 마가복음이 기초가 되었기 때문에 누가복음의 순서는 대체로 마가의 순서를 따를 수밖에 없었고, 여기저기에서 Q자료와 L자료로 내용을 보충했다고 보는 이론이다.

2) 원(原) 누가설(The Proto-Luke Theory)

이 이론에 의하면 누가는 마가복음을 기초로 삼고 거기에 Q자료와 L자료를 첨가한 것(4자료설)이 아니라, 누가는 먼저 Q자료와 L자료를 결합하여 소위 누가복음의 "초안"을 마련했고 거기에 마가복음의 내용을 나중에 첨가시켰다. 이 이론을 처음 주장한 사람은 스트리터(B.H. Streeter)인데 나중에 테일러(V. Taylor)에 의해서 발전되었다.

원(原) 누가(the proto-Luke), 혹은 누가복음 "초안"(first draft)의 내용은 3:1에서 4:30, 6:12에서 8:4, 9:51에서 18:14, 19:1-28, 22:14에서 24:53인데 Q자료와 L자료로 구성된 이 원(原) 누가복음이 그 자체로서 완전한 책같이, 즉 그 자체로서 하나의 완전한 복음서 형태를 이루고 있다는 것이다. 복음서의 본질적인 구성 내용이 다 들어있는데 가령 세례 요한의 설교, 예수의 수세와 시험, 가버나움과 나사렛에서의 전도, 그의 이적들, 예루살렘 여행, 제자들의 선교 파송, 예수의 심판, 부활 후 사건 등등이다. 반면에 누가복음에 나오는 마가의 내용은 연결된 이야기로서 기록되어 있지 못하다. 그런데다가 탄생 설화를 제외하고는 누가복음이 마가복음의 자료로서 시작되는 것이 아니라 Q자료와 L자료로 시작되고 있다. 그것도 정확한 연대 표시로 책의 시작 형태를 갖추고 있다. 또 누가복음의 마지막도 L자료(24:13-53)로 구성되어 있다. 이런 것으로 보아 저자는 비(非)마가 자료를 자기 복음서의 뼈대로 삼고 거기에 마가의 자료를 삽입한 것으로 보인다. 누가복음을 다음과 같이 자료상으로 구별하면 금방 마가 자료가 기초가 아닐 것이라는 생각이 든다.

1-2장 ; 요한과 예수의 탄생(L자료)
3:1-4:30 ; Q와 L자료
4:31-6:11 ; 막 1:21-3:6
6:12-8:4 ; Q와 L자료
8:5-9:50 ; 막 4-6장과 8-9장
9:51-18:14 ; Q와 L자료
18:15-35 ; 막 10장
19:1-28 ; L자료
19:29-22:13 ; 막 17-13장
22:14-24:53 ; L자료와 막 14-16장

마가복음 자료는 중간 중간에 삽입되어 있을 뿐 기본은 역시 Q와 L로 구성된 원(原) 누가일 것으로 생각된다. 다른 말로 하자면, 원(原) 누가(the proto-Luke)는 곧 Q와 L자료로 구성된 문서이며 따라서 누가는 원(原) 누가복음을 마가복음과 결합시킨 셈이다.

3) 누가의 마태복음 의존설

2자료설이나 4자료설, 그리고 원(原) 누가복음설(說)에는 공통된 약점이 하나 있다. 그것은 곧 Q와 같은 문서가 있었다고 생각하는 가정이다. 따라서 학자들 중에는 이런 가설적인 전제에 의존하지 않은 채 누가복음의 자료와 구성 문제를 생각할 수 없을까 하고 생각하게 되었다. 그리고 이런 생각에 자극을 준 것이 오래 전에 이미 어거스틴이 말한 바 마태복음이 제일 먼저 기록되어 다른 복음서의 기초가 되었다는 주장이다. 어거스틴에 의하면 마태복음이 최초의 복음서이고 마가복음은 마태복음의 축소판이며 누가는 마태와 마가를 이용했다는 것이다. 그런데 1952년에 화러(A. Farrer)는 Q와 같은 가설적 문서의 존재를 믿을 수 없다고 말하면서 마태와 누가간의 직접적인 의존 관계를 말하고 있다. 즉 누가는 마태복음과 마가복음을 다 갖고 있었고 그 둘을 결합시켰다는 것이다. 누가는 두 복음서의 독특한 특성을 잘 이해하고 이용하였는데 마가복음은 예수를 행동의 사람(a man of action)으로 강조하고 있고, 마태복음은 예수를 선생(a teacher)으로 강조하고 있다. 누가는 마가복음의 "설화"와 마태복음의 "설교"를 잘 결합시켰다는 것이다. 최근에 와서는 화머(W. Farmer)도 18세기의 그리스바하(Griesbach) 이론을 따라 누가가 최초의 복음서인 마태복음에 의존했다는 주장을 내세우고 있다. 그러나 이 모든 것이 다 아직은 가설에 그치는 것이기 때문에 가능성으로만 생각해야지 마지막 결론으로 생각해서는 안 될 것이다.

4. 누가가 직면했던 문제

누가는 1세기 말경에 주로 두 가지 문제에 직면해서 펜을 들게 되었던 것으로 보인다. 하나는 교회 내부로부터 생겨난 문제이고 다른 하나는 교회 외부로부터 오는 문제였다. 하나는 임박한 종말 기대가 실현되지 않은 채 지연이 계속되는 현실 때문에 신앙적으로 동요와 위기를 맞게 된 것이고, 다른 하나는 기독교 복음이 이방 세계로 확장 되어가는 과정에서 예수가 로마 당국에 의해 유죄 판결을 받고 극형에 처해졌다는 사실 때문과 선교상의 장애에 부닥치게 된 것이다. 이것은 곧 기독교와 로마 당국과의 정치적 관계에 대한 문제이다. 로마 당국에 의한 기독교에 대한 박해 문제까지 곁들여 이 문제는 누가에게 중요한 문제였던 것으로 보인다. 이 두 문제를 따로 분리해서 다루어보기로 하자.

1. 종말의 지연

종말 지연의 문제는 비단 누가만이 아니라 1세기 후반에 기록된 모든 문서들의 저자들이 직면했던 문제였었다. 예수는 물론 초대 기독교인들은 모두 자기들의 시대가 이 세상의 종말의 시대라고 믿었고 그래서 임박한 종말 사상을 갖고 있었다. 마가복음 9:1에 보면 예수가 다음과 같은 말씀을 하신다. "내가 진정으로 너희에게 말한다. 여기 서 있는 사람들 가운데 죽기 전에 하나님 나라가 권능으로 임하는 것을 볼 사람도 있다." 마태복음 16:28에선 "하나님 나라" 대신에 "인자"(人子)가 언급되고 있다. 즉 초대 기독교인들은 자기들이 죽기 전에 예수께서 다시 인자와 심판자로 재림하시고 하나님 나라가 임하여 이 세상은 끝장날 것으로 믿었다. 그런데 예수 곁에 섰던 자들이 그리고 예수의 제자들과 목격자들이 하나씩 다 죽어가는데도 아직 기대했던 종말이 임하지 않고 또 곧 임할 것 같이 생각되지도 않았다. 이렇게 되자 종말 기대의 신앙이 흔들리게 되었고 이것은 복음 메시지에 대한 신앙 자체를 위협하게 되었다. 신앙적인 동요와 위기가 생겨나게 된 것이다. 누가는 이런 상황에 직면해서 신앙의 위기에 처한 기독교인들에게 무엇인가 적절한 신앙적 해답을 제시하고 그들을 신앙적으로 바로 지도해야 될 필요를 느꼈을 것이다.

누가가 택한 해결 방법은 하나님 나라가 그리고 종말이 곧 임하는 것이 아니라고 가르치는 것, 즉 임박한 종말 기대를 좀 더 먼 미래로 연장시키는 방법이다. 즉 임박한 종말 기대 가운데서 미래와 하늘에만 관심을 집중시키고 있는 초대 교인들의 관심을 현재와 이 땅에로 돌려놓는 것이었다. 종말이 오기 전에 먼저 이 땅에서 해야 할 일에 관심을 갖게 하는 것이었다. 그래서 누가는 예수를 따라 먼저 땅끝까지 복음이 전파되어야 한다는 것을 강조한다. 누가는 우선 마가복음에서 임박한 종말을 시사해 주고 있는 본문들에 수정을 가해 임박한 종말 사상을 암암리에 메시지의 전면에서 후면으로 빼어돌리고 있다. 가령 누가는 마가복음 1:14-15에서 "예수께서 갈릴리에 오셔서 하나님의 복음을 전파하셨습니다. 때가 찼다. 하나님의 나라가 가까왔다"라고 전하는 것을 수정하여 누가복음 4:14에서 "예수께서 성령의 능력이 충만하여 갈릴리에 돌아오셨습니다"라고만 기록했을 뿐, 임박한 종말 선포와 관련이 있는 "때가 찼다. 하나님의 나라가 가까왔다"는 말씀은 생략해 버렸다. 이렇게 누가는 임박한 종말 기대를 제거해 버리고 있다. 또 누가는 누가복음 21:8에서 마가복음 13:21을 수정하여 "많은 사람이 내 이름으로 와서 내가 그이다 또는 때가 가까왔다고 말할 것이다. 그러나 그들을 따라가지 말라"고 강조함으로써 특히 때가 가까왔다고 임박한 종말을 말하는 사람들을 따라가지 말도록, 그런 가르침은 따라서는 안 될 거짓 교훈이라고 강조하고 있다. 누가복음 19:11에서는 "사람들이 하나님 나라가 당장에 나타날 줄 생각"하기 때문에 그들을 지도하기 위해 비유를 제시하고 있고, 누가복음 21:9에서는 "곧 마지막이 오는 것은 아니다"라고 말함으로써 분명히 종말과 하나님 나라가 곧 오는 것이 아니라고 가르치고 있고 이렇게 함으로써 종말과 재림을 좀더 먼 미래로 연기시켜 놓고 있다.

누가는 이렇게 종말을 좀더 멀리 밀어놓고 그 때까지의 중간 시대를 온 세계에 말씀을 전파해야 할 "교회의 시대", "선교의 시대"로 해석하고 있다. 이 점은 부활하신 예수께서 그의 제자들을 향해 "너희가 예루살렘과 온 유다와 사마리아와 땅 끝까지 이르러 내 증인이 되리라"(행 1:8)고 하신 말씀 가운데서 분명히 드러나고 있다. 그래서 실제로 사도행전은 말씀이 예루살렘에서 땅 끝(로마)까지, 유대인에게서 이방인에게까지 전파되는 과정을 그려주고 있다. 종말을 기다리는 동안에 먼저 해야 할 일을 제시함으로써 임박한 종말 기대를 지금 여기서 해야 할 교회의 말씀 증거로 대치하고 있는 것이다. 이것이 그가 종말이 지연되고 있는 상황에 직면해서 취했던 첫 번째 조치였다.

2. 정치적 변증

초대 기독교의 선교 과정에서 로마 당국에 의해 정치적으로 유죄 판결을 받아 십자가 형벌에 처형된 자를 우리의 "주님" 혹은 "구주"로 전한다는 것은 어려운 일이 아닐 수 없었다. 복음 전도자들이 복음을 들고 들어가는 거의 모든 지역이 대개는 로마의 속국이거나 식민지였던 그 당시 상황에서 로마가 죄인으로 처형한 자를 구주와 주님으로 믿고 받아들인다는 것은 로마에 대한 일종의 반역으로 오해될 수도 있는 일이기에 많은 사람들이 복음을 받아들이고 예수를 믿기 주저하리라는 것은 쉽게 이해 할 수 있다. 또 이것이 복음 전도에 커다란 장애가 되었을 것은 물론이다. 누가로서는 이런 상황에 직면하여 예수가 정치적으로 유죄 판결을 받고 처형된 것이 아님을 분명히 밝히고 강조함으로써 복음 선교의 걸림돌을 제거하려고 했고 또한 로마 당국과 기독교의 관계가 대립적이며 투쟁적인 관계가 아니라 우호적이며 호의적인 관계임을 밝힘으로써 더욱 로마 세계를 향한 기독교의 발판을 굳건히 세우려 하였다.

누가는 우선 복음서에서 예수가 로마 총독 빌라도에게 심문당하는 과정을 기록하면서 다른 복음서들과는 달리 로마 당국자가 예수의 무죄를 알고 인정했을 뿐만 아니라 그렇기 때문에 예수를 석방하려고 했었음을 강조하고 있다. 그것도 마치 빌라도가 예수의 변호사인양 세 번씩이나 예수의 무죄를 선언하고 있다.

눅 23:4, "빌라도가 대제사장들과 무리들에게 이르되 내가 보니 이 사람에게 죄가 없도다"

눅 23:13-14, "빌라도가 대제사장들과 관원들과 백성을 불러 모으고…내가 너희 앞에서 사실하였으되 너희의 고소하는 일에 대하여 이 사람에게서 죄를 찾지 못하였고"

눅 23:22, "빌라도가 세 번째 말하되 이 사람이 무슨 악한 일을 하였느냐 나는 그 죽일 죄를 찾지 못하였나니"

누가는 빌라도의 이런 무죄 선언과 함께 그가 예수를 세 번씩이나 놓아주려고 했었음을 말하고 있다(23:16, 20, 22). 예수의 죽음에 관한 한, 그의 죽음은 빌라도의 유죄 판결 때문이 아니라, 오직 예수를 십자가에 못박도록 고소하고 또 그렇게 백성을 선동한 유대 종교 지도자들 때문이었다. 예수의 정치적 무죄는 누가에게 있어 곧 기독교의 정치적 무죄를 뜻하는 것이었다.

그런데 누가의 이런 정치적 변증은 사도행전에서도 똑같이 나타나고 있다. 누가는 사도행전에서 바울이 로마 총독들(베스도와 벨릭스)에게 심문당하는 과정을 기록하면서, 예수의 경우와 마찬가지로 로마 당국자가 바울의 무죄를 알고 인정했을 뿐만 아니라 그래서 바울에게 많은 호의를 베풀기까지 했음을 강조하고 있다.

행 22:29, "(천부장이 체포된 바울을 벨릭스 총독에게 보내면서 쓴 편지 가운데서) 송사하는 것이 저희 율법 문제에 관한 것뿐이요 한 가지도 죽이거나 결박할 사건이 없음을 발견하였나이다"

행 25:25, "(베스도 총독이 아그립바왕에게 설명하는 말 가운데) 나는 살피건대 죽일 죄를 범한 일이 없더이다"

행 26:31, "(아그립바왕 베니게와 베스도 총독이) 물러가 서로 말하되 이 사람은 사형이나 결박을 당할 만한 행사가 없다 하더라"

여기서도 누가는 로마 당국자들이 바울의 정치적 무죄를 인정하고 있음을 거듭 강조하고 있다. 뿐만 아니라, 로마 당국은 바울을 결사적으로 죽이려는 유대인들로부터 무사히 보호하기 위해 보병, 마병, 창군을 수백명 동원하였고(행 23:23 이하) 가이사에게 고소하지만 않았다면 놓아줄 수도 있었음을 밝히고 있다(행 26:32). 바울을 죽이려고 한 것은 유대인이었지(행 21:31f, 21:35f, 22:22, 25:3, 25:24, 26:21) 로마 당국이 아니었다. 로마 당국은 바울을 죄인시하지 않았다.

누가는 이렇게 예수와 바울이 로마 당국에 의해 죄인으로 생각되지 않았다는 점을 강조하는 것 이외에 로마 관리가 기독교에 대해 호의적이었음을 아울러 강조하고 있다. 누가복음 7:9에서 "내가 이스라엘 중에서도 이런 믿음을 본 적이 없다"고 칭찬받은 로마의 백부장은 예수로부터 "은혜를 받을 만한 자"(새번역 7:4-5)였으며, 십자가형을 지휘하던 또 다른 백부장은 예수의 최후 장면을 지켜보며 "하나님께 영광을 돌리며 이 사람은 참으로 의로운 사람이었다"(눅 23:47)고 고백하고 있다. 또 다른 백부장이 사도행전 10장에서 온 가족과 함께 기독교로 개종하였고, 로마 총독인 서기오 바울은 "그 일어난 일을 보고 믿었으며 주에 대하여 배운 바를 마음에 깊이 새겨두었다"(행 13:12) 로마의 고급 관리 중에도 기독교를 믿는 사람이 있었음을 누가는 밝히고 있다. 이런 점을 강조하는 누가의 의도는 분명히 기독교와 로마 당국간의 관계를 호의적이고도 의도적인 것으로 보여줌으로써 복음 전파 과정에서 있을지도 모를 장애물을 제거하며, 다른 한편 로마 세계 안에서의 기독교의 발판을 공고히 하려는 것이었다.

5. 누가복음의 주요 특징들

누가가 다른 복음서들과 다른 몇 가지 독특한 특징들을 보여주고 있는데 이런 것들은 주로 누가의 인도주의 사상(humanism)과 그의 보편주의 사상(universalism)으로부터 나오고 있다. 누가가 버림받고 소외당한 자, 가난한 자, 죄인 그리고 여인의 문제 등에 많은 관심을 보이고 있는 것은 그의 인도주의(人道主義) 사상에 근거된 것이고, 다른 한편 누가가 사마리아인이나 이방인에 대해 많은 관심을 보여주고 있는 것은 그의 보편주의 사상으로부터 나온 것이다. 우리는 누가의 이런 특징들이 누가복음에서 어떻게 나타나고 있는지 간단히 살펴보기로 하자.

1. 가난한 자에 대한 관심

누가는, 아니 복음서 기자들 중 누가만이 예수께서 기름부음을 받아 이 땅에 온 목적이 "가난한 자들에게 복음을 전파하기 위함"(4:18)이라고 강조한다. 그래서 축복 선언에 있어서도 "심령이 가난한 자는 복이 있나니"라고 말하는 마태(5:3)와는 달리 "가난한 자가 복이 있나니"(6:20)라고 말함으로써 영적으로 심령적으로 가난한 사람이 아닌 글자 그대로, 경제적으로 가난한 자가 복이 있다고, 가난한 자를 축복하고 있다. 이와 함께 누가는 독자들에게 "너희는 만찬을 차렸을 때는…부한 이웃을 불러오지 말고…가난한 사람을…불러 오라"(14:12-13)고 권하며, "가진 것을 모두 팔아 가난한 사람들에게 나누어 주며"(18:22) "너희 소유를 팔아 구제하는 일을 하라"(12:33)고 가르친다. 누가에게 있어서 기독교 신앙은 가난한 자에 대한 관심과 밀접히 연관되어 있는 것으로 생각된다.

그런데 가난한 자에 대한 누가의 이런 관심은 부자들에 대한 저주와 경고와 더불어 나란히 나타나고 있다. 누가는 가난한 자에 대한 축복 선언과 함께 부자에 대한 저주 선언을 나란히 강조하고 있다(6:20, 24) 그리고 부자와 거지 나사로의 비유(16:19-31)에서는 이 세상에서 부자와 가난한 자의 운명이 저 세상에 가서는 뒤바뀔 것이 강조되고 있다. 동시에 누가는 어리석은 부자 비유(12:16-21)를 통해서는 재산 축적에 몰두하며 만족해하는 부자의 어리석음을 경고하고 있다. 분명히 누가는 가난한 자의 편에 서서 그들을 옹호하고 있다.

2. 세리와 죄인에 대한 관심

예수 당시 "세리와 죄인"은 사회에서 소외된 버림받은 존재들로서 같은 의미로 함께 언급되고 있다(눅 5:30, 7:34, 15:1). 그런데 특히 누가복음에서 예수는 이런 부류의 사람들에 대해 특별히 관심을 갖고 이들과 어울리는 것으로 강조되고 있다. 예수는 사람들의 경멸과 증오의 대상인 세리를 향해 "나를 따르라"(5:27)고 제자로 불렀고 또 "세리"와 더불어 앉아 음식을 나누었으며(5:29), 세리장 삭개오의 집에 유하기도 했다(19:5). 다른 사람들은 세리를 사람으로 인정하지 않았지만 예수는 그들을 용납했고 그래서 제자로, 친구로 영접했다. 그래서 사람들이 예수를 가리켜 "세리와 죄인의 친구"(7:34)라고 부르기까지 하였다. 누가에서만 바리새인과 세리의 비유가 나오며, "하나님 앞에 옳다함을 받고 집으로 내려간 사람은 이 세리였고 저 바리새파 사람이 아니었다"(18:14)고 세리를 옹호하고 있다. 또 누가는 "죄 많은 여인"이 향유로 예수의 발을 닦아주어 죄를 용서받는 이야기를 소개하고 있으며(7:36-50) 이 여인의 구원 선포로 그 이야기를 끝내고 있다. 이것은 누가복음의 예수가 십자가에 처형될 때 두 죄인 사이에서 죽음을 당하면서 마지막으로 회개한 죄인을 향해 구원 선포를 하는 것과도 일치한다. 그러나 무엇보다도 죄인의 친구란 별명을 듣던 예수가 마지막 순간에도 "죄인들 가운데서" 죽었다고 하는 것은 너무나도 예수다운 일이다.

3. 여인에 대한 관심

누가의 또 다른 특징은 그가 여인에 관한 이야기에 특별히 관심을 갖는다는 점이다. 그래서 그는 다른 복음 기자들이 관심을 갖지 않은 여인들의 이야기를 수집하여 많이 소개하고 있다. 가령 사렙다 과부(4:26), 나인성 과부(7:11 이하), 나사로의 자매들인 마리아와 마르다(10:38 이하), 예루살렘 성에서 우는 여인들(23:27 이하) 그리고 이런 여인들의 이야기가 긍정적인 의미에서 다루어지고 있는 것이 중요하다. 또한 특이한 점은 누가가 여자의 이야기를 남자의 이야기와 나란히, 일부러 짝을 맞추려는 듯이 함께 언급하는 점이다. 사가랴와 엘리사벳, 요셉과 마리아, 시므온과 안나, 사렙다 과부와 나아만 장군(4:25-28), 가버나움의 백부장과 나인성 과부, 바리새인 시몬과 죄인인 여자, 겨자씨 가진 남자와 누룩을 가진 여자(13:18-21), 잃은 양을 찾은 목자와 잃은 은전을 찾은 여인(15:4-10), 엠마오로 가는 제자들과 무덤을 찾은 여인들, 침상에 누운 두 남자와 맷돌질하는 두 여인(17:34 이하) 등 누가는 남자만 언급하지 않고 꼭 함께 여자도 언급하고 있다. 물론 이것이 문학적 기교의 일부라고 볼 수도 있지만 남자와 여자를 하나님 앞에 함께 나란히 서야 할 평등한 존재로 보기 때문이라고 생각한다면 지나친 해석일까?

이 밖에도 마르다와 마리아의 이야기를 통해 예수가 부엌일에만 충실한 마르다보다 남자와 똑같이 말씀을 듣고 배우는 일을 택한 마리아를 칭찬하셨다고 강조되고 있다. 그런가하면 허리가 굽어 몸을 펼 수 없는 여인(13:10-17)의 이야기를 통해서는 예수가 그 당시 남자와 똑같이 허리를 펴고 살 수 없었던 여인을 육체적으로만이 아니라 인격적으로, 위엄과 가치에 있어서도 남자와 똑같이 바로 설 수 있게 해주었음을 강조하고 있다. 이런 의미에서 누가를 인권주의자 혹은 여권(女權)주의자라고 부르는 것이 당연할지 모른다.

4. 사마리아인에 대한 관심

신약성서 기자들 중에서 사마리아인들에 대해 가장 호의적인 관심을 갖고 있는 사람은 누가일 것이다. 요한도 누가처럼 사마리아인에 대한 관심 때문에 예수가 사마리아 동네에 들어가 사람들을 만나고 그들에게 전도하고 그들과 함께 이틀을 머문 사실을 보도하고 있다(4장). 그러나 누가는 다른 복음 기자들이 알지 못하는 또는 알면서도 관심이 없어 그냥 지나쳐 버린 사마리아인에 관한 전승 자료를 여럿 소개하고 있다. 소개하고 있을 뿐만 아니라 그들을 좀더 나은 빛 가운데 소개하려고 한다.

누가복음에서 사마리아인에 대해 처음 언급하는 것은 9:51-56에서이다. 예수가 제자들과 함께 예루살렘으로 출발하시면서 먼저 사마리아 동네에 들어가셨다. 사마리아인들의 아무런 호응이나 영접이 없자 야고보와 요한이 예수께 "주님 우리가 하늘에서 불을 내려다가 그들을 태워버릴까요"라고 말한다. 아마도 이것이 그 당시 유대인들이 사마리아인들에 대해 갖고 있던 자연적인 감정이었을지도 모른다. 그러나 예수는 그런 말을 하는 제자들을 "꾸짖어" 사마리아인들에 대한 악감정을 배격하신다. 그리고는 10장에서 누가는 선한 사마리아인의 비유를 통해 사마리아인을 "선한 이웃"의 모델로 제시하고 있다. 당시 유대인들이 천대하고 경멸하던 사마리아인을 오히려 유대인이 따라야 할 모범으로 강조하고 있다("너도 가서 이와 같이 행하라"). 또한 누가는 17장에서 열 명의 문둥병자를 예수가 고쳐주셨는데, 그 중에서 오직 사마리아 문둥병자만이 "큰 소리로 하나님을 찬양하며 돌아와 예수의 발 앞에 엎드려 감사했다"(17:15-16)고 강조하면서 사마리아인을 받은 은혜에 대해 감사하며 하나님을 찬양하는 훌륭한 신앙인, 모범적인 예배자로 제시하고 있다. 사마리아인에 대한 누가의 이런 관심은 사도행전에서도 계속 나타나고 있다. 사도행전 8장에서는 일곱 집사 중 하나인 빌립이 사마리아인들에게 복음을 전해준 사실과 베드로와 요한을 통해 하나님이 그들에게 성령을 내려주신 것이 전해지고 있다. 사마리아인에 대한 누가의 이런 호의적 관심은 마태가 "이방인에게 가지도 말고 사마리아인의 고을에 들어가지도 말라"(10:5-6)는 예수의 명령을 강조하는 것과 비교해 볼 때 더욱 돋보이게 된다. 그리고 누가의 이런 관심은 그의 이방인에 대한 관심과 밀접히 연관된 것으로 보인다.

5. 이방인에 대한 관심

마태복음을 흔히 "유대인의 복음서"라고 부르는 것과는 대조적으로 누가복음을 가리켜서는 간혹 "이방인의 복음서"라고도 부른다. 그것은 누가의 사상이 보편주의(universalism)이고 그의 관점이 세계적이기 때문이다. 그래서 누가는 예수의 족보를 소개하면서도 마태가 예수의 조상으로 다윗과 아브라함까지만 추적하는 것과는 달리 예수의 족보를 아브라함을 넘어 온 인류의 조상인 "아담"에까지 그리고 다시 하나님에게까지 소급하고 있다. 예수가 하나님의 아들이요 아담의 자손이라면, 이 세상 모든 사람들도 하나님의 아들이요 아담의 자손이다. 또 누가는 예수의 첫 번째 나사렛 회당 설교를 통해 하나님의 은혜가 구약에서부터 이방인들에게, 즉 "사렙다 과부"와 "수리아 사람 나아만"에게 베풀어졌음을 강조하고 있다(4:26-27). 그리고 누가복음에서도 예수로부터 "나는 이스라엘 중에서 아직 이런 믿음을 본 일이 없다"(7:9)고 가장 큰 믿음의 소유자로 칭찬받은 사람이 이방인 백부장이었다.

이방인에 대한 누가의 호의적 관심은 이방인들, 특히 로마인들, 그리고 그 중에서도 로마의 관리와 총독들까지도 기독교에 대해 우호적이었고 기독교 신앙을 받아들이기까지 했음을 강조하는 데서도 나타나고 있다. 십자가 형을 집행한 또 다른 백부장은 예수에 대해, "하나님께 영광을 돌리며 이 사람은 참으로 의인이었다"(눅 23:47)고 고백하고 있고 사도행전에서는 또 다른 이방인 백부장 고넬료가 그의 가족과 함께 기독교로 개종하여 성령까지 받는다(행 10장). 뿐만 아니라 벨릭스 총독은 아내 두루실라와 더불어 바울을 초청하여 그리스도를 믿는 믿음의 도리에 대해 듣기도 했으며(행 24:24 이하), 또 다른 로마의 총독 서기오 바울은 "일어난 일을 보고 믿었으며 주에 대하여 배운 바를 마음에 깊이 새겨두었다"(행 13:12)고 전하기도 한다. 이방인들에 대한 누가의 관심은 누가 문서의 제2권은 사도행전에서 복음이 이방 땅의 끝인 로마에까지 전해진 것을 강조하는 것에서도 나타나고 있다. 그에게 있어서 복음은 온 세계를 위한 복음이요, 그리스도는 만민의 구주였다.

6. 저자 문제

누가복음과 사도행전의 저자가 동일한 인물이며, 그래서 누가복음과 사도행전이 언어, 문체, 신학 사상 등에 있어서 비슷하다는 점은 널리 인정되고 있다. 그러나 누가복음이나 사도행전 어느 곳에서도 저자가 누구인지를 직접적으로나 간접적으로 밝혀주는 구절은 없다. 그렇지만 누가복음의 저자가 바울의 동역자요 의사였던 누가라는 사실이 다음과 같은 세 가지 점에서 뒷받침되고 있다.

첫째로, 고대 전승들과 증언들이 모두 누가복음의 저자를 바울의 동역자였던 누가라고 일컫고 있다. 최초의 고대 전승이랄 수 있는 무라토리 경전에 의하면 "세 번째 복음서인 누가복음은 그리스도의 승천 이후 바울의 동역자였던 누가가 자신의 이름으로 그리고 자신의 이해에 따라 기록했다. 물론 그가 주님을 육신으로 만나보지는 않았지만 요한의 이야기로부터 자기가 입수할 수 있었던 이야기를 시작하고 있다"고 한다. 제2세기 말경에 나온 이레니우스의 문서들 가운데서도 "바울의 동행자인 누가가 그(바울)가 전한 복음을 책에 기록하였다"는 말이 나온다. 또 다른 2세기 말경의 증언에 따르면 "누가는 안디옥의 수리아 사람으로 직업은 의사로서 사도들의 제자였고 나중엔 바울의 추종자였는데…마태복음이 유대 땅에서 기록되고 마가복음이 이태리 땅에서 기록되었으나 성령의 감동으로 아가야 지방에서 이 복음을 저작했다"고 한다. 누가가 초대 교인 중 비교적 잘 알려지지 않은 인물이었던 점을 고려할 때 그가 확실한 저자가 아니고서는 그렇게 분명히 저자로 알려지기는 어려운 일이다.

둘째로, 사도행전에 보면 소위 "우리 항목"(we-sections)이라고 알려진 본문들이 있는데(16:10-17, 20:6-21:18, 28:1-16) 여기서 저자는 3인칭 단수가 아니라 1인칭 복수로 말하고 있다. 이것으로 보아 저자가 이런 사건들(곧 바울의 전도 여행들)에 참여하여 동행하였음을 알 수 있다. 따라서 바울의 전도 여행에 동행했던 사람들을 골라보면, 그 중에서 누가가 가장 가능성이 있는 인물로 남게 된다. 디모데, 소바더, 아리스다고, 세군도, 가이오, 두기고, 드로비모 등은 사도행전 20:4의 말에 따라 저자가 아님을 알 수 있고 실라는 "우리 항목"에 개입될 여지가 없고 디도는 내적인 증거도 외적인 증거도 없다. 마지막으로 남는 건 오직 누가뿐이란 결론이 나온다.

셋째로, 일부 이의가 있기는 했으나 누가 문서에 의학적인 용어가 많이 나오고 있는 사실이 저자가 의사임을 암시하고 또 이것이 바로 의사 누가를 가리키는 것으로 생각되어 왔다. 가령 다른 복음서의 평범한 병명에 비해(마 8:14, 막 1:30) 누가는 "중한 열병"(눅 4:38)이란 표현을 쓰고 있고, 다른 복음서가 단순히 문둥병임을 말하고 있는데 반해서(막 1:40, 마 8:2) 누가는 "온 몸에 문둥병 들린 사람"(5:12)이라고 상세한 진단을 내리고 있으며, "발과 발목이 곧 힘을 얻고"(행 3:7)라고 분명한 설명을 제시하고 있다. 또 마가복음 5:26에선 "열두 해를 혈루증으로 앓던 여자가 많은 의원에게 많은 괴롬을 당했다"고 의사에게 약간 모욕적인 기록이 나오고 있는데 누가에선 "열두 해를 혈루증으로 앓던 중에 아무에게도 고침을 받지 못한 여자"(8:43)라고 수정되어 의사에 대한 모욕적 언사가 제거되어 있다. 이런 의학적 용어 및 병자와 의사에 대한 관심으로 보아 누가복음의 저자는 의사일 것으로 보이며 바울이 여러 번 언급한 바 있는 "사랑하는 의사" 누가를 의미할 것이다(골 4:14, 몬 24, 딤후 4:9-12).

그리고 이 누가는 다른 복음 기자와는 달리 이방인 기독교인이었을 것으로 생각된다. 이 점은 그가 팔레스틴의 지리를 잘 알지 못하고 있는 사실과 그가 "아멘"이란 말 이외에는 유대적 표현을 거의 사용하지 않고 있는 사실로도 뒷받침되고 있다. 그리고 또한 그가 이방인 독자들을 위해 복음서를 기록했다는 사실도 그가 이방인 기독교인에게는 별로 관심이 없는 마태복음 5:17, 20, 5:21-48, 6:1-8, 16:18, 마가복음 7:1-23, 7:24 이하 등을 생략해버린 사실들을 통해 거의 분명해지고 있다.

7. 기록 연대와 장소

누가복음의 기록 연대를 사도행전의 기록 연대와 연관시켜 주후 60년경에 기록되었다고 보는 초기설(初期設)이 주장되기도 했다. 이 주장에 따르면 사도행전은 바울이 로마의 옥에 갇히는 것으로 끝나고 있는데(28장) 만일 누가가 그의 처형과 순교의 사실을 알았더라면 사도행전을 거기서 끝내지는 않았을 것이라고 한다. 따라서 사도행전은 바울이 로마 옥에 갇혀 있는 동안에 그리고 그가 순교당한 때로, 알려진 주후 64년 이전에 기록되었으며, 그 경우 누가복음은 사도행전보다 먼저 기록된 책이기에 그 이전, 곧 적어도 주후 60년경이 되는 셈이다. 그러나 이 연대는 누가복음 1:1-4와 일치되지 않고 있다. 왜냐하면 60년경이라면 아직 "많은" 복음서 문서들이 존재했을 수 없기 때문이다. 그런데다가 누가복음은 70년경에 있었던 예루살렘 멸망을 알고 있었던 것으로 보인다.

예루살렘의 멸망에 대한 예언(눅 13:34-35)은 실제의 사건으로부터 형성된 말씀이며 누가복음 21:20, 24도 실제의 역사적 사건에 대한 반영이다. 누가복음 19:43-44도 마찬가지이다. 그런데다가 누가복음이 마가복음을 자료로 이용했다고 보는 것이 많은 학자들의 생각이다(2자료설과 4자료설 참조). 마가복음이 70년경의 작품이라면 누가복음은 분명히 그 이후의 기록이다. 따라서 학자들은 대충 누가복음의 기록 연대를 80년경에서 90년경에 이르는 시기라고 추정하고 있다.

기록 장소에 관해서는 여러 장소들이 가령 가이사랴, 아가야, 데가볼리, 소아시아, 그리고 무엇보다도 로마 등이 거론되었다. 그러나 이전 것들은 모두 추측에 지나지 않을 뿐 분명한 증거는 없다. 다만 확실한 것은 누가의 기록 장소가 팔레스틴 밖이라는 점뿐이다.

9

사도행전

1. 사도행전의 성격

사도행전이 독자적인, 독립된 문서가 아니라는 점은 누가 문서의 성격을 밝히면서 이미 지적한 바 있다. 누가복음의 속편으로 기록된 것이기에 사도행전은 언제나 누가복음과의 관계에서 밝혀져야 하고 이해되어져야 한다. 그래서 사도행전은 서두(1:1)에서 "먼저 쓴 글" 곧 누가복음을 가리키면서 시작하고 있으며 부활하신 주님이 제자들에게 나타나 그들에게 고별의 말을 주시는 것으로서 누가복음의 끝과 연결되고 있다.

사도행전을 누가복음의 속편으로 읽어야 한다는 말은 곧 사도행전이 누가복음과 같은 성격의 문서임을 이해해야 한다는 말이기도 하다. 즉 사도행전도 누가복음의 경우와 마찬가지로 역사가 아니라 설교, 곧 역사적 자료를 사용하고 또 역사 기록의 형태로 제시한 신앙적 간증이란 말이다. 초대 교부였던 제롬(Jerome)이 사도행전을 가리켜 "적나라한 역사"라고 부른 이후로 오랜 동안 많은 사람들은 사도행전이 예수 이후 그의 제자들에 의해 시작된 초대 교회의 성장과 발전의 역사를 기록해 놓은 것이라고 생각해 왔다. 그러나 사도행전은 결코 그 제목이 말해 주고 있는 바와 같이 "사도들의 행적"은 아니며 더구나 무라토리 단편에서 지칭되고 있듯이 "모든 사도들의 행적"(the acts of all the apostles)은 아니다. 우리가 잘 알고 있듯이 사도행전에서는 사도들 중 오직 베드로만이 주요 역할을 하고 있고 그 외 사도들은 거의 언급되지도 않고 있다. 베드로만 하더라도 사도행전 전반부에서만 나타날 뿐 후반부에선 전혀 나타나고 있지도 않다. 그런데다가 사도행전에는 많은 설교들로 가득 차 있다. 등장하고 있는 주요 인물들의 설교를 다 합치면 20여 개나 된다. 사도행전의 목적도 초대 교회의 역사 기록이나 사도들의 행적을 기록해 놓는 것이 아니라 복음서와 마찬가지로 역사 기록의 형태를 빌어 많은 설교를 통해 독자들의 신앙을 증진시키고 지도하려는 것이었다. 이 점은 내용을 통해 더욱 잘 알 수 있게 될 것이다.

2. 사도행전의 구조

사도행전의 구조를 살피는 데에는 몇 가지 방법이 있다.

첫째로는 사도행전의 구조를 지리적으로 나누는 방법이다. 우리는 이미 누가 문서의 전체 구조를 언급할 때, 누가복음은

"갈릴리에서 예루살렘까지" 그리고 사도행전은 "예루살렘에서 로마까지"의 내용을 다룬 것이라고 말한 바 있다. 이것은 곧 사도행전의 구조를 이해함에 있어 지리적 구분이 중요한 역할을 한다는 것을 의미한다. 그런데 사도행전 전체를 지리적으로 구분하고자 할 때, 우리는 사도행전 1:8("성령이 너희에게 임하면 예루살렘과 유대와 사마리아와 땅끝까지 이르러 내 증인이 되리라")을 토대로 다음과 같이 구분할 수 있다.

(가) 예루살렘의 활동(1:6-8:1)

(나) 온 유대와 사마리아의 활동(8:2-11:18)

(다) 땅끝(=로마)까지의 활동(11:19-28:31)

제1부는 예루살렘 안에서의 전도 활동을 다루고 있으며, 제2부는 온 유대와 사마리아, 곧 팔레스틴 땅에서의 복음 전도 활동을 기록하고 있고, 제3부는 팔레스틴 이외의 이방 지역에 대한 복음 전도 활동을 언급하고 있다. 그리고 이렇게 사도행전을 3부로 나눌 경우 제2부와 제3부가 각각 "스데반의 설교"를 가리키는 말로 시작하고 있는 것이 흥미롭다(8:4, 11:19). 초대 교회 안에서는 박해가 오히려 복음 전도 활동의 중요한 계기요 원동력이었음을 보여주는 것일 수도 있다.

둘째로는 인물 중심으로 사도행전을 양분하는 방법이다. 사도행전에서 가장 중요한 인물로는 베드로와 바울을 들 수 있다. 물론 스데반과 빌립의 활동도 있지만 사도행전 전체는 베드로와 바울을 중심으로 구성되어 있다고 말할 수 있다. 즉 사도행전의 전반부는 주로 베드로에 관한 이야기이고, 후반부는 주로 바울에 관한 이야기이다. 그래서 사도행전이 "베드로 행전"(2-12장)과 "바울 행전"(13-28장)으로 구성되어 있다고 보는 학자들도 있다.

셋째로는 사도행전에 나오는 6개의 "일반적인 요약 문구"를 기초로 여섯 부분으로 나누는 방법이다. 그런데 이 경우에도 6개의 요약 문구 중 3개는 베드로와 관련해서, 그리고 나머지 3개가 바울과 관련해서 사용되고 있는 것이 주목할 만하다.

6:7, "하나님의 말씀이 더욱 더욱 널리 퍼져서 예루살렘에 있는 제자들의 수효가 부쩍 늘어나고 수많은 제사장들도 이 믿음을 받아들이게 되었습니다."

9:31, "이리하여 교회는 유대와 갈릴리와 사마리아 온 지방에 세워져서 평안을 누리며 주를 두려워하는 가운데 성령의 도우심을 받아 점점 늘어갔습니다."

12:24, "주의 말씀이 점점 더 널리 퍼져서 믿는 사람이 많아졌습니다."

16:5, "(루스드라에서) 교회들은 그 믿음이 점점 튼튼해지고 그 수효가 나날이 늘어갔습니다."

19:20, "(에베소에서) 이렇게 하여 주의 말씀이 능력있게 퍼져나가고 점점 강해졌습니다."

28:31, "(로마에서) 아무런 방해도 받지 않고 아주 대담하게 하나님 나라를 전하고 주 예수 그리스도에 대한 사실을 가르쳤습니다."

이 6개의 요약적 문구도 복음이 예루살렘과 온 유대와 사마리아, 그리고 소아시아와 로마로 확장되는 단계를 암시하고 있다는 점에서 지리적 구분과도 전혀 무관한 것은 아니라고 생각된다.

3. 주요 내용들

사도행전에 기록된 많은 내용들 가운데서 특별히 다음과 같은 사건들은 누가 문서 저자의 의도에 비추어 볼 때, 특히 주요한 것으로 생각된다.

(가) 사도직의 재정비(1:12-26) – 예수의 뒤를 이어 제자들의 활동을 기록함에 있어서 누가는 가룟 유다의 죽음과 관련해서 그를 대신해서 사도의 직무를 맡게 된 맛디아의 선택 이야기를 전하고 있다.

"새 이스라엘"의 열두 지파를 다스릴 사도들이기에 유다의 자리를 채워 열둘이란 숫자를 채우는 일은 중요했던 것으로 보인다. 마태복음 10:2-4, 마가복음 3:16-19, 누가복음 6:14-16에 이어 네 번째로 12제자의 명단이 새로이 제시되고 있다.

(나) 오순절의 성령 강림(2:1-42) – 누가복음에서도 예수의 공생애 활동은 세례를 통해 성령을 받음으로써 시작되었다. 사도행전에서 제자들의 공적 활동도 성령의 "세례"를 받음으로써 시작되고 있다. 이 성령의 세례는 "세계 각국으로부터"(2:5) 온 많은 사람들이 받았고, 이것이 초대 교회의 보편성 혹은 세계주의(universalism)를 상징하고 있다. 또 이렇게 한 성령으로 하나의 세례를 받았기 때문에 초대 교인들은 한 마음으로 하나가 되어 공동의 생활을 할 수 있게 된다(2:42-47; 4:32-37).

(다) 일곱 지도자의 선택(6:1-7; 6:8-7:60 참조) – 한 마음으로 하나의 공동체를 이루었던 초대 교회에 최초로 분열의 징조가 나타난다. 이 위기를 극복하기 위해 일곱 사람의 지도자

를 택하는데 이들은 그 이름으로 보아 거의 헬라말을 하는 유대인 혹은 이방인 기독교인일 것으로 보인다. 이것은 유대 기독교의 헬라화 혹은 이방화를 뜻하는 것이며 세계주의를 향한 초대 기독교의 첫 일보가 된다.

(라) 사마리아의 복음화(8:4-40) – 일곱 사람 중의 하나인 빌립이 사마리아 도시로 가서 "하나님 나라와 그리스도에 관한 복음을 전하니 남녀가 다 믿고 세례를 받았다"(8:12). 그 후에 베드로와 요한이 그들에게 안수함으로써 사마리아인들에게도 성령이 강림하였다(8:17). 사마리아가 복음화됨으로써 복음의 이방화는 길이 열리게 되었다.

(마) 이방인의 사도인 바울의 회심(9:1-19) – 바울의 다메섹 회심 사건은 사도행전에서 중요한 사건이다. 바울은 복음을 이방인에게 전하기 위해 하나님께서 미리 택해 놓은 그릇이었다(9:15). 바울이 사도행전에서 차지하는 이런 중요한 의미 때문에 바울의 회심 사건도 거듭 반복되어 강조되고 있다(22:6-16; 26:12-18).

(바) 첫 이방인 고넬료의 개종(10장) – 이방인을 위한 전도자로 바울이 선택되었으나 사도행전에서 맨 처음으로 이방인을 개종시킨 사람은 바울이 아니라 베드로였다. 아마도 누가는 열두 사도의 이니시아티브를 중요시하고 있는 것으로 보인다. 사도의 손에 의해 문이 열려지고, 그 문을 통해 바울이 많은 이방인을 주님께 인도하고 있다. 첫 이방인 개종자가 로마의 백부장이었다는 것은 의미가 있다. 그 당시가 바로 로마의 세상이었기 때문이다. 그리고 고넬료의 집에 모여 베드로의 말씀을 들었던 모든 이방인에게 성령이 임한 것이 중요하다.

2장에 기록된 예루살렘의 오순절이 유대인의 오순절이라면 10장에 기록된 것은 "이방인의 오순절"이다.

(사) 예루살렘 회의(15장) – 이 회의는 유대 기독교인과 이방 기독교인간의 이견을 통합 조정한 중요한 회의였다. 이미 분열의 징조를 보였던(6장) 초대 교회가 이방 기독교인과 유대 기독교인과의 신학적이며 교리적 차이 때문에 갈등을 겪고 있었다. 유대 기독교인들은 예수 그리스도에 대한 믿음 이외에 율법에 대한 순종을 고집하였기 때문이다. 그런데 예루살렘 회의의 결론은 구원은 오직 예수 그리스도에 대한 믿음으로 "은혜로" 받는 것이기에(15:11) 이방인들이 다만 우상 숭배, 음란, 자살, 피 등만 멀리 할 경우 그 이상으로 율법을 강요할 수 없다는 것이었다.

(아) 바울의 전도 여행과 로마 입성 – 누가복음에서 예수의 예루살렘 여행이 신학적으로 중요한 주제였듯이 사도행전에서 바울의 로마 여행은 신학적으로 중요한 주제이다. 사도행전의 후반부에서 바울의 전도 여행은 3차에 걸친 여행이었던 것으로 소개되고 있다(13:13-14:28; 15:36-18:21; 18:23-19:19). 누가복음과 사도행전에서 각각 예수의 여행과 바울의 여행을 평행시킨 것은 누가 문서 기자의 신학적이며 문학적인 의도에 속한 것으로 보인다.

지금까지 사도행전의 주요 내용들을 살펴본 바에 의하면 사도행전은 예수의 죽음과 부활 승천 이후 그의 제자들에 의해 신앙 공동체가 형성되고 그 초대 교회에 의해 복음이 점차 "땅끝까지" 전파되는 과정을 전해 주고 있다.

4. 예수는 초대 교회의 모델

누가복음과 사도행전간에 여러 가지로 비슷한 점이 많다는 것은 이미 잘 알려진 바이다. 이것은 곧 예수와 그의 제자들간의 유사점, 혹은 예수와 초대 교회와의 연속성을 말해 주는 것이기도 하다. 이런 유사점은 누가의 문학적 의도와 관련된 것이고 또한 그의 신학적 의도와도 연관된 것이다. 우리는 여기서 누가복음과 사도행전이 보여주는 문학적 유사성을 살펴보면서 그런 식으로 기록한 누가의 신학적 의도가 무엇인지를 알아보고자 한다.

1. 누가복음과 사도행전의 구조적 유사성

i) 데오빌로에 대한 헌정사로 시작되고 있다(눅 1:1-4, 행 1:1-5).

ii) 예수의 활동은 성령을 충만히 받는 것으로부터 시작되고(눅 3:21-22; 4:14), 교회의 활동도 오순절에서 성령을 충만히 받는 것에서부터 시작하고 있다(행 2:1-4).

iii) 예수의 공생애 활동 이전에 40일 동안의 준비 기간이 있었고(4:2), 교회 활동이 개시되기 전에도 40일 동안의 준비 기간이 있었다(1:3).

iv) 예수의 공생애 활동이 이스라엘의 배척이란 주제를 가진 예수의 설교로 시작되고 있고(4:16-30), 교회의 활동도 이스라엘의 배척이란 주제를 가진 베드로의 설교로 시작되고 있다(2:14-40).

v) 복음서에서는 예수, 그리고 사도행전에서는 제자들의

권위 있는 교훈과 이적들이 논쟁, 불신, 배척을 야기시키고 있다(눅 4:31-8:56, 행 3:1-12:17).

vi) 이방인에 대한 설교(눅 10:1-12, 행 13-19:20).

vii) 예루살렘 여행과 순교(눅 9:51-23:49, 행 19:21-21:17).

이같은 일반적인 구조적 일치는 우연이라기 보다는 의도적인 것으로 생각해야 한다. 이런 유사점과 일치점이 다른 면에서도 두드러지게 나타나고 있기 때문이다.

2. 예수와 베드로의 유사성

누가복음에서 가장 중요한 인물인 예수와 사도행전에서 가장 중요한 인물 중의 하나인 베드로 사이에도 유사성과 일치점이 현저하게 드러나고 있다.

i) 예수가 공생애 초기에 요단강에서 세례받고 성령을 체험(3:21)했는데, 베드로와 그 외 제자들도 오순절 때에 성령을 체험하였다(2:1-4).

ii) 예수는 나사렛에서 첫 설교를 하시면서 공생애에 들어섰는데(4:16-30), 베드로도 예루살렘에서의 첫 설교를 통해 공생애를 시작하고 있다(2:14-40).

iii) 예수가 중풍병자를 고쳤는데(5:17-26), 베드로도 성전 미문에 앉아 있는 중풍병자를 일으켰다(3:1-10).

iv) 예수가 유대인의 칭송을 받고 있는 백부장의 초청을 받았는데(7:1-10), 베드로도 유대 백성의 칭송을 받고 있는 백부장 고넬료의 초청을 받았다(10장).

v) 예수가 나인성 과부의 아들을 살리셨는데(7:11-17), 베드로는 욥바 과부들 중 죽은 여제자 다비다를 살렸다(9:36-

43).

vi) 예수가 더러운 여인과 접촉한 것 때문에 바리새인들로부터 비판을 당했는데(7:36-50), 베드로도 더러운 이방인과 접촉한 것 때문에 바리새인의 비판을 당했다(11:1-8).

이렇게 베드로의 활동은 여러 가지 점에서 예수의 활동과 비슷하여, 베드로가 한 일은 어떤 의미에서 예수가 했던 일을 계속 다시 한 것이었다.

3. 예수와 바울의 유사성

예수와 초대 교회 간의 유사성은 예수와 바울의 유사성을 통해서도 나타나고 있다.

i) 둘 다 이방 선교에 관심을 가진 인물이었다. 그래서 예수는 70인을 전도하러 파송하고(10:1-12) 바울은 친히 이방인의 사도로 이방 전도에 나섰다.

ii) 누가복음에선 예수의 계속적인 예루살렘 여행이 강조되고 있고(9:31, 9:51; 12:50; 13:33; 18:31-33) 사도행전에선 바울의 계속적인 예루살렘 여행이 언급되고 있다(20:3, 22-24, 37-38; 21:4, 10-11, 13).

iii) 누가복음 마지막 부분에선 예수가 산헤드린과 헤롯과 로마 총독 빌라도 앞에서 심문을 당하고 있고(22-23장), 사도행전의 마지막 부분에선 바울이 산헤드린(22:30-23:10)과 헤롯 아그립바(25:13-26:32)와 로마 총독 벨릭스와 베스도(24:1-27; 25:1-12) 앞에서 심문을 당한다.

iv) 예수가 빌라도에 의해 세 번 무죄 선언되고 있는데(23:4, 14, 22), 바울도 루시아(23:9)와 베스도(25:25)와 아그립바왕(26:31)에 의해 세 번 무죄 선언되고 있다.

v) 유대인들이 예수를 향해 "이 사람을 없이 하소서"(23:18)라고 외쳤는데, 유대인이 바울을 향해서도 "그를 없이 하소서"(21:36)라고 외쳤다.

vi) 예수가 "떡을 가지사 축사하시고 떼어 주셨는데"(22:19), 바울도 여행 중에 "떡을 들고 축사한 후 떼어 주었다"(27:35).

바울은 예수와 똑같은 일을 했고, 똑같은 운명을 당했다. 이것이 누가가 강조하려는 요점인 것으로 보인다.

4. 예수와 스데반의 유사성

스데반도 여러 가지 점에서 예수와 비슷한 점을 보이고 있는데 특히 그의 마지막 순교의 장면에서 그러하다.

i) 예수가 산헤드린 앞에서 즉 "백성의 장로들과 대제사장들과 율법학자들"(눅 2:66-67) 앞에서 심문을 당했는데, 스데반도 "백성과 장로들과 율법학자들"(행 6:12) 앞에서 심문을 당했다.

ii) 예수 앞에 "거짓 증인들"(눅 23:2)이 나타났었는데, 스데반 앞에도 "거짓 증인들"(행 6:13)이 섰었다.

iii) 예수(눅 23:5)와 스데반(행 6:11)이 모두 종교 지도자들의 선동으로 죽음을 당했다,

iv) 예수는 운명하기 직전에 "아버지 내 영혼을 당신의 손에 맡깁니다"(눅 23:46)라고 했는데 스데반도 똑같이 "주 예수여 내 영혼을 받아 주옵소서"(행 7:59)라고 기도했다.

v) 예수는 마지막 숨을 거두기 전에 자기를 처형하는 자들

을 위해 "아버지 저 사람들을 용서하여 주옵소서 자기들이 하는 일을 알지 못하기 때문이니이다"(눅 23:34)라고 기도했는데, 스데반도 자기를 돌로 치는 자들을 위해 "주님 이 죄를 저들에게 돌리지 마옵소서"(행 7:60)라고 기도했다.

스데반은 결국 "예수처럼" 죽어갔다. 예수의 죽음이 스데반의 죽음의 모델이 되어 있다. 누가가 이렇게 사도행전을 누가복음과 비슷한 구조로, 그리고 베드로의 활동과 바울의 활동을 예수의 것과 비슷하게 소개하는 이유는 무엇일까? 스데반은 죽음의 순간에 있어서까지도 예수의 최후 순간과 비슷했던 것으로 그려지고 있다. 이런 문학적 서술의 의도는 무엇일까? 누가는 예수를 모든 기독교인들이 따라야 할 모델로 제시하고 있기 때문이다. 그래서 초대 교회의 위대한 신앙인들인 베드로와 바울과 스데반이 "그리스도를 본받아 그와 비슷한 삶과 죽음을 보여주고 있는 것이다. 어떤 의미에서 누가는 기독교 신앙을 예수를 본받는 것, 그리고 동시에 예수를 성공적으로 본받았던 초대 교회의 신앙적 영웅들을 본받는 것으로 그려주고 있다. 이 때문에 누가복음과 사도행전, 예수와 초대 교회 인물들간에 유사성과 일치점이 강조되고 있다.

5. 정치적 변증

우리는 이미 누가복음을 공부할 때 누가의 주요 목적 중의 하나가 예수의 무죄를 강조하려는 일종의 정치적 변증이었다고 언급한 바 있다. 그런데 이런 정치적 변증이 "사도행전의 목적" 가운데 하나라고 지적되어 오고 있다. 신앙적으로 예수를 본받게 하려는 종교적 지도가 누가의 유일한 목적은 아니라고 보기 때문이다. 종교적이며 신앙적 목적 이외에 기독교는 마땅히 로마 당국으로부터 관용을 받아야 할 종교라는 점을 입증하려는 정치적 목적이 있는 것으로 보여진다. 그래서 특히 사도행전 13장부터 28장까지는 마치 "로마법(法)의 판례서(書)"와 같이 보인다고 주장되기도 했다. 즉 로마 당국이 기독교를 어떻게 다루었는가에 대한 "판례"를 모아놓은 책이란 의미이다. 제시된 몇 가지 판례를 살펴본다면 다음과 같은 것들이다.

(가) 로마의 백부장이었던 고넬료는 온 가족과 함께 기독교를 받아들여 개종을 하였다(10장).

(나) 로마 총독인 서기오 바울은 주의 가르침을 믿는 자가 되었다(10:12).

(다) 빌립보 간수장은 바울과 실라를 체포하여 때린 사실에 대해 사과하였다(16:39).

(라) 고린도에서 총독 갈리오는 바울을 고소하는 자들을 법정에서 몰아냈다(18:16).

(마) 총독 벨릭스는 바울을 가두되 자유를 주고 친구들이 돌보아주는 것을 막지 말라고 호의를 베풀었다(24:22-23).

(바) 베스도 총독은 아그립바왕에게 바울의 무죄함을 말하면서(25:25) 놓아주려고 하였다.

로마 당국자들이 기독교와 복음 전파자에게 베풀었던 이런 호의 때문에 로마의 지방 장관들의 경우 기독교 신앙과 그 복음 전파자들을 다룰 때에 그들의 선배와 로마 당국이 취했던 이런 일련의 "선례"(先例)들을 고려하지 않을 수 없고 이런 선례에 따라 다루어야 할 것이었다.

그러나 누가는 소극적으로 로마 당국이 기독교에 베푼 호의의 선례만을 제시하고 있는 것이 아니라, 더 나아가 합법적인 권리로서의 관용을 적극적으로 요구하고 있다. 누가에 의하면 기독교는 결코 새로운 독립된 종교, 즉 로마 당국이 새로운 대책을 세워 다루어야 할 그런 새로운 종교가 아니다. 기독교는 이미 로마 당국으로부터 "공인(公認) 종교"로 인정받고 있던 유대교 이상도 이하도 아니었다. 따라서 기독교도 유대교가 누리던 공인 종교의 혜택을 받아야 하고 로마로부터 공인 종교로 인정받아야 했다. 그래서 누가는 로마 사람들에게 기독교를 유대교로 인식시키기 위해서, 또 그렇게 함으로써 공인 종교로 인정받기 위해서 기독교가 유대교라는 점을 세 가지로 입증하고 있다.

첫째로, 로마인들은 기독교를 유대교의 한 종파로 알고 있었다는 것이다. 그래서 천부장 글라우디오 루시아는 벨릭스 총독에게 보고하는 말 가운데서 바울은 "유대 사람의 율법 문제로 고소를 당했을 뿐"(23:29)이라고 했고 아그립바왕과 베니게도 베스도 총독에게 "그들이 바울과 맞서서 문제삼는 것은 그들 자신의 종교에 관한 문제"(25:19)라고 말하고 있다. 로마인들의 눈에는 기독교가 새 종교가 아니라 유대교의 일종이었다.

둘째로, 유대인들도 기독교를 유대교의 한 종파로 알고 있었다는 것이다. 그래서 유대 지도자들은 기독교에 대해 "우리가 이 종파에 대해 아는 것은"(28:22)이라고 기독교를 "종파"

란 말로 표현하고 있고 위대한 지도자 가말리엘은 베드로와 사도들을 그냥 내버려 둠으로써 하나님을 대적하는 길을 피해야 한다고 백성들을 충고하고 있다(5:38-39). 또한 바리새파 사람들은 "우리는 이 사람(바울)에게서 조금도 잘못을 찾을 수 없다"(23:9)고 말하고 있다. 유대인들의 눈에도 기독교는 유대교의 일종이었다.

셋째로, 기독교인도 자신들을 유대적인 종파로 알고 있었다는 것이다. 그래서 초대 기독교인들은 유대인과 마찬가지로 예루살렘 성전을 중심으로 유대인 관례에 따라 신앙 생활을 했으며 계속 율법에 충실하고 있다. 누가복음에선 예수가, 그리고 사도행전에선 베드로나 바울이 그렇게 율법에 충실한 사람일 수가 없다. 그리고 누가복음이나 사도행전이 그렇게도 예루살렘 중심적일 수가 없다. 초대 기독교인들에게 있어서 기독교는 새 종교가 아니라 유대교의 뒤를 잇는 "참 이스라엘"이었다.

누가가 이토록 기독교를 유대교의 일부로 강조하는 목적은 오직 그 당시 유대교가 로마 당국으로부터 "공인 종교"로 인정받아 혜택을 누리고 있기 때문에 기독교도 공인 종교로 인정을 받아 마땅함을 주장하기 위해서이다. 그래야 정치적 박해를 피할 수 있을 뿐만 아니라 로마 세계에 복음 전도를 좀더 용이하게 전개할 수 있게 되기 때문이다. 이것이 누가의 기록 목적 중 하나였다는 것이다.

6. 사도행전의 특징들

1. 승천 설화 소개

복음서 기자들 중에서 예수의 승천 설화를 소개하고 있는 유일한 복음 기자가 누가이다. 물론 마가복음 16:19("주 예수께서 말씀을 마치시고 하늘로 들려 올라가 하나님의 오른편에 앉으셨습니다")에서 예수의 승천에 대한 기록이 나타나고 있다. 그러나 마가복음 16:19는 일반적으로 후대의 첨가문으로 알려지고 있으며 더구나 그 구절(16:9-20)들이 첨가된 이유가 누가복음과 사도행전에 나오는 부활 이후 승천 이야기와 조화를 이루기 위한 것으로 알려져 있다. 일반적으로 복음서들은 예수의 부활 현현 이야기로 끝나고 있다. 그런데 누가복음 24:50-51에서는 부활 이후에 "예수께서 그들(=제자들)을 베다니 근처로 데리고 나가셔서 손을 들어 축복하셨습니다. 그들을 축복하시면서 예수께서는 그들에게서 떠나 하늘로 들리워 올라가셨습니다"라고 예수의 승천 이야기를 전하고 있다. 그런데 누가는 사도행전을 시작하면서 다시금 예수의 승천 이야기를 누가복음 24:50-51 보다도 더 상세하게 전해 주고 있다. 사도행전 1장 서두에서 누가는 예수께서 부활하신 후 승천하실 때까지의 기간이 "사십 일"(1:3)이었으며, 제자들이 "보는 가운데서 하늘로 올라가시니 구름에 싸여 보이지 않게 되었고"(1:9), "예수께서 올라가실 때에 그들이 하늘을 쳐다보고 있는데 갑자기 흰 옷을 입은 두 사람이 그들 곁에 서서…너희를 떠나 하늘로 올라가신 이 예수는 올라가시는 것을 너희가 본 그대로 다시 오실 것이라"(1:10-11)고 말했음을 이야기해 주고 있다. 우리의 신앙 고백 가운데서 예수의 죽음, 부활, 승천, 하나님 오른편 보좌에 앉으심 그리고 재림 등은 주요한 내용을 구성하고 있는데 누가만이 승천을 전하고 있는 것은 주목할 만한 일이며, 이것이 기독교 신학에 끼친 누가의 공헌이라고 볼 수 있을 것이다.

2. 사도행전의 설교들

사도행전은 "사도들의 행적들"이란 이름에 걸맞지 않게 "행적들"보다는 오히려 "설교들" 혹은 "연설문"이나 "담화"들을 많이 전해 주고 있다. 사도행전에는 모두 24개의 설교나 담화가 있는 것으로 알려지고 있다. 이 중에 베드로의 설교가 9번이고(1:16-22; 2:14-36; 3:12-26; 4:8-12; 5:29-32; 8:20-25; 10:34-43; 11:5-17; 15:7-11), 바울의 설교도 9번이다(13:16-41; 14:15-17; 17:22-31; 20:18-35; 22:1-25; 24:10-21; 26:2-23; 27:21-26; 28:17-20). 그리고 나머지는 가말리엘(5:35-39), 스데반(7:2-52), 야고보(15:15-21), 데메드리오(19:25-27), 에베소 서기장(19:35-40), 베스도(25:24-27)의 담화가 각 한 번씩 간단히 나타나고 있을 뿐이다.

그런데 "사도행전의 연설문"에 관한 디벨리우스(M. Dibelius)의 연구 이후로 이런 연설문들은 모두 사도행전 저자 자신의 저작이란 점이 거의 인정되어 오고 있다. 물론 누가가 여러 자료들을 입수하여 이용하기는 했지만, 사도행전에 나오는 설교나 연설문들은 베드로의 것도, 바울의 것도 아니고 누가 자신의 것이다. 이런 사실은 유대인들과 이방인들에 대한 사도들의 선교적 메시지를 담고 있는 연설문들을 분석해 볼 때 밝히 드러난다. 즉 그 연설문 혹은 설교들은 모두가 다 거의 똑같은 구조로 구성되어 있다. 설교자의 차이가 중요한 것이 아니다. 근본적으로 사도행전의 바울은 베드로와 거의 똑같은 설교를 하고 있는데, 그 까닭은 그 설교들이 누가 자신의 저작이기 때문이다. 이런 점에서도 사도행전은 사도들의 행적과 설교에 대한 역사적 기록이 아니라 오히려 독자들을 교육하고 지도하기 위한 누가의 신앙적 기록임이 드러나고 있다.

3. 성령의 행전

성령에 대한 강조가 누가의 주요 관심사라는 점은 널리 인정되어 왔다. 성령에 대한 누가의 강조는 사도행전에서만이 아니라 누가복음에서도 두드러지게 나타나고 있다. 이 점은 "성령"이란 용어의 사용 빈도수를 비교해 보면 금방 알 수가 있다.

	마태	마가	누가	요한	행전
영(Spirit)	12	19	22	17	28
성령(Holy Spirit)	5	4	11	4	41
	17	23	38	21	69

누가복음에선 서두에서 세례 요한이 엘리사벳의 모태에서부터 성령 충만되고(1:15), 마리아에게 성령이 강림하고(1:35), 엘리사벳이 성령 충만하고(1:41), 사가랴도 성령 충만(1:67), 예수에게도 수세시 성령이 강림하고(3:22), 예수가 성령 충만과 성령 인도로 광야 시험에 임하고(4:1) 성령의 능력으로 충

만하여 갈릴리 전도를 시작하여(4:14), “주의 영이 내게 임하였도다”(4:18)란 선언으로 공생애에 나서 성령의 능력으로 많은 이적을 행하고 있다.

그런데 사도행전에서도 처음부터 오순절에 성령이 강림하고(2장), 그래서 사도들이 성령에 충만하였다(4:23-31). 그러나 성령을 거역하여 죽기도 했다(5:1-11). 사마리아인들이 성령을 받았고(8:14-17), 성령이 빌립을 인도했으며(8:29), 고넬료와 그 권속이 성령을 받아(10:44-48) 드디어 성령이 이방인에게도 주어지고 있다. 바나바와 바울이 성령의 부름을 받았고(13:1-4), 예루살렘 회의도 성령의 인도로 끝났고(15:28), 성령이 바울의 활동을 도왔으며(16:6-7), 소아시아의 에베소 제자들까지도 성령을 받았다(19:1-6). 성령이 바울의 운명을 예고하기도 했고(20:22-23; 21:11) 성령이 감독을 세우기도 했다(20:28). 이런 기록들을 읽노라면 사도행전은 결코 “사도들”의 행전이 아니라 오히려 “성령”의 행전이라고 불러야 옳을 것으로 보인다. 그래서 페린(N. Perrin)은 누가 문서 전체를 “성령의 활동”이라고 규명하면서 누가복음은 예수를 통한 “성령의 활동” 그리고 사도행전은 “교회를 통한 성령의 활동”이라고 불렀다. 그리고 어떤 학자들은 실제로 누가복음을 “성령의 복음” 그리고 사도행전을 “성령의 행전”이라고 부르기도 했다. 하나님의 구원 역사를 이끌어가는 것은 사람이 아니라 “성령”이라는 것이 누가의 이해였던 것으로 생각된다.

7. 사도행전의 바울과 서신의 바울

바울의 서신을 통해 알고 있는 바울의 모습과 사도행전에 나타나고 있는 바울의 모습 사이에 많은 차이가 있다는 사실이 널리 알려지기 시작했다. 그리고 바울과 관련된 많은 기록들에 있어서도 사도행전과 바울 서신들은 큰 차이를 보여주고 있다. 먼저 어떤 점에서 서로 차이를 보여주고 있는지를 살펴보기로 하자.

1. 바울의 회심과 소명

바울은 그의 서신에서 특히 갈라디아서에서 자신의 소명은 "사람을 통하여 된 것도 아니요"(갈 1:1), "사람에게서 받았거나 사람에게서 배운 것이 아니라"(갈 1:12), "예수 그리스도의 계시"(갈 1:12, 1:16)를 통하여 된 것이라고 주장하고 있다. 그러나 사도행전 9장에 나오는 바울의 회심에 관한 누가의 기록에 의하면 바울이 "예수 그리스도의 계시"를 통해 들은 것은 오직 "사울아 사울아 네가 왜 나를 핍박하느냐……나는 네가 핍박하는 예수다 일어나 시내로 들어가라 네가 할 일을 일러줄 사람이 있을 것이다"(행 9:4-6)란 말뿐이었다. 실제로 바울에게 안수하여 성령으로 충만케 하고 증인으로 선택된 사실을 알려준 사람은 아나니아였다(행 9:17; 22:14, 그러나 개종에 대한 세 번째 기록인 행 26:16-18은 달리 기록되어 있다). 즉 바울서신에 의하면 바울의 소명은 그리스도로부터 직접 받은 것이지 사람을 통한 것이 아니었다. 그러나 사도행전 9장과 22장에 의하면 분명히 바울의 소명은 사람을 통해 즉 아나니아를 통해 이루어진 것이었다. 아마도 갈라디아서에 나오는 직접 소명에 대한 바울의 주장은 바울의 복음과 그의 권위가 특정한 사람에 의존해 있고 그를 통해 중개된 것이라는 바울의 적대자들의 공격을 반박하기 위해 나타난 것으로 보인다. 다른 한편 안수하고 세례를 주어 성령을 받게 해 준 사람이 영적인 대부(代父)로 생각되었던 점을 고려한다면 사도행전 9장과 22장은 아나니아가 바울의 영적 대부였음을 의미하는 것으로 해석할 수도 있을 것이다.

2. 바울의 첫 번째 예루살렘 방문

갈라디아서 1:18-19에 의하면 바울은 그의 회심 후 3년이 지나서 게바를 만나려고 예루살렘에 올라가 두 주간 동안 방문하는 가운데 "주의 형제 야고보 밖에는 다른 어느 사도와도 만난 일이 없습니다"(1:19)라고 기록되어 있다. 그러나 사도행전 9:26-30에 따르면 바울이 개종 후 처음으로 예루살렘에 이르렀을 때 바울이 참으로 제자가 된 것을 다른 제자들이 믿지 않았기 때문에 그를 두려워했고 그래서 바나바가 사울을 데리고 가서 사도들에게 소개했고(9:27), 그 후에 바울은 예루살렘에서 제자들과 함께 지냈으며(9:28), 유대 사람들과 이야기도 하고 토론도 했다(9:29). 바울이 예루살렘에서 이렇게 공개적인 활동을 벌인 것은 분명히 갈라디아서 1:22와 모순된다. 왜냐하면 갈라디아서 1:22에서 바울은 "유대에 있는 그리스도의 교회들은 나를 개인적으로 알 기회가 없었다"고 말하기 때문이다. 더구나 바울은 "이 말이 결코 거짓말이 아니라는 것을 하나님 앞에서 증언한다"(갈 1:20)고 말하기 때문이다. 아마도 이 경우엔 갈라디아서의 기록이 사실에 가까울 것으로 보인다. 첫 개종 이후 바울은 박해자였던 자신의 과거 때문에 기독교회 앞에 그렇게 쉽게 나설 수 없었을 것이다. 그러나 사도행전은 초대 교회의 상황을 좀더 이상적으로 소개하려는 데 관심이 있었기 때문에 바울이 아무런 어려움 없이 예루살렘에 소개되어 공개적인 활동을 쉽게 할 수 있었다고 강조하는 것으로 생각된다.

3. 바울과 바나바의 결별

사도행전 15:36에 의하면 바울과 바나바가 전도 여행 중에 안디옥에서(15:30) 서로 갈라서게 된 이유는 자기들의 전도 여행에 마가라는 요한을 동행시킬 것인가에 대한 의견 차이 때문이었다. 바나바는 마가라는 요한을 데리고 가려 했지만, 바울은 밤빌리아에서 자기를 버리고 함께 일하러 가지 않았던 그를 다시 데리고 가는 것이 좋지 않다고 생각하여 그의 동행에 반대했다. 두 사람이 "몹신 다툰 후에" 서로 갈라서게 되었다. 그러나 갈라디아서 2:13 이하에 보면 바울이 안디옥에서 베드로가 이방인과 식사를 하는 중에 위선을 행한 것 때문에 그를 면박했고 그 위선에 바나바가 빠져들어간 사실을 지적하고 있다. 그들의 행동은 "복음의 진리대로 똑바로 걷지 않는 것"(갈 2:14)이었고 이 때문에 바울이 바나바와 서로 갈라서게 된 것으로 보인다. 결국 그들의 결별 이유는 신학적이며 교리적인 것으로 생각된다. 그런데, 여기서도 사도행전은 초대 교회를 이상적으로 그리려는 생각에서 두 사람의 교리적 입장의 차이를 마가의 동행 여부에 관한 단순한 개인적 의견의 차이로 변형시킨 것으로 보인다.

4. 누가의 바울과 서신의 바울

사도행전에 의하면 첫째로, 바울은 위대한 이적 행사자였다. 그래서 앉은뱅이를 고치고(14:8-10), 죽은 자를 살리기도 했으며(20:7-12), 귀신을 쫓아내기도 했고(16:18), 열병과 이질에 걸려 누워 있던 자를 기도와 안수로 고치기도 했다(28:8-9). 그래서 사람들은 바울을 가리켜 "그는 신이라"고 말하기도 했고(28:3-6; 14:8-10) 그래서 바울의 몸에 닿았던 수건이나 앞치마를 가져다가 앓는 사람에게 대기만 해도 병이 물러가고 귀신이 나갔다(19:12). 그러나 실제로 바울 서신들에 의하면 바울은 전혀 그런 이적 행사자가 아니었다. 그래서 바울 자신은 자신이 행한 이적에 대해 언급한 경우도 별로 없다.

둘째로, 사도행전에 의하면 바울은 훌륭한 웅변가였다. 그래서 유대인과 이방인들 앞에서 그리고 로마 총독과 관리들 앞에서 자신있게 손짓까지 해가며 여유있게 사람을 설득시키고 있다(바울의 설교들 참조). 그러나 실제로 바울은 자기 자신도 인정했듯이 말에 능한 자가 아니었다. 그래서 고린도에 있는 바울의 적대자들도 "바울의 편지는 무게가 있고 힘차지만 직접 대해 보면 그는 약하고 말하는 것도 별것 없다"(고후 10:10)고 말했었다.

셋째로, 바울은 자기의 서신들 가운데서 자신의 사도권을 강력히 주장하고 있다(갈 1:1; 2:8, 고후 12:11 등). 그리고 자신은 하나님과 예수 그리스도로부터 "직접" 사도로 부르심을 받았고 "사람을 통해서" 된 것이 아니라고 말한다. 그러나 사도행전에 의하면 바울의 소명은 "사람을 통해서" 즉 아나니아를 통해서 이루어졌으며(9:17; 22:12-16) 누가가 예외적으로 행 14:4, 14에서 바울과 바나바를 사도라고 부른 적이 있으나 (그것도 13:1-3에서 임명식을 거쳐서), 사도행전에서는 12제자만이 사도로 불리우고 있다. 누가에게 있어 사도는 오직 주님의 부름을 받아 예수의 세례 때부터 그의 승천 때까지 그와 함께 살던 자여야 하며(행 1:21-22), 부활하신 주님과 먹고 마신 자들이며(행 10:41) 따라서 그들만이 사도로서 증인의 역할을 하는 자들이다.

넷째로, 사도행전에 의하면 바울은 로마의 시민일 뿐 아니라 "나면서부터 시민"이었음을 주장하고 있다(22:25-29). 그리고 자기가 로마의 시민이란 사실을 밝힘으로써 빌립보 감옥에서 석방되기도 한다(16:39). 그러나 바울 서신들에서는 바울의 로마 시민권에 대한 언급이 한 번도 없다. 사도행전에 보면 예루살렘에서 바울은 천부장에게 자기가 로마 시민임을 밝혀 태장을 중지시켰는데(22:24-25) 고린도후서 11:23-25에선 바울이 로마인의 손에 3번이나 태장을 맞은 일이 언급되고 있다.

사도행전과 서신의 이런 차이들은 각각 역사적 사실을 보도하고 있는 것이 아니라 신학적 관심을 표명하기 때문에 나타나는 것으로 보아야 할 것이다. 누가는 예수와의 일치성을 강조하기 위해 바울을 위대한 이적 행사자, 혹은 훌륭한 설교자로 제시하고 있고 또한 로마를 향한 누가의 정치적 변증의 관심 때문에 바울을 로마의 시민으로 부각시키고 있는 것으로 생각된다. 이런 점에서도, 사도행전은 역사 기록으로 읽을 것이 아니라 신학적 증거로 이해해야 할 것이다.

10

요한복음

1. 요한복음과 공관복음의 관계

공관복음을 역사적 기록으로 요한복음을 신학적 증거로 보는, 즉 공관복음은 주로 "사실"(fact)에 관심한 반면에 요한복음은 "의미"(meaning) 혹은 사실에 대한 "해석"(interpretation)에 치중했다는 생각이 오랜 동안 복음서 연구가들의 생각을 지배해 왔었다. 이런 생각은 실제로 초대 교부 중의 한 사람이었던 알렉산드리아의 클레멘트(Clement)의 다음과 같은 말에 근거한 것이었다. "요한복음은 육적인 것(=사실)에만 관심을 집중한 초대 주석들을 보충하여 영적 복음을 쓰려는 것이 목적이다." 그래서 요한복음을 가리켜 "영적인 복음서"(a Spiritual Gospel)라고 부르기도 했고 아울러 공관복음은 비(非) 신학적 작품인 데 반해서 요한복음은 신학적 작품이라고 생각되어 왔다. 그러나 최근에 와서는 이런 생각이 잘못된 것임이 밝혀지게 되었다. 복음서들은 모두가 다 복음서 기자 자신들의 독특한 신학적 입장과 신학적 강조점을 보여주고 있다는 점이 널리 인정되었기 때문이다. 따라서 요한복음과 공관복음의 차이도 이런 신학적 입장의 차이 때문에 생겨난 것으로 보아야 할 것이다. 물론 공관복음이나 요한복음이 모두 예수의 교훈들과 예수의 이적들, 그리고 그의 수난의 이야기들을 전해 주고 있는 점에서 비슷한 점이 많기도 하다. 그러나 그런 자료들을 소개하는 기자 자신들의 신학적 관심이 다르기 때문에 중요한 차이를 보여주고 있는데 특히 다음과 같은 것들에 주목해 볼 필요가 있다.

(가) 공관복음에서는 예수의 활동이 주로 갈릴리와 그 근처에 치중되어 있고 생애 말기에 한번 예루살렘으로 여행하여 거기서 십자가의 죽음으로 모든 것이 끝나고 있다. 그런데 요한복음에서는 예수의 활동 무대가 처음부터 주로, 예루살렘을 중심으로 대두되고 있다. 그래서 공관복음서에 의할 경우 예수의 공생애 활동은 1년을 넘지 않는 것으로 보이는데, 요한복음에선 예수께서 예루살렘에 올라가신 것이 3번 기록되어 있어(2:13; 5:1; 7:10) 예수의 공생애 활동이 적어도 3년 이상이나 되는 것으로 나타나고 있다. 따라서 예수의 공생애 활동이 3년이라고 말하는 것은 오직 요한복음을 근거로 나온 말이다. 그리고 공관복음에서는 예수의 예루살렘 체류 기간이 대체로 한주간인데, 요한복음에서는 7:10에서부터 계속 예루살렘에 머물면서 장막절(7:2), 봉헌절(10:22) 그리고 유월절(11:55; 12:1; 18:28)을 지내고 있어 적어도 반 년 정도를 체류하신 것

으로 되어 있다.

(나) 공관복음에서는 예수의 활동과 교훈이 대개 개개의 독립된 설화들로 구성·연결되어 있다. 가령 마태복음 5-7장에 나오는 산상 설교만 하더라도 한 주제를 가진 설교가 아니라 여러 주제에 관한 여러 단편적인 설교들의 수집이었다. 공관복음서에선 오직 수난 설화만이 대체로 하나의 설화로 연결되어 있을 뿐이다. 그런데 요한복음에서는 비록 개개의 단편적 설화들의 모음이 없는 것은 아니지만(가령 2:1-10, 13-21; 4:46-53; 12:1-9 등등) 대체로 같은 주제를 중심으로 엮어진 큰 설교들이 많이 있다(가령 4장, 5장, 6장, 9장, 11장 등). 그리고 이런 설교들은 개개의 말씀들을 연결시켜 만든 것이 아니라 같은 주제를 중심으로 구성된 하나의 설교 형태로 되어 있다. 그래서 요한 설화의 이런 특징을 가리켜 "드라마적 성격"이라고 부르기도 한다.

(다) 공관복음과 요한복음 사이에 공통 자료가 많이 있기도 하지만(가령 오천 명을 먹인 이적, 물 위를 걸으신 이적, 성전 숙청 작업 등등) 요한복음엔 공관복음에 없는 이적과 말씀들도 많이 있다. 가령 이적들 중엔 가나의 혼인 잔치(2:1-12), 베데스다못(5:1-18), 날 때부터의 장님(9:1-12), 나사로의 부활(11:38-44) 등이 있고, 교훈들 중엔 니고데모 이야기(3장), 선한 목자(10장). 사마리아 여인(4장), 생명의 떡(6장), 참 포도나무(15장), 보혜사 성령(14장, 16장) 등이 있다. 이렇게 상이한 자료를 사용하면서도, 부분적으로 일치된 자료를 보여주고 있기 때문에 학자들 가운데선 요한복음이 공관복음을 알고 있었는가 하는 질문이 오래 전부터 제기되어 왔었다. 과거에는

요한이 공관복음을 또는 최소한 마가복음을 알고 있었다는 견해가 지배적이었다. 그러나 최근에 와서는 요한이 공관복음서 중 어느 하나도 알거나 이용하지 않았고, 다만 완전히 독립적인 전승들로부터 복음서를 기록했다는 생각이 더 널리 받아들여지고 있다. 즉 공관복음서를 보지는 못했으나 공관복음서가 보존하고 있는 전승 자료들을 알고 있었다는 생각이다.

(라) 이적 설화들은 공관복음에서와 마찬가지로 요한복음에서도 많이 나온다. 그러나 요한복음에서는 이적 이야기가 공관복음에서와는 다른 목적으로 사용되고 있다. 즉 공관복음에서는 이적들 자체가 강조되고 있으며, 이적 설화 자체가 독립된 메시지, 곧 이런 능력을 행하는 예수가 하나님의 아들이라든가 하는 독립된 메시지를 갖고 있다. 그러나 요한복음에서는 이적 설화들이 상징적 또는 은유적 의미를 갖고 있다. 예를 든다면 요한복음에서 예수가 행하신 최초의 이적은 물로 포도주를 만드신 것인데, 이 이야기는 공관복음의 일반적 이적 설화와는 달리 유대교와 기독교를 비교하는, 그래서 기독교가 훨씬 낫다는 것을 말하려는 상징적 또는 은유적 의미를 갖고 있다. 예수가 장님의 눈을 뜨게 해준 이적도 예수가 사람의 영적인 눈을 뜨게 해주는 것을 의미하는 상징적 뜻을 갖고 있기도 하다. 이렇게 요한복음에서 이적 설화는 상징적 은유적 의미로 이용되고 있다. 또 한편 요한복음에서 이적 설화는 흔히 그 자체의 목적을 위해서가 아니라 예수의 담화 설교를 소개하기 위한 일종의 도입 예화로 이용되고 있다. 즉 그 자체가 목적이 아니라 수단이란 말이다. 예를 들어 38년 된 병자를 고치신 이적(5장)은 안식일법에 대한 논쟁을 소개하기 위한 도입

예화로 이용되고 있으며, 오천 명을 먹인 이적(6장)은 생명의 떡에 대한 설교와 예수가 곧 생명의 떡이라는 것을 가르치기 위한 도입 예화로 이용되고 있을 뿐이다. 요한복음에서 "이적"이란 말 대신에 "표적"(sign)이란 말이 사용되고 있는 것도 이 때문일 것이다. 결국 요한복음에서는 예수의 활동의 중심이 이적에 있는 것이 아니라 담화 설교에 있는 셈이다. 공관복음에도 예수의 담화 설교가 있지만 단편적인데 비해서 요한에 나오는 담화 설교는 일정한 주제를 갖고 확대된 긴 설교들이다(예를 든다면, 선한 목자 비유, 참 포도나무 비유, 고별 설교 등).

(마) 예수상(像)에 대해서도 공관복음과 요한복음은 서로 다른 모습을 그려주고 있는 것으로 지적되고 있다. 공관복음의 예수는 주로 천국의 도래를 선포하는 예언자, 율법 문제를 논하는 랍비, 병자를 고쳐주시는 이적 행사자의 모습을 갖고 있다. 그런데 요한복음의 예수는 오히려 하나님이 보내신 계시자, 구원자, 하나님의 아들의 모습을 보여주고 있다. 그래서 요한복음의 예수는 자신의 오고 가심(coming and going), 그리고 자신의 정체에 대해 더 많은 말을 하고 있다. 그래서 마태의 경우처럼 거짓된 자기의(自己義)를 공격하는 것이 아니니라 자신에 대한 불신앙을 공격하고 있다.

그런데 공관복음과 요한복음은 세례 요한 상(像)에서도 차이를 보이고 있다. 공관복음의 세례 요한은 "회개의 선포자", 회개의 세례를 베푸는 "세례자"였고, 사실 예수와 똑같이 "회개하라 하나님 나라가 가까왔다"고 전파한 천국의 선포자였다. 그러나 요한복음에서의 세례 요한은 "세례자"가 아니다.

그래서 세례 요한이라고 불리우지 않고 흔히 그냥 "요한"이라고 불리우고 있으며, 그래서 요한복음에서는 예수가 요한에게 세례받는 이야기도 나오지 않는다. 요한복음의 세례 요한은 다만 그리스도를 증거하는 "증거자"일 뿐이며(1:7-8, 15, 29-34) 그의 길을 예비하러 온 선구자일 뿐이다.

(바) 비유들에 있어서도 큰 차이를 보여주고 있다. 공관복음에는 이야기 형태의 긴 교훈적 비유들, 가령 탕자 비유, 선한 사마리아인의 비유, 잃은 양 비유 등이 많이 나온다. 그러나 요한복음에는 그런 형태의 비유가 하나도 없다. 다만 예수를 하나님의 계시자, 혹은 우리의 구원자로 설명하기 위한 상징적 비유가 몇 개 나타나고 있을 뿐이다. 예를 들어 선한 목자 비유(10장)와 참 포도나무 비유(15장)가 그런 것들이다. 이런 비유들은 "이야기" 혹은 "드라마"와 같은 형태는 아니고 오직 예수가 우리의 구원자요 우리 생명의 근원임을 가르치기 위한 은유적 비유이다. 이것은 요한복음에서 예수 자신이 자기의 정체와 관련해서 "나는……이다"(I am…)라고 말하는 것과도 같은 종류이다. 요한복음의 초점은 어디까지나 하나님의 계시자인 예수의 정체를 밝히는 데 있다.

(사) 마지막 만찬에 대한 이해에 있어서도, 공관복음과 요한복음은 중요한 차이를 보이고 있다. 즉 공관복음에서는 마지막 만찬이 성만찬 제도의 동기가 되고 있는데, 요한복음에서는 마지막 만찬이 성만찬 제도와 아무런 관련이 없이("이것은 내 피와 내 살이다"란 말은 없다.) 오히려 예수의 긴 고별 설교를 제시하기 위한 계기가 되고 있을 뿐이다. 또한 중요한 것은 마지막 만찬의 날짜이다. 공관복음에서는 마지막 만찬이

"무교절 첫 날 곧 유월절 양을 잡는 날에"(막 14:12) 가졌던 유월절 식사였는데, 요한복음에서는 마지막 만찬이 "유월절 전날"(13:1)에 있었다. 그래서 마가의 경우 예수의 체포와 심문과 고난이 유월절 식사가 있던 같은 날에 있었으나(니산월 15일), 요한복음에선 예수의 심문과 고난 등이 유월절 식사 전에 있었다(니산월 14일). 결과적으로 하루의 차이가 있는 셈이다. 이런 차이들도 신학적 관심과 강조점의 차이 때문인 것으로 보아야 한다. 공관복음에서는 예수의 죽음을 유월절 어린 양의 죽음으로 보려는 관심이 더 강하게 나타나고 있는 것으로 보인다.

2. 구조와 내용

우리는 이미 앞에서 각 복음서들이 그 나름대로의 독특한 구조를 갖고 있음을 살펴보았다. 마태의 오경적 구조, 전반 이적 설화와 후반 수난 설화로 되어 있는 마가의 이중적 구조, 그리고 예루살렘과 로마를 중심으로 구성된 누가 문서의 지리적 구조 등 각 복음서들은 저자의 신학적 관심에 따라 그 구조도 다르게 되어 있다. 따라서 기본 구조를 염두에 두고 복음서를 읽는다는 것은 복음서 기자의 의도를 이해하는 데 중요한 역할을 한다고 보아야 한다.

요한복음도 그 나름대로 다른 복음서들과는 다른 독특한 구조로 되어 있다. 요한복음의 구조는 전체적으로 볼 때 전반과 후반으로 구분될 수 있다. 곧 전반은 주로 예수의 이적들과 대중적인 담화 설교로 구성되어 있고, 여기서의 예수의 활동은 대체로 모든 사람들을 대상으로 한 대중적 활동이었다. 그러나 후반은 특별히 제자들을 대상으로 한 확대된 설교와 수난 설화로 되어 있다. 신약 학자인 불트만(R. Bultmann)은 요한복음의 이런 이중 구조를 다음과 같이 나누고 있다.

2-12장 : 세상에 대한 영광의 계시

13-20장 : 신자에 대한 영광의 계시

불트만에게 있어서 1장은 서론이었고 21장은 후대에 첨가된 본문이었다.

이런 이중적 구조를 예수의 죽음 혹은 영광의 때(hour)와 관련시켜 두 단계로 나눈다면 다음과 같다.

예수의 때가 이르기 이전 단계
예수의 때가 이른 이후의 단계

실제로 요한복음에는 "때가 이르렀다"든가 또는 "때가 아직 이르지 않았다"란 표현이 많이 나오고 있고, 이 "때"가 요한복음에선 주로 예수께서 죽으실 "때" 또는 그가 영광받으실 "때"를 의미하는데 대체로 전반(12장까지)에서는 "때가 아직 이르지 않았다"는 말이 많이 나오고 있고(2:4; 7:6, 30; 8:20), 후반(13장 이후)에서는 대략 "때가 이르렀다"는 표현이 많이 사용되고 있어(12:23; 13:1; 17:1) 결국 요한복음은 예수의 때가 오기 전과 때가 이른 후로 양분된다고 말할 수 있다. 그래서 아직 때가 이르지 않은 동안 예수는 대중적인 공생애 활동을 벌이다가 때가 이르자 제자들에게 마지막 고별 설교를 하시고 수난을 당하고 부활하여 아버지께로 돌아가는 것으로 되어 있다.

그러나 이런 이중 구조의 틀을 크게 이탈하지 않으면서 요한복음의 구조를 좀더 분명하게 세분할 수도 있다. 노만 페린(Norman Perrin)은 요한복음의 구조를 다음과 같이 크게 5부분으로 나누고 있는데 이것이 요한복음의 전체 구조를 이해하는 데 더 도움이 되는 것으로 생각된다.

(가) 서론 : 로고스론(論)과 세례 요한(1:1-51).

(나) "표적의 책"(the book of signs, 2:1-12:50).

(다) 고별 설교와 교회를 위한 기도(13:1-17:26).

(라) 수난 설화(18:1-20:30).

(마) 부록 : 갈릴리의 부활 현현(21:1-25).

이 경우 서론(1장)과 부록(21장)을 제외한다면 요한복음은 크게 세 부분, 즉 "표적의 책"(2-12장), "고별 설교와 기도"(13-17장) 그리고 "수난 설화"(18-20장)로 나뉘어지는 셈이다.

3. 본문 순서의 문제점

요한복음의 본문 순서가 전승 과정에서 일부가 뒤바뀜으로써 본래의 순서를 상실했다는 생각이 오래 전부터 제기되어 왔었다. 그리고 순서가 뒤바뀐 본문의 범위에 대해서도 학자들간에 의견이 구구했다. 가령 빌켄하우저(Wilkenhauser)는 최소한 5장과 6장의 순서가 거꾸로 뒤바뀌어 있다는 점을 강조하고 있다. 그래야 지리적으로 연결이 잘 된다는 것이다. 다른 한편 버나드(Bernard)는 좀더 광범위하게 본문의 순서를 재배정하고 있다. 5장과 6장 이외에, 15장과 16장, 그리고 3장, 7장, 10장, 12장의 일부도 교정하고 있다. 그러나 불트만의 경우는 지나치게 철저하다. 그는 복음서 전체를 장(章)과 구(句)에 이르기까지 재배정하여 본래의 순서를 찾아내려고 한다.

이렇게 본문 순서가 우연히 뒤바뀌어졌다는 이론을 환치론(換置論, Displacement Theory)이라고 부르고 있는데 특히 다음의 세 군데는 많은 학자들의 논란의 초점이 되어왔다.

첫째로, 3:31-36의 본문이 현재로는 27-30절에 나오는 세례 요한의 말 다음에 계속되는 것으로 되어 있는데 30절에서 "그는 흥하여야 하겠고 나는 쇠하여야 하리라"란 말에서 클라이맥스에 도달한 세례 요한의 이야기가 31절부터는 갑자기 예수에 대한 말에 의해 끊기고 있다. 만약에 31절을 21절에 계속되는 것으로 보고 30절에서 직접 4:1로 계속 연결시켜 읽는다면 내용이 훨씬 더 부드럽게 이어진다. 따라서 3:31-36은 3:21과 3:22절 사이에 들어가야 한다고 보는 것이다.

둘째로, 5장에 보면 예수는 예루살렘에 계신 것으로 되어 있다. 그런데 6장은 "예수께서 갈릴리 바다 곧 디베랴 바다 건너편으로 가신다"는 말로 시작한다. 5장의 예수는 갈릴리 바다 근처에 있었던 것이 아니라 무려 75마일이나 떨어진 예루살렘에 있었던 사실로 미루어 볼 때 지리적 연결에 무리가 있다. 그런데 7장은 "이후에 예수께서 갈릴리에서 다니시고"란 말로 시작된다. 그런고로 만약 5장과 6장의 순서를 뒤바꾸어 놓으면 지리적 연결이 좀더 자연스럽게 된다. 즉 예수가 갈릴리 가나에 계셨다가(4:46-54) 그 후에 갈릴리 바다 건너편으로

가시고(6:1) 거기서 가버나움에 들리셨다가(6:59) 다시 유대 명절을 위해 예루살렘에 오셨으며(5:1) 다시 잠깐 방문한 뒤 갈릴리로 돌아가신 것이 된다(7:1).

셋째로, 마지막 성만찬 때에 예수는 그의 긴 설교 도중에 "일어나라 여기를 떠나자"(14:31)고 말씀하셨다. 그러나 그 다음에 계속되는 15장과 16장의 교훈이 마지막 만찬 때 제자들을 세워놓고 하신 설교의 계속으로 보기가 힘들다. 그렇다고 겟세마네로 걸어가시면서 하신 설교라고 생각하기도 어렵다. 그러나 만일 우리가 순서를 좀 바꾸어 14장을 16장 뒤에 갔다 놓으면 그래서 13장, 15장, 16장, 14장, 17장의 순서로 읽는다면 내용의 순서가 더 잘 연결될 수 있다는 것이다. 즉 예수께서 "일어나라 여기를 떠나자"고 하신 말씀 뒤에 17장의 기도가 나오고 그 후에 겟세마네로 가신 것이 되는 셈이다.

이렇게 순서가 바뀐 것으로 생각되는 부분이 더 있기는 하지만 이 세 가지를 대표적으로 다루어 보았다. 그리고 이런 순서의 변동은 흔히 파피루스나 사본의 단편을 사용할 때 있을 수 있는 혼동 때문이었을 것으로 생각된다. 그러나 다른 한편으로는 현재의 본문 순서와 다른 본문을 보여주는 사본 증거가 없기 때문에, 또한 복음서 기자가 꼭 역사적 혹은 지리적 순서로 기록하려고 한 것이 아니라는 이유로 그리고 현재의 순서대로도 만족할 만한 의미를 읽을 수 있다는 이유로 이런 "환치론"을 거부하는 학자들의 수도 늘어나고 있다.

4. 진정성(眞正性)이 의심되는 본문들

첫째로, 요한복음 7:53-8:11은 요한복음 기자에 의해 기록된 본래의 본문이 아니라고 주장되어 오고 있다. 그런데 이런 주장은 외증(外證)이나 내증(內證)에 의해 똑같이 뒷받침되고 있다. 먼저 외증을 살펴 본다면 간음하다 현장에서 붙잡힌 여인의 이야기를 다룬 요한복음 7:53-8:11은 거의 모든 초기 대문자 사본들과 중요한 소문자 사본들에서 나타나고 있지 않다. 어떤 사본에서는 이 본문이 누가복음 21:38 뒤에 붙어 있으며 문맥상으로는 여기보다 거기에 더 잘 어울리고 있다. 그리고 또 어떤 사본은 이 본문을 요한복음 끝에 소개하고 있기도 하다. 이런 사실들은 이 본문이 본래 요한복음의 일부가 아닐 것이란 주장을 강력히 뒷받침해 주고 있다. 이런 외증 이외에도 내적인 증거가 이 본문의 진정성을 의심케 한다. 이 이야기의 성격이나 문체 및 어휘들(예를 들어 "감람산", "서기관들" 등)은 요한복음 보다는 오히려 그 이전 복음서들에 더 잘 어울리는 표현들이다. 특히 버림받고 멸시받는 사람들에 대한 예수의 관심을 표명하는 이 본문은 상당히 누가복음적이며 이야기의 서두 말씀(7:53; 8:1-2)은 예수가 예루살렘에 계신 동안 저녁에는 성을 벗어났다가 다음날 아침에 다시 성전에 나타나시는 초기의 전승들(마 21:17, 막 11:11-12, 19-20, 27, 눅 21:37-38; 22:39)을 반영하고 있다. 따라서 내증도 이 본문의 진정성에 대한 의문을 제기하고 있다.

이 이야기에 대한 최초의 명확한 언급은 3세기경의 것으로 보이는 "사도들의 헌법" 2:24에 나오는데 거기서는 참회자들을 다루는 데 있어 너무 엄격하다고 생각되는 감독들에 대한 교훈으로 인용되고 있다. 그런데 그 본문이 요한복음의 현재 위치에 들어오게 된 것은 8:15에서 주님이 "너희는 육체를 따라 판단하나 나는 아무도 판단치 아니하노라"란 말씀이 나오기 때문에 이 말씀과 연관되는 이야기로 제시하려고 했던 것으로 보여진다.

둘째로는 부록으로 첨가된 것이라고 생각되는 21장의 문제이다. 요한복음은 본래 20장 31절로 끝난 것으로 보인다. 다른 복음서들의 일반 형태와 마찬가지로 요한복음 20장에서 예수는 부활하시고 예루살렘에 있는 제자들에게 나타나시고 그들에게 사명과 성령을 주셨다. 그리고는 이런 모든 기록을 하게 된 목적을 밝힘으로써 결론을 내리고 있다. 그런데 이야기가 21장에서 다시 계속되어 이번엔 부활하신 예수가 예루살렘에서가 아니라 갈릴리에서 제자들에게 다시 나타나고 있고(21:1-14) 특히 베드로에게 "내 양을 먹이라"는 특별한 위임 명령을 주신다(21:15-19). 그리고는 다시 결론적인 말씀(21:24-25)이 반복되고 있다, 그러나 21장은 7:53-8:11과는 달리 요한복음의 본래 일부로 보아야 한다는 주장도 있다. 그런 주장의 이유는 첫째 사본 증거가 분명하다는 점이다. 한 시리아어 사본에서만 21장이 없을 뿐 모든 사본에 다 나오기 때문에 의심의 여지가 거의 없다는 것이다. 그리고 둘째는 내용과 문체가 1-20장과 밀접히 연관된다는 점이다. 21장에 나오는 주요 인물이 베드로와 사랑하는 제자인데 이들은 1-20장에서도 주요 관심의 대상들이었다. 따라서 21장이 저자 자신의 기록이 아니라고 하더라도 21장은 저자와 동일한 생각을 갖고 있던 사람의 글로 볼 수 있다는 것이다.

그런데 21장을 첨가 본문으로 볼 경우, 21장이 첨가된 데에는 다음과 같은 두 가지 이유가 있었던 것으로 생각된다. 첫째는 21:1-14에서 부활하신 예수가 갈릴리에 나타나시는 이야기가 나오는데, 마태와 마가가 갈릴리 전승을 그리고 누가와 요한이 예루살렘 전승을 따르고 있는 점을 감안할 때 이 첨가 본문을 통해 두 전승 주류를 결합시켜 다른 복음서와의 일치를 꾀하려 했을 것이다. 둘째로는 요한복음에서 대체로 베드로가 "사랑하는 제자"에 비해 열등한 위치를 차지하고 있는 듯한 인상을 주고 있는데 21:15-19를 통해 초대 교회 안에서 중요한 기둥으로 인정되던 베드로의 권위를 다른 복음서에 맞추어 회복시키려는 의도가 있었던 것으로 보인다.

5. 저자 문제

요한복음의 저자 문제는 수수께끼 중의 하나로 남아 있다. 과거에는 일반적으로 세베대의 아들이며 사도였던 요한이 저자라고 생각해 왔다. 이런 주장의 대표자가 웨스트코트(Westcott)인데 그는 이른바 "집중적 증명 방법"(the concentric proof)에 의해 "요한복음의 저자는 유대인이며, 그 중에서도 팔레스틴 유대인이며 그 중에서도 목격자이며 사도이고 사도 가운데선 요한이라"고 주장했었다. 이런 주장은 한편으로 초대 교회의 전승에 의해 뒷받침되는 것으로 생각되기도 한다. 이레니우스(Irenaeus, 140-210년)는 "그 후(처음 세 복음서 이후)

예수의 품에 기댔던 주님의 제자 요한이 에베소에 머무는 동안 친히 복음서를 기록했다"고 전해 준다. 그런데다가 요한복음 21:24에서는 사랑하는 제자를 가리키면서 저자가 바로 "이 제자"라고 말하고 있다. 따라서 교회 전승이 저자를 사랑하는 제자와 동일시하며 또 요한의 언어가 셈족 계통의 특색을 갖고 있는데다가 저자가 팔레스틴 지리에도 어느 정도 정통해 있고 가끔 공관복음의 내용에 "수정"을 가하고 있는 것으로 보이는 점 등이 예수의 제자 세베대의 아들 요한설(說)을 뒷받침해 주는 것으로 생각되어 왔다.

그러나 이런 전통적인 가설에 이의가 제기되기 시작했다. 우선 파피아스(Papias)의 전통에 따르면 저자는 "장로 요한"으로 전해지고 있는데다가 사랑하는 제자를 저자라고 말한 요한복음 21:24는 요한복음의 본래의 일부가 아니라 후대의 첨가 본문이다. 더구나 세베대의 아들 요한을 "사랑하는 제자"로 생각하기 어려운데 이유는 갈릴리 어부 출신인 그가 예루살렘의 대제사장과 안면이 있었다만 사실(요 18:15 참조)이 이해하기 힘들다. 또한 초대 전승에 의하면 사도 요한은 그의 형제 야고보와 함께 일찍 순교당했기 때문에(행 12:2) 1세기 말경까지 살아남았을 가능성이 없는 것으로 보인다.

이런 논란과 더불어 최근에 와서 저자 문제에 관한 논의는 거의 확실한 결론에 이를 수 없는 것으로 보인다. 그러나 비교적 의견의 일치를 보아가는 점은 요한의 저자가 1세기 말경에 살았던 익명의 크리스천이라는 점과 또는 요한복음이 한 개인의 작품이 아니라 어떤 그룹이나 어떤 학파의 작품으로 볼 수 있고 또 여러 발전 과정을 겪은 마지막 단계의 작품이란 점이다. 요한복음이 여러 사람의 손을 거쳐 완성된 것이라고 볼 경우 우리는 대충 다음과 같이 그 과정을 생각해 볼 수 있다. 첫째로는 요한복음이 "사랑하는 제자"의 구전 설교와 교훈을 토대로 작성되었다. 다음으로는 어떤 제자 혹은 친구가 사랑하는 제자의 설교를 근거로 하여 복음서의 초안을 기록했고 마지막으로 후대의 편집자(혹은 편집자들)가 여러 장(가령 21장)을 보충적으로 첨가하여 확대된 초안을 작성하였다. 그러나 아마도 요한복음이 교회 안에서 공식적으로 알려지고 읽혀지기 전에 몇 차례의 수정 작업이 더 있었을 것이다. 현존하는 모든 사본들이 현존하는 요한복음과 똑같은 형태를 갖고 있기 때문에 처음에 있었던 초안에 대한 확대 작업은 분명히 요한복음이 공식적으로 알려지고 정경화되기 이전에 이루어진 것으로 생각된다.

6. 기록 시기와 장소

요한복음의 기록 시기는 요한복음에 영지주의의 영향이 강하게 나타나고 있다는 점 때문에 한때는 영지주의가 한창 영향력을 떨치던 2세기 중엽으로 추산되기도 했었다. 그러나 요한복음의 18:33-35, 37-38이 기록되어 있는 파피루스 단편(일명 Roberts Fragment)이 이집트에서 발견되면서부터 비교적 확실한 결론에 이르고 있다. 그 파피루스의 기록 연대가 주후 115-125년경으로 추산되고 있어, 요한복음은 그 이전에 기록된 것으로 생각할 수밖에 없다. 그런데다가 9:22; 12:42; 16:2

등에 암시되어 있는 유대인에 의한 기독교인의 축출(excommunication)이 공식적으로 90년경에 있었던 랍비 가멜리엘 2세의 기독교인에 대한 정죄 조치를 반영하는 것으로 확인되고 있어 결국 요한복음의 기록 시기는 일반적으로 90년경에서 1세기 말에 이르는 기간이었을 것으로 보인다. 이 문제에 관해 큄멜(Kümmel)은 다음과 같이 결론짓고 있다. "요한복음이 아마도 제1세기 마지막 10년 간에 기록되었을 것이라는 가정이 오늘날 거의 보편적으로 받아들여지고 있다."

기록 장소에 관해서는 많은 학자들이 교회의 전승을 따라서 소아시아의 에베소를 생각해 왔다. 그러나 그 전승 자체가 후대의 것일 뿐 아니라 복음서 자체가 소아시아에서 기록되었다는 암시를 전혀 보여주고 있지 않기 때문에 에베소를 기록 장소로 보기 힘들다. 더구나 요한복음의 자료가 언어와 사상에 있어서 비교적 고립되어 있고 독립되어 있다는 사실이 전통적 견해에 일치되기 어렵다. 왜냐하면 에베소는 초대 기독교의 중요한 본거지였기 때문이다. 그래서 다른 학자들은 이집트 특히 알렉산드리아를 말하기도 한다. 그러나 큄멜은 요한 사상의 근거지가 알렉산드리아는 아니라고 못박고 있다. 최근에 와서는 요한복음이 익나시우스(Ignatius)와 솔로몬의 송시(Odes of Solomon)와 유사성이 많다고 하여 학자들이 시라아를 기록 장소로 인정하는 경향이 있다. 그리고 요한복음이 쿰란 사본들 및 사마리아의 특징들과 비슷하다는 점이 시리아설(說)을 잘 뒷받침해 주고 있다. 이렇게 요한복음이 기독교의 활동 본거지로부터 멀리 떨어진 지역에서 기록되었다는 사실은 요한복음이 신약의 다른 문서와 언어와 사상에 있어 독립 혹은 고립되어 있다는 점, 그리고 처음에 정통 교회로부터 잘 용납되지 못하고 오히려 후대에 이단으로 낙인찍힌 기독교인들에게 환영받은 점과도 잘 일치되고 있어 현재로는 시리아를 기록 장소로 보는 것이 가장 무난할 것이다.

7. 주요 특징들

1. 예수 그리스도의 계시의 복음

공관복음의 메시지의 중심은 "하나님 나라"인데, 요한복음의 메시지의 중심은 "계시자이신 예수"이다. 그래서 공관복음에서 흔히 볼 수 있는 "하나님 나라는 마치 ~과 같으니"란 비유적 표현이 요한에게서는 나타나지 않는 대신 "나는 ~이다"(I am…)라는 표현으로 예수 자신의 정체를 밝히는 진술이 나오고 있다. 공관복음서가 포도원, 목자, 양이란 말들로 설명코자 했던 것은 하나님 나라인데, 요한복음은 포도나무, 떡, 목자, 양의 문이란 표현으로 예수 자신의 정체를 나타내고 있다. 한마디로 요한복음은 하나님의 아들인 예수 그리스도에 대한 계시의 복음이다. 요한복음 기자가 다른 복음서에서는 별로 찾아볼 수 없는 "나는 ~이다"란 표현을 예수의 입을 통해 자주 사용한 것도 결국은 그가 그 표현으로 예수의 정체를 밝히려는 것이 목적이었다. 그런고로 예수의 참된 의미는 그런 표현들 가운데서 나타나고 있다고 보아야 한다.

"나는 생명의 떡이다"(6:35)

"나는 생명의 빛이다"(8:12)
"나는 문이다"(10:9)
"나는 선한 목자이다"(10:11)
"나는 부활이요 생명이다"(11:25)
"나는 길이요 진리요 생명이다"(14:6)
"나는 참 포도나무이다"(15:1)

예수는 이런 표현들을 통해 세상이 추구하는 것을 가져다 줄 자가 바로 자기임을 나타내고 있다. 인간은 여하간 밝히든 안 밝히든간에 생활(생명) 필수품에 의존해 있다. 살려는 의지가 있기에 배고픔과 목마름이 있다. 살기 위해서는 꼭 필요한 것들이 있는데, 떡(생명의 떡)과 물(생명수)이 그렇다(4:15). 예수께서 자기를 가리켜 생명의 떡, 생명의 물이라고 했을 때, 그는 자기가 생명에 필요한, 살기 위해선 꼭 있어야 할 것들을 가져다 주는 자임을 전제하고 있다. 그러나 예수는 떡을 가져다 주는 자일 뿐 아니라 그 자신이 떡이고, 물을 가져다 주는 자일 뿐 아니라 그 자신이 바로 물이다. 실제 예수가 언급한 "나는 ~이다"란 문장들은 그 전부가 "사는 것"에 대해 언급하고 있고, 생명과 구원에 관련된 것들이다. 그러므로 예수의 "나는 ~이다"란 명제는 생명에 대한, 영원한 참 생명에 대한 인간의 질문을 위한 대답이라고 말할 수 있다. 따라서 "나는 ~이다"란 명제의 의미는 예수 안에 인간이 추구하는 모든 것이 있고 그 분 안에서 인간이 추구하는 모든 것이 가상적인 것으로가 아니라 참된 현실로 나타난다는 것이다. 요한복음은 이 예수 그리스도에 대한 계시의 복음이다.

2. 반(反) 세례 요한적인 복음

세례 요한을 예수와 비교해 가면서 격하시키려는 경향은 모든 복음서에서 다 나타나고 있다. 그러나 그런 경향이 요한복음에서 가장 강하게 드러나고 있다고 보아도 틀림이 없을 것이다. 이런 경향은 여러 가지 면으로 나타나고 있다. 첫째로는 요한복음의 서론 부분(1:1-18)에서 요한 저자는 세례 요한이 빛이 아니라 빛(=예수)에 대해 증거하러 왔을 따름이라고(1:8), 그리고 예수는 세례 요한보다 먼저 계신 분(1:15)이라고 강조하고 있다. 뿐만 아니라 요한 기자는 세례 요한의 정체를 묻는 유대인 제사장들과 레위인들 앞에서 세례 요한의 입을 통해 "나는 그리스도가 아니다"(1:20)라고 자기는 엘리야도 아니고 예언자도 아니라고(1:21) 대답한다. 요한 기자에 의하면 세례 요한은 아무것도 아니다.

둘째로, 그는 다만 예수가 "참 빛"(1:8)임을, "세상 죄를 지고 가는 하나님의 어린양"(1:29)임을, 그리고 "하나님의 아들"(1:34)임을 증거하는 "증거자"일 뿐이다. 그래서 세례 요한 자신이 "예수는 흥하여야 하겠고 나는 쇠하여야 하리라"(3:30)라고 말하면서 자기는 예수의 신들메를 풀기도 감당치 못할 자(1:27)라고 고백하고 있다. 이런 진술들은 모두 세례 요한을 예수에 견주어 격하시키려는 저자의 의도에서 나온 것으로 보인다.

셋째로, 요한 기자는 다른 공관복음 기자와는 달리 예수가 세례 요한에게 세례 받았다는 언급을 기록하고 있지 않다. 아마도 그 사건에 대한 기록이 오히려 세례 요한의 우위성을 나타낼 수도 있을 것으로 생각했기 때문일지도 모른다. 결과적으로 그 사건에 대한 보도가 없음으로써 요한복음에선 철저히 세례 요한이 예수보다 못한 존재로 격하되어 있다.

요한 기자가 세례 요한을 이토록 격하시키려고 노력한 이유는 무엇일까? 아마도 그 당시 세례 요한의 종파가 초대 기독교 운동과 경쟁적으로 발전하고 있었기 때문에, 또 많은 일반 대중이 세례 요한을 메시아(=그리스도)로 생각하고 따랐기 때문에(막 8:27 이하 참조) 요한 기자는 세례 요한을 격하시키면서 예수를 세례 요한보다 더 위대한 참 메시아로 강조하려고 했던 것으로 보인다.

3. 반(反) 교회주의적인 복음

다른 복음서들, 그리고 신약의 다른 문서들과는 달리 요한복음에는 교회 생활이나 교회 조직에 대한 언급이 나오지 않고 있다. "교회"란 단어가 사용되지 않고 있는 것은 물론 교사, 예언자, 사도 등 교회의 직분에 대한 언급도 없다. 교회적인 은유로는 오직 양과 목자, 포도나무와 가지가 나타나고 있는데 이런 개념이 교회 조직이나 제도와 관련된 것이 아니라 순전히 그리스도와 신자들간의 개인적이고 인격적인 관계를 암시하는 것이다. 이런 점들을 근거로 요한복음은 제도적인 교회를 반대하고 그 대신에 그리스도와 신자간의 개인적인 신앙 관계를 중요시하고 있다고 주장되기도 한다.

다른 한편으로 요한복음에는 예수께서 세례 요한에게 세례 받으신 이야기도 없고 또한 마태복음 28:19와 같은 세례를 주라는 명령도 없다. 그리고 예수의 성만찬 제정에 관한 이야기 ("이것이 내 살이요 내 피다…")도 없다. 이런 사실은 흔히 요한 기자가 교회의 성례전 제도에 대한 반발 때문이었다고 해석되기도 했다. 즉 요한 기자는 그 당시 교회 내에서 성례전을 구원의 수단으로 생각하는 형식주의와 예식주의가 있었기 때문에 그것을 피하기 위해 외적인 예식이 중요한 것이 아니라 내적으로 성령의 세례를 받는 것이 더 중요함을 강조하려고 했다는 것이다.

이런 사실과 함께 요한복음에서 12제자의 명단이 소개되지 않고 있는 것도 중요한 의미를 갖는 것으로 생각된다. 오직 요한복음 기자만이 12제자의 명단을 소개하고 있지 않으며 이것은 기성의 권위주의를 배격하는 요한의 사상 때문인 것으로 보인다. 그 때문에 요한 기자는 12제자를 하나씩 부르시는 소위 "소명 설화"도 소개하지 않을 뿐 아니라 그들에게 특별한 권위와 사명을 주어 세상에 내보내는 이른바 "파송 기록"도 없다. 12제자란 용어 자체가 다른 복음서에 비해 사용 빈도수에 있어 상당히 적은 것도 우연은 아니다. 이런 경향은 12제자 중 수제자와 대변인인 베드로에 대한 부정적 묘사에서도 나타난다. 요한복음에서 가장 중요한 제자의 위치는 "사랑하는 제자"가 차지하고 있고 베드로는 거기서 소외되고 있다(13:23 이하; 18:15-16; 20:2-10 등). 아마도 이런 모든 경향은 기성 교회의 제도주의, 권위주의, 형식적 예식주의를 거부하는 요한의 신학 사상 때문인 것으로 보인다. 요한 사상의 특징은 성령에 의해 새로 거듭나는 데 있는 것으로 보인다.

4. 성령의 복음

누가복음과 마찬가지로 요한복음도 성령에 대해 특별한 관심을 갖고 있다. 복음서 기자 중 요한만이 성령으로 거듭나야 하나님 나라에 들어간다고 강조한다(3:5). 그리고 요한만이 "하나님은 영이시다"(4:24)라고 말하면서 하나님께 드리는 올바른 예배는 "영과 진리로 드리는 예배"라고 강조한다. 요한에게 있어 생명을 주는 것은 영이지 육은 아무 쓸데없다(6:63). 요한만이 성령에게 "보혜사"(14:16, 26; 15:26; 16:7, 13), 혹은 "진리의 영"(14:17; 15:13, 26)이란 특별한 명칭을 부여하고 있으며, 요한만이 부활하신 주님께서 제자들에게 나타나 숨을 내쉬며 "성령을 받으라"(20:22)고 명령한 것을 강조하고 있다. 성령에 대한 이런 특별한 관심과 강조 때문에 가끔 요한복음이 "성령의 복음"이라고 불리우기도 한다. 요한이 이렇게 성령을 강조하는 이유는 요한의 신앙 공동체가 제도적인 초대 교회의 주류로부터 벗어난 종파적 공동체이기 때문에 기성의 교회 권위 대신 오직 성령의 권위에만 의존하려 하기 때문인 것으로 생각된다. 그래서 요한은 성령이 제자들에게 모든 것을 가르치며(14:8) 제자들을 진리의 길로 인도하며(16:13) 예수가 제자들에게 말씀하신 것을 생각나게 해준다(14:26)고 가르친다. 성령의 역할에 대한 요한의 이런 이해는 열광적인 그리고 은사 중심적인 성령 이해와는 다르게 초대 교회 안에서 건전하게 말씀과 진리로 인도하는 성령을 강조하고 있다는 점에서 특이하며, 기독교 신앙이 메마른 형식주의로 빠지는 것을 막아주는 귀중한 역할을 하고 있다.

5. 사랑의 복음

사랑은 요한복음에서 중요한 주제 가운데 하나이다. 사랑이란 단어의 사용 빈도수가 다른 복음서의 경우와 비교가 안 될 정도로 요한복음에선 많이 나타나고 있다. 신약성서 기자들 중 오직 요한만이 "하나님은 사랑이라"(요일 4:8)고 정의한 것도 결코 놀랄 일은 아니다. 요한복음에 마태복음의 산상 설교와 같은 윤리적 교훈이 나타나고 있지는 않지만 요한에게서는 사랑이 기독교 윤리의 기본을 이루고 있다. 사랑이 기독교인의 특성을 가름하는 규범이다. 그래서 요한복음 13:35에선 "너희가 서로 사랑하면 모든 사람이 그것으로 너희가 내 제자인 줄을 알게 될 것이라"고 말한다.

그러나 이렇게 사랑을 중요시하는 요한복음에 공관복음에서 그토록 강조되고 있는 예수의 두 큰 계명이 나타나지 않는 것은 이상한 일이 아닐 수 없다. 공관복음의 예수는 "마음과 뜻과 성품을 다해 하나님을 사랑하고 또 네 이웃을 네 몸과 같이 사랑하라"고 명하신다. 그러나 이런 사랑의 명령이 요한복음에선 나타나지 않고 있다. 그 대신에 요한복음에선 소위 "새 계명"이 주어지고 있는데 그 내용은 곧 "서로 사랑하라"는 것이다(13:34; 15:12, 17). 즉 요한 기자는 하나님 사랑과 이웃 사랑을 강조하는 큰 계명(The Great Commandment) 대신에 "서로 사랑" 혹은 "형제 사랑"(cf. 요일 4:21)을 강조하는 새 계명(The New commandment)을 제시하고 있는 셈이다. 일부 학자들은 요한이 하나님 사랑, 이웃 사랑 혹은 원수 사랑 같은 폭넓은 사랑 대신에 서로 사랑, 형제 사랑, 친구 사랑(15:13)을 말한다고 하여 요한의 사랑의 개념이 열등하고 저급하다고 지적하기도 했다. 그러나 요한이 이렇게 서로 사랑, 형제 사랑, 친구 사랑을 강조하는 원인은 요한의 신앙 공동체가 종파적인 공동체였기 때문인 것으로 생각된다. 종파적 공동체에서 신자들간의 굳은 결속을 강조하기 위해서 우선적으로 상호간의 사랑을 강조했던 것으로 보인다. 또 다른 면으로는 요한의 이런 사랑의 요구가 관념적인 공관복음의 큰 계명보다는 보다 더 현실적으로 실제적인 요구라고 지적되기도 했다.

제 4 장

바울 서신

11

바울의 편지들

1. 바울이란 인물

바울은 난 지 팔일 만에 할례를 받은 이스라엘 사람으로 베냐민 지파에서 태어난 히브리인 중의 히브리인이며 율법의 의에 있어 아무런 흠이 없었던 바리새인이었다(빌 3:5-6). 그런데 그는 스토익 철학의 중심지 중의 하나인 길리기아 다소 태생으로 헬라 문화권에서 태어나 자란 헬라말을 하는 유대인 중의 한 사람이었다. 처음에는 사울이란 이름으로 알려지기 시작한 이 바울이 신약성서에 맨 처음 등장하는 것은 스데반의 순교를 지켜보는 목격자로서(행 7:58) 그 다음으로는 초대 기독교인에 대한 박해자로서였다(행 9:1 이하). 바울이 이토록 기독교인의 박해에 앞장을 섰던 것은 율법에 대한 그의 충성심 때문이었던 것으로 보인다. 무릇 나무(=십자가)에 달린 자마다 저주를 받은 자(갈 3:13)라는 율법 말씀에 비추어 볼 때 십자가에 달려 죽은 예수는 하나님의 저주를 받은 자임에 틀림없는데 일부 유대인들이 그 예수를 메시아로 믿는 것은 바울에게 있어서 도저히 용납될 수 없는 율법을 모독하는 행위로 생각되었을 것이다. “율법에 열심”이었던 그가 이런 신앙을 가진 자들을 없이 하려고 나선 것은 당연한 일인지도 모른다.

그런데 그리스도의 박해자였던 바울이 다메섹에서 극적으로 개종하여 그리스도의 전파자가 되었다. 그리스도를 믿는 자들을 예루살렘으로 끌어가려고 다메섹에 이른 바울에게 갑자기 하늘로부터 그리스도의 음성이 임하고 이 때 바울은 시력을 잃게 되고 삼일 동안 먹지도 않고 마시지도 않다가 그리스도의 계시를 받은 아나니아에 의해 안수와 세례를 받아 성령으로 충만하게 되어, 다시 눈도 뜨고 음식을 먹고 새 힘을 얻어 새 사람으로 출발하게 된다. 유대인이 기독교인이 되어버렸고, 그리스도를 박해하던 자가 그리스도의 전도자가 되어 이제는 그리스도를 위해 도리어 박해당하는 자가 되었다. 바울이 경험한 다메섹 도상의 개종 경험 이야기는 사도행전에서 3번(9:3-18; 22:6-16; 26:12-18)이나 반복되고 있어 그 중요성을 반영해 주고 있다.

그러나 분명한 사실은 바울이 역사적 예수를 만나보지 못했고, 역사적 예수로부터 직접 부름을 받은 자가 아니었다는 점이다. 이것은 다메섹 도상의 개종 이야기들에서도 분명히 드러나고 있다. 그리고 이 사실은 바울을 이해하는 중요한 요인이 된다고 생각된다. 첫째로, 바울이 역사적 예수를 만나지 못한 자이고 다만 하늘의 우편 보좌에 계신 그리스도만을 만났다는 사실 때문에 바울은 그의 생애 전반에 걸쳐 그리고 그의 편지 전반에 걸쳐 역사적 "예수"보다는 하늘에 계신, 영적인 "그리스도"를 더욱 중요시하고 있다. 그래서 바울은 고린도후서 5:16에서도 "우리가 이제부터는 아무 사람도 육체대로 알지 아니하노라 비록 우리가 그리스도도 육체대로 알았으나 이제부터는 이같이 알지 아니하노라"라고 말한다. 따라서 바울의 편지들에서 "예수 그리스도"란 명칭보다도 "그리스도 예수"란 명칭이 더 많이, 더 자주 사용되는 것도 그가 그리스도를 더 중요시하고 있기 때문일 것으로 보인다. 그리고 바울이 이렇게 육신의 예수를 부정 혹은 경시하고 영적인 그리스도만을 중요시하는 경향 때문에 간혹 초대 교회 안에서는 바울이 육(肉)을 악으로 보고 영(靈)만을 선으로 보는 영지주의자로 오해되기도 했었다.

둘째로, 바울이 역사적 예수로부터 직접 부름을 받은 제자나 사도가 아니었다는 사실이 초대 교회의 일부에서 바울의 사도권에 대한 의문을 제기하게 된 요인이 되었다. 물론 바울 자신은 자신이 "예수 그리스도와 그를 죽은 자들 가운데서 다시 살리신 하나님 아버지에게서 임명받아 사도가 되었다"(갈 1:1)고 주장한다. 그리고 "나는 나를 저 위대하다는 사도들보다 조금도 못할 것이 없다고 생각한다"(고후 11:5)고 주장한다. 그래서 바울은 그의 모든 서신들 첫머리에서(빌립보, 빌레몬, 살전, 살후는 예외) 자신을 "사도"라고 강조하고 있고 고린도후서 11:23-33에선 자신이 다른 사도들보다도 훨씬 더 많이 그리스도를 위해 심한 고역을 당한 자라고 강조한다. 그러나 그럼에도 불구하고 바울의 사도권은 처음부터 널리 인정된 것은 아니었던 것으로 보인다.

바울 자신의 사도권에 대한 강조는 오히려 널리 인정받지 못했기 때문에 더욱 강조되었던 것으로 보인다. 바울이 갈라디아서 1:1(또는 갈 1:12)을 통해 자기가 하나님과 예수로부터의 계시를 통해 직접 사도가 되었다고 말하지만 사실 그건 어디까지나 개인적인 내적 경험일 뿐 객관적으로 인정될 만한 것은 못 되었다. 다른 사도들은 모두 역사적 예수로부터 직접 "나를 따르라"는 명령을 들은 자들이었고, 예수의 동행자, 동역자, 목격자들이었다. 더구나 다메섹의 경험이 개인적인 것 이외에, 바울이 다메섹에서 개종하여 그리스도의 사도가 된 것은 어디까지나 "간접적"인 소명에 의한 것이었다. 즉 하늘의 그리스도가 직접 바울을 사도로 부른 것이 아니라 아나니아를 통해서였다. 바울이 이방인을 위해 택함받은 그리스도의 그릇이라는 말씀은 주님이 바울에게 한 말씀이 아니라 아나니아에게 하신 말씀이고(행 9:15) 아나니아가 그 말씀을 바울에게 전해 주고(행 22:13-16) 그에게 안수와 세례를 주어 성령을 충만히 받게 하였다(행 9:17). 바울이 이방인의 사도가 된 것은 아나니아를 통한 간접적 소명의 결과로 보아야 한다.

본래 사도의 자격은 "요한이 세례주던 때부터 시작하여 예수께서…하늘로 올라가시던 날까지 줄곧 …같이 다니던 사람"(행 1:22)이어야 했고 무엇보다도 "부활의 증인"(행 1:22)이어야 했다. 그래서 이런 자격을 기준으로 가룟 유다 대신에 맛디아가 열두 사도의 한 사람으로 피택되었다(행 1:12-26). 이런 기준에서 볼 때에도 바울은 사도로 인정받기 어려웠을 것으로 보인다. 왜냐하면 그는 예수를 줄곧 따라다니던 동역자도 아니었고 무엇보다도 "부활의 증인"이 아니었기 때문이다. 물론 바울이 고린도전서 15:3-8에서 부활 현현의 목격자들을 열거하는 가운데 마지막으로 "맨 나중에 달이 차지 못해서 난 자와 같은 내게도 나타나셨습니다"(고전 15:8)라고 주장하지만 분명히 이것은 사실과 다르다. 왜냐하면 바울이 만나본 것은 부활하신 주님이 아니라 부활 후 40일 동안 이 땅에 계시다가 하나님 오른편 보좌에 승천해 계신 하늘의 그리스도였기 때문이다. 따라서 바울이 고린도전서 15:8을 기록한 목적도 자기를 부활의 증인으로 내세움으로서 자기의 사도권을 인정받으려고 했었던 것으로 보인다. 바울의 이런 모든 주장들은 다 그가 자신의 사도권을 인정받으려고 했던 몸부림의 일종으로 생각된다. 바울 자신이 세운 고린도 교회 안에 네 개의 파가 있었는데 그 중 한 파가 "바울파"였던 점을 생각할 때(고전 1:12), 바울이 자기 교회내에서도 널리 인정과 존경을 받지 못했던 것이 아닌가 생각된다. 그리고 바울의 주요 활동지가 소아시아, 특히 에베소였던 것으로 보이는데, 1세기 말경에 기록된 묵시록에 나오는 소아시아 일곱 교회에 보낸, 특히 에베소 교회에 보낸 편지 가운데서 바울의 존재나 그의 영향력에 대한 흔적을 전혀 찾아볼 수 없는 것도 그가 초대 교회 안에서 그렇게 크게 인정을 받지 못했기 때문이 아닌가 생각되기도 한다. 이런 점들을 고려할 때, 분명히 바울은 초대 교회 안에서 외롭게 그리스도를 위해 투쟁한 역군이었던 것 같다.

2. 바울의 편지들

신약성서 27권 중 "서신"(Epistle) 혹은 "편지"(Letter)의 형태로 된 글이 21개나 된다. 이 중에서 바울의 이름으로 기록된 것만 13개가 있다. 과거에는 "히브리서"를 바울의 편지로 생각했던 때가 있었는데 그럴 경우 바울의 편지는 14권이 되는 셈이다. 그러나 최근에 와서는 히브리서를 바울의 기록으로 보는 학자는 거의 없으며, 또한 대다수의 학자들이 바울의 이름으로 기록된 13개의 서신 중에서 이른바 목회 서신으로 알려지고 있는 디모데전서, 디모데후서 그리고 디도서를 바울 자신의 기록으로 인정하지 않는 경향이 있다(목회 서신을 바울의 서신으로 보지 않는 이유에 대해서는 이 책의 목회 서신 부분 참조). 바울이 활동하던 당시에는 유명한 신앙 위인의 이름을 저자로 이용하여 글을 쓰는 일이 흔하였기 때문에(수많은 위경들 참조) 저자의 이름이 밝혀져 있다고 해서 그 사람이 그 문서의 실제적인 저자라고 믿는 것은 너무 소박한 생각일 수 있다.

더구나 바울의 이름으로 되어 있는 서신들 중에서도 발신자(發信者)가 바울 한 사람으로만 되어 있는 편지는 오직 로마서, 갈라디아서와 에베소서 뿐이다(그리고 3권의 목회 서신). 고린도전서는 "바울과 소스데네" 두 사람의 이름으로 기록되었고, 고린도후서, 골로새서, 빌립보서 그리고 빌레몬서 등 4개는 "바울과 디모데" 두 사람의 이름으로 기록되었다. 그밖에 데살로니가전서와 후서는 "바울과 실루아노와 디모데" 3사람의 이름으로 기록된 편지들이다. 따라서 "바울의 편지들"이라고 해서 모두 바울이 혼자 기록한 편지는 아니다. 그리고 바울이 혼자 쓴 편지일 경우에도 로마서와 같은 경우에는 "대서자"(代書者)가 있었고(롬 16:22. "이 편지를 대서하는 나 더디오도 주안에서 너희에게 문안하노라"), 고린도전서(16:21)와 골로새서(4:8)와 데살로니가후서(3:17) 등도 다른 사람이 기록 혹은 대서(代書)했고 바울은 마지막에 친필로 문안 인사만 적었던 것으로 보인다("나 바울은 내 손으로 문안의 말을 씁니다"). 이런 편지들은 "내 손으로 너희에게 이렇게 큰 글자로 쓴 것을 보라"(갈 6:11)고 말한 갈라디아서와 같은 친서(親書)와 대조가 되고 있다.

오늘날 비판적인 학자들(가령, Bultmann과 Conzelmann)은 목회 서신을 제외한 바울의 10개 서신들 중에서도 에베소서, 골로새서, 그리고 데살로니가후서의 진정성(眞正性)을 의문시한다. 그래서 오직 7권만을 바울의 편지로 인정하려는 경향이 있다. 그러나 그 7권의 서신들 중에서도 바울이 "디모데" 혹은 "소스데네" 혹은 "실루아노"와 함께 발신자로 기록하고 있는 사실과 앞에서도 언급한 바와 같이 편지는 다른 사람이 기록 혹은 대서(代書)하고 바울이 문안의 말만 친필로 적은 편지들이 있다는 사실들을 고려하여, 비록 목회 서신과 그 밖에 에베소서, 골로새서, 데살로니가후서가 바울 자신에 의해 직접 기록된 것이 아니라고 하더라도, 그 모든 편지들이 바울의 영향과 지도아래 씌어졌다는 데 대해서는 별로 의심을 하지 않는 것으로 보인다. 또 이런 의미에서 많은 학자들은 바울의 편지들이 바울의 "학파"(School)에 의해 기록되고 수집·전달된 것으로 믿고 있기도 하다.

현재 우리 정경에 바울의 이름으로 수집되어 있는 소위 바울 서신들(the Pauline Epistles)은 편의상 다음과 같이 나누어 구별하고 있다.

(가) 초기 서신들 : 데살로니가전서
데살로니가후서

(나) 주요 서신들 : 갈라디아서
고린도전서
고린도후서
로마서

(다) 옥중 서신들 : 에베소서
골로새서
빌립보서
빌레몬서

(라) 목회 서신들 : 디모데전서
디모데후서
디도서

3. 바울 서신의 형식(形式)

바울 서신의 형태는 그 당시 헬라 시대에 통용되던 편지의 기본 형태와 크게 다르지 않았다. 아마도 크게 나눈다면 세 부분으로 나누어 볼 수 있는데, 곧 서론 부분, 내용 부분 그리고 결론 부분이다. 그러나 아마도 이런 세 부분의 형식은 어느 시대 어느 편지 형식에도 다 적용될 수 있는 것이기에 바울 편지의 형식을 살펴보기 위해서는 좀더 분명히 그리고 좀더 상세히 나누어 볼 필요가 있다. 바울의 편지들이 보여주고 있는 기본 형식을 좀더 세분해 볼 경우, 우리는 다음과 같이 구분할 수 있다.

서두(발신자, 수신자, 인사)

감사 혹은 축복

교리적 내용

윤리적 내용

결론(문안 인사, 마지막 축도)

서두 발신자의 경우, 바울의 이름만 언급된 편지는 목회 서신을 제외 할 경우 3개뿐이고(롬, 갈, 엡), 바울과 디모데 두 사람의 이름으로 된 편지는 4개(고후, 골, 빌, 몬), 바울과 소스데네 두 사람의 이름으로 된 것은 1개(고전), 그리고 바울과 실루아노와 디모데 세 사람의 이름으로 보내진 편지는 2개(살전, 살후)이다. 그리고 수신자의 경우에는 "교회에게" 보낸 것이 있고(살전, 살후, 고전, 고후) "교회들에게" 보내진 것도 있으며(갈) "성도들 혹은 신도들에게" 보내진 것도 있다(롬, 엡, 골, 그리고 고전, 고후). 그런가 하면 "모든 성도와 또는 감독들과 집사들에게" 보내진 빌립보서(1:1)가 있고 흔히 사신(私信)으로 알려진 빌레몬서는 "빌레몬과 및 자매 압비아와 및 우리와 함께 군사된 아킵보와 네 집에 있는 교회에게"(몬 1:1-2) 보내진 것이다.

따라서 바울의 편지들은 결코 사사로운 개인적 편지가 아니라 거의 모두(목회 서신을 제외하면) 교회나 성도들에게 보내진 대중적인 편지였다. 인사의 말은 대개가 다 "하나님 아버지와 주 예수 그리스도로부터 은혜와 평강이 너희에게 있을지어다"로 되어 있다(롬, 고전, 고후, 갈, 엡, 빌, 살후, 딤전, 딛). 디모데후서는 "은혜와 긍휼과 평강"을 말하는 점에서 독특하고, 골로새서는 주 예수 그리스도에 대한 언급없이 "우리 아버지 하나님으로부터 은혜와 평강이 너희에게 있을지어다"라고 말하는 점에서 독특하다.

감사의 말은 "너희 모든 사람을 인하여 내 하나님께 감사함은 너희 믿음이 온 세상에 전파됨이라"(롬)든가 혹은 "너희를 위하여 기도할 때마다 하나님 곧 우리 주 예수 그리스도의 아버지께 감사하노라"(골)하는 형태이며, 대개 수신자의 믿음과 사랑의 풍성함 때문에 드리는 감사이다. 감사와 함께 또는 감사의 말 없이 축복의 말이 나오기도 하는 전형적인 문구는 "찬송하리로다(Blessed) 하나님 곧 우리 주 예수 그리스도의 아버지"(고후, 엡)란 문구이다.

이 같은 서론 부분이 있은 후에 내용 부분이 나오는데 바울서신의 경우 대개는 전반부에 교리적 교훈이 그리고 후반부에 윤리적 교훈이 나오는 것이 보통이다. 그러나 편지의 목적 전체가 교인들의 윤리적 생활 문제를 다루고 있는 고린도 편지는 예외로서 교리적 주제가 별로 다루어지지 않고 있다. 그리고 로마서의 경우에는 전반이 교리 부분이고 후반이 윤리 부분이기는 하나 중간 부분(9-11장)에서 유대인과 이방인의 문제를 특별히 다룸으로써 다른 편지 형태와 구별되고 있다. 또한 사신(私信)의 형태로 되어 있는, 그리고 개인적인 문제를 다루고 있는 빌레몬서는 여러 가지 점에서 예외일 수밖에 없다. 내용도 극히 간단하고 길이도 짧아 별도로 내용을 구분하기 어렵다.

결론 부분에 나오는 문안 인사는 대개 두 가지 형태로 나타난다. 하나는 "…에게 문안하라"는 권면이거나(롬 16장) 혹은 "서로 문안하라"(고전 16:20, 고후 13:11)는 권면이다. 다른 하나는 "모든 성도가 너희에게 문안하느니라"(고후 13:12) 혹은 "나의 동역자 디모데와 나의 친척 누기오와 야손과 소시바더가 너희에게 문안하느니라"(롬 16:21)는 형태로 문안 인사를 전달하는 것이다. 그리고 결론 부분의 마지막은 역시 축도인데 "주 예수 그리스도의 은혜와 하나님의 사랑과 성령의 교통하심이 너희 무리와 함께 있을지어다"(고후 13:13)가 대표적인 것으로 오늘날 교회에서 예배를 마칠 때 하는 목사의 축도와 똑같다. 다른 경우에는 "평강의 하나님이 너희 모든 사람과 함께 하실지어다 아멘"(롬 15:33) 또는 "영광이 세세 무궁토록 있을지어다 아멘"(롬 16:27) 혹은 "주 예수 그리스도의 은혜가……너희 무리와 함께 할 지어다"(고전 16:23)라는 형태이다.

4. 바울 서신의 성격

다이스만(Deissmann)이 고대 편지들에 관한 파피루스 자료들을 연구한 이래로 "편지"(Letter)와 "서신"(Epistle)을 구별하는 것이 거의 습관시되어 왔다. "편지"는 일반적으로 비문학적(非文學的)인 것으로서 서로 떨어져 있는 사람들간의 통신 수단이었다. 성격상 "편지"는 사사롭고 개인적인 것이었고 그것을 받아보게 될 사람 자신을 위한 것이지 결코 일반 대중이나 공개를 위한 것은 아니었다. 편지의 어조와 문체와 형태는 흔히 자유롭고 마치 대화처럼 친근한 것이었다. 그러나 물론 어떤 그룹이나 혹은 여러 그룹들을 위해 의도된 공식적인 편지도 있었다.

다른 한편 "서신"은 인위적인 문학적 형태로서 마치 대화록, 웅변, 혹은 드라마와 같은 것이었다. 사실상 형태만을 제외하고는 편지와 비슷한 점이 없다고 말해도 좋을 것이다. 더구나 서신의 내용은 공개를 위한 것이었고 "대중을 즐겁게 하기 위한 것"이었다. 따라서 "서신"은 꼭 구체적 상황에 의해 기록된 것이 아니고 주의깊게 만들어진 일종의 문학 작품이라고 말할 수 있다. "서신"은 주전 4세기의 희랍 철학 학파들 가운데서 발전된 것으로서 논문, 대화록 등 어떤 주제와 관련해 교육 혹은 변론의 목적을 가진 글이다.

다이스만은 "편지"와 "서신"을 이렇게 구분해 놓고는 바울의 문서들이 문학적인 "서신"이 아니라 실제적인 "편지"라고 규정짓고 있다. 사실 바울의 문서들은 거의 모두가 다 구체적인 상황 속에서 구체적인 목적을 갖고 기록된 것들이다. 따라서 일반 대중을 염두에 둔 것이 아니라 특수한 교회와 특정한 사람들을 염두에 두고 쓴 글들이다. 이런 점에서 분명히 바울의 문서는 "서신"이라고 말하기 어려운 것처럼 보인다. 그러나 다른 한편으로 바울의 문서들에서 상당한 교훈들이 평행본문으로 나타나고 있는 점들은 바울이 그 문서들을 쓸 때 일정한 문헌 자료를 이용한 것처럼 보이기도 한다(Pauline Parallels 참조). 그리고 어떤 문서는 구체적 상황과 관련된 것이기보다는 일반적인 교훈들이고 또 공개를 목적한 글로 생각되는 것들도 있기 때문에(가령 에베소서와 골로새서) 이런 경우엔 오히려 "서신"의 형태에 가깝다고 볼 수 있다. 따라서 "편지"와 "서신"을 엄격히 분리하여 바울 문서들에 적용한다는 것은 어렵다. 오히려 바울의 문서들엔 그 두 요소가 다 있다고 보는 편이, 그리고 바울에게 있어선 "편지"와 "서신"이 그렇게 분명히 구별되는 것이 아니었다고 생각하는 편이 더 좋을 것이다.

다음으로 우리가 바울 서신에 관해 알아두어야 할 중요한 점은 우리가 지금 갖고 있는 바울의 서신들이 본래 바울 자신이 기록했던 그대로의 것이 아니라고 하는 사실이다. 바울의 서신들은 대부분 본래의 형태를 그대로 간직하고 있는 것이 아니라, 후대에 수집 · 편집되어 전달된 형태를 갖고 있다. 따라서 어떤 편지들은 서로 다른 시기에 기록된 서로 다른 편지들의 결합일 수 있다. 가령 고린도 편지는 우리 성경에 전서와 후서 두 개가 있으나 오늘날 많은 학자들은 지금의 고린도전서와 후서는 바울과 고린도 교회가 주고받았던 여러 서신의 결합이라고 생각하고 있다(고전 5:9; 7:1 등 참조). 그리고 이것은 빌립보서의 경우도 마찬가지다. 그리고 로마서 16장 같은 것은 본래의 일부가 아니라 전달 과정에서 추가로 첨가되어진 부분으로 생각되고 있다. 이런 문제는 뒤에서 좀더 상세히 다루게 될 것이다.

12

데살로니가전서

데살로니가전서는 바울의 서신들 가운데서 제일 먼저 씌어진 편지이다. 따라서 이 서신은 신약 정경(政經) 27권 중에서도 제일 처음에 기록된 문서인 셈이다. 데살로니가는 마게도니아의 주요 도시이며 바울이 2차 전도 여행 때, 빌립보로부터 데살로니가에 이르러(살전 2:2) 거기에 교회를 세웠다(1:5-6). 바울의 편지들 중에 마게도니아 지역에 보낸 편지가 3개 있는데 데살로니가전서와 후서, 그리고 빌립보서이다. 데살로니가전서는 고린도에서 발송된 것이며 대체로 주후 51-52년경에 기록되었을 것으로 추산되고 있다.

1. 구조와 내용

(가) 서론(1:1) – 나중에 기록된 바울의 서신들과 비교해 볼 때 서론이 비교적 간단하다. 발신자는 "바울과 실바누스와 디모데" 세 사람의 이름으로 되어 있고 수신자는 마게도니아의 수도라고 할 수 있는 데살로니가의 교회이다.

(나) 감사(1:2-10) – 바울은 기도 가운데서 데살로니가에 복음이 전해지고 또 그곳 신도들이 고통 가운데서도 기쁨으로 복음을 받아들여 마게도니아와 아가야(=편지의 발송지) 지방 모든 교인들의 모범이 된 것을 감사하고 있다. 그들은 우상으로부터 돌아서서 참하나님을 섬기게 되었고, 주의 재림을 기다리는 중에 "주를 본받는 자"가 되었다.

(다) 바울의 활동에 대한 언급(2:1-12) – 바울은 여기서 고난과 모욕 가운데서도 데살로니가에 복음을 전한 일, 그리고 어머니가 자녀를 대하듯(2:7), 아버지가 자녀에게 하듯(2:11), 데살로니가 교인들을 돌본 일을 언급하면서 그것은 "그의 나라와 영광에로 여러분을 부르시는 하나님께 합당한 생활을 하게 하려는 것"(2:12)이라고 말한다.

(라) 교인들이 당한 환난(2:13-16) – 데살로니가 교인들이 유대인과 동족(이방인)들로부터 고난을 받으면서도 하나님의 말씀을 받아들여 "하나님의 교회를 본받는 사람"이 된 것(2:14)을 감사하고 있다.

(마) 다시 방문하려는 계획(2:17-3:13) – 바울이 두 번씩이나 다시 방문하려 했지만 못 하게 되었고 그래서 디모데를 대신 보내어 그들의 신앙을 지도하려고 했다(3:1-5). 나중에 디

모데가 돌아와 좋은 소식을 전했으나 그것 때문에 바울은 더욱 그들을 다시 보고 싶어했다.

(바) 성결과 사랑에 대한 권면(4:1-12) – 하나님을 기쁘시게 하는 생활이 무엇인지를 가르친다. 하나님의 뜻은 성결한 생활을 하는 것이다. 그러므로 온갖 간음을 멀리해야 한다. 하나님이 우리를 부르신 것은 더러움에서 살게 하려는 것이 아니라 거룩함에 이르게 하려는 것이다.

(사) 주의 재림에 대한 교훈(4:13-18) – 주님의 재림을 보지도 못하고 죽은 자들은 어떻게 될까 하는 문제가 제기되었던 것으로 보인다. 바울은 기독교인의 부활을 말한다. 그리스도 안에서 잠든 자는 먼저 부활하며 살아서 재림을 만난 자는 그들과 더불어 재림하시는 주님을 만나게 될 것이다.

(아) 주의 날(5:1-11) – 갑작스럽게 임할 주의 날을 대비하여 늘 깨어 있어야 하며 주의 날을 기다리는 자는 "낮의 아들"과 "빛의 아들"처럼 살아야 한다.

(자) 결론적인 교훈(5:12-28) – "항상 기뻐하고 쉬지 말고 기도하고 범사에 감사하는 것이 하나님의 뜻이다." 좋은 것은 굳게 잡고 악한 것은 모양이라도 버려야 한다. 그리고 그리스도께서 다시 오실 때 흠 잡힐 것이 없어야 한다.

2. 주요 특징

데살로니가전서는 바울이 이방 세계를 향해 전파한 그의 설교의 좋은 본보기이다. 사도행전을 통해서 우리는 바울이 이방인들에게 선포했던 두 개의 설교, 즉 루스드라에서 했던 설교(14:15-17)와 아테네에서 행한 설교(17:22-31)를 알고 있다. 그러나 아마도 이 데살로니가전서가 이방인 도시에 살고 있는 이방인들에게 주었던 좀더 완전한 바울 설교의 본보기라고 말할 수 있을 것이다.

여기서 그는 독자들이 구약성서에 친숙해 있지 않은 이방인들이기 때문에 구약성서를 자주 인용하고 있지도 않다. 구약성서를 직접 인용한 경우는 한 번도 없으며, 비록 예언서가 한 번 언급되고 있고(2:15), 또 저자 자신도 의식하지 못하는 가운데서 구약적 언어가 자주 사용되고 있기는 하지만(2:16; 4:5, 6, 8; 5:8-22) 구약을 최종적인 권위로 내세우지는 않는다. 그래서 바울은 이 편지에서 예수를 메시아로 전하고 있지도 않고 다만 장차 오실 인류의 심판자로 제시하고 있다. 이 편지에 나오는 바울의 강조점은 무엇보다도 주의 재림에 관한 종말론적 교훈이고 다른 하나는 이방인들에게 성결의 생활을 하나님의 뜻으로 요구하는 것이다.

(가) 종말론

데살로니가전서의 가장 두드러진 특징은 종말론적 주제가 지배적으로 나타나고 있는 점이다. 그리고 이 점에서 데살로니가전서는 초기 설교의 강조점을 그대로 반영해 주고 있는 셈이다. "여호와의 날"(The Day of the Lord)이란 구약의 주제가 데살로니가전서에선 "주의 날", "마지막 심판의 날", "장차 올 진노의 날"(1:10)로 나타나고 있으며, 그 날이 밤의 도적과 같이 임하며(5:2) 사람들이 평안하다 안전하다고 말할 그

때에 갑자기 그에게 멸망으로 덮칠 것이라고 한다(5:3). 이런 위기 상황을 배경으로 예수를 "장차 내릴 진노에서 우리를 건져 주질 분"으로 선포하고 있다(1:10). 그리스도의 사람들에겐 "진노의 날"이 빛과 구원의 날로 바뀐다. "모두 빛의 아들이요 낮의 아들이기" 때문이다(5:5). 그리고 "하나님께서는 우리에게 진노를 내리시기로 작정하시지 않고 우리 주 예수 그리스도를 통하여 구원을 얻게 하시려고 작정하셨기 때문이다"(5:9).

본래 "재림"을 뜻하는 "파루시아"(parousia)란 말의 1차적 의미는 단순히 "현존" 혹은 "임재"이다. 그러나 이미 그 용어는 고전 작가들 가운데서 "도착"의 의미로, 특히 신(神)이나 왕의 도착을 가리키는 말로 사용되었다. 헬라 시대에는 그 용어가 왕이나 황제의 공식 방문, 때로는 장군이나 고위 관리의 공식 방문과 관련된 전문 용어적 의미를 갖고 있었다. 그런 중요한 인물의 방문이나 왕림에는 미리 준비가 있어야 했으며 흔히 그런 준비를 위해 상당한 비용이 들어야 했다. 그리고 실제로 그가 올 때에는 주민들이 큰 길거리에 나가 맞이하면서 환호성으로 그의 오심을 영접하고 그의 일행이 성읍에 들어설 때까지 그 행렬에 참여해야 했다. 그리고 그가 와서는 합당한 시민들에게 보상과 명예를 수여하는 것이 보통이다. 이런 행사의 모든 분위기는 한마디로 기쁨과 즐거움의 분위기였다. 그런데 바울은 바로 이런 용어와 분위기로 예수의 오심을 생각했고 표현했다. 예수가 하늘로 승천하셨기 때문에 그의 오심은 당연히 하늘로부터 내려오시는 것으로 생각할 수밖에 없었다. 그리고 그를 믿는 자들이 그를 영접하러 나선다면 그들은 당연히 구름에 싸여 올라가 공중에서 주를 만나게 될 것이다(4:17). "천사장의 목소리"와 "하나님의 나팔소리"(4:16)도 이 땅에 내려오시는 왕을 수행하는 천군 천사의 접근을 알리는 헬라 예식의 일종으로 생각된다. 결국 바울의 종말론에는 히브리 묵시 문학의 표상들이 완전히 다른 전통에 속하는 헬라 시대의 왕의 공식 방문 예식과 결합되어 나타나고 있는 셈이다.

(나) 하나님의 뜻인 성결

데살로니가 교인들은 본래 우상을 섬기던 자들이었다(1:9). 그런데 복음을 받아들여 우상으로부터 돌아서서 참되신 하나님을 섬기게 되었다. 이제 그들에게는 어떻게 사는 것이 하나님을 기쁘시게 하는 것인가 하는 문제가 중요하였다. 바울은 그들을 향해 한마디로 "하나님의 뜻은 여러분이 성결해지는 그것입니다"(4:3)라고 말한다. 하나님께서 우리를 부르신 것은 더러움에서 살게 하려는 것이 아니라 거룩함에 이르게 하려는 것이라고 강조한다(4:7). 따라서 데살로니가 교인들은 "거룩함에 흠없이 하나님 우리 아버지 앞에 설 수 있게"(3:13) 되어야 한다. 그와 같은 성결, 즉 거룩함은 이방 사람들에게서 흔히 볼 수 있는 간음과 색욕을 멀리하는 데까지 확대되어야 한다. 이것이 "하나님의 뜻"이기 때문이다.

바울이 하나님의 뜻을 정의하여 "성결"이라고 말한 것도 특이하거니와 바울은 또다시 하나님의 뜻을 정의하여 "항상 기뻐하고 쉬지 말고 기도하며 범사에 감사하는 이것이 그리스도 예수 안에서 여러분이 실행하여야 할 하나님의 뜻"(5:16-

18)이라고 말한다. “좋은 것을 굳게 잡고 악한 것은 모양이라도 버리게 될”(5:21-22) 때, 성결의 길은 열리며 하나님의 뜻에 따라 항상 기뻐하고 쉬지 않고 기도하며 범사에 감사할 수 있게 될 것이다.

13

데살로니가후서

데살로니가후서는 19세기 초부터 일부 비판적인 학자들 가운데서 바울의 편지가 아니라는 의심을 받아왔다. 데살로니가전서에 관한 한 바울의 저작설(說)이 전혀 문제가 되지 않았으나 후서(後書)는 여러 가지 이유로 인해 바울이 직접 쓴 편지일 수 없다고 생각되었다. 그러나 다른 한편으로 계속 바울의 저작설(著作說)을 여러 가지 방법으로, 특히 전서와 후서의 밀접한 연관성을 강조함으로써 주장하려고 하는 사람들도 있었다. 예를 들어 휴고 그로티우스(Hugo Grotius, 1940)는 데살로니가후서가 데살로니가전서보다 먼저 기록되었을 것이라고 주장했는데 20세기에 들어와서는 맨슨(T.W. Manson)같은 학자도 이 주장을 따르고 있다. 이런 주장의 근거는 첫째, 경전 가운데서 데살로니가전서가 후서보다 앞에 편집된 것은 전서가 더 길기 때문이다. 둘째, 후서에서는 고통이 현재의 것으로 나타나고 있는데 전서에서는 그것이 과거의 것으로 언급되고 있다. 셋째, 데살로니가후서 3:11에서는 교회의 무질서들이 새로운 것들인데 반해서 데살로니가전서 5:4에서는 이미 언급된 것으로 다루어지고 있다. 데살로니가전서 4:10, 12는 너무 간단하기 때문에 그 경고는 오직 데살로니가후서 3:6이하를 토대로 해서만 이해될 수 있다. 넷째, 데살로니가후서 3:17에 나오는 개인적 친필에 대한 언급은 이 편지가 첫번째 편지라고 생각할 때 더 의미가 있다. 다섯째, 교회가 때와 시기에 대해 교훈을 받아야 할 필요가 없다는 말(살전 5:1)은 교인들이 이미 데살로니가후서 2:3이하를 읽었을 경우에 더 잘 이해가 된다. 여섯째, 후서의 종말론과 기독론이 전서의 것보다 더 원시적인 형태를 띠고 있다는 점 때문이다.

아돌프 하르낙(Adolf von Harnack)은 데살로니가후서가 본래는 데살로니가에 있는 소수의 유대인 기독교인에게 보내진 것이고 반면에 데살로니가전서는 온 교회가 읽을 수 있도록 기록된 것이라고 말함으로써 전서와 후서의 연관성을, 그리고 아울러 같은 저자에 의한 편지들임을 주장한다. 그러나 분파주의를 그렇게도 공격했던 바울(고린도 편지에서)이 교회 내의 한 그룹을 전체 교회와 하나가 되도록 권면하지 않고 그 그룹에게만 편지를 써보냄으로써 분파주의의 바람을 일으켰을 가능성은 생각하기가 어렵다.

마틴 디벨리우스(Martin Dibelius)는 전서는 교회 지도자들을 위해 기록된 것이고 후서는 온 교회 회중에게 보내진 편지라고 말함으로써 두 편지간의 연관성과 동일 저자설을 주장한다. 그러나 이런 주장은 데살로니가전서 5:27에서 "이 편지를 모든 형제들에게 읽게 하라"는 요구가 나오기 때문에 그 타당성이 없어진다. 또한 교회 지도자들을 존경하라는 충고(살전 5:12)가 교회 지도자들에게 보낸 편지 가운데서 나타나는 이유도 이해하기가 힘들다.

에드워드 슈바이처(Edward Schweizer)는 데살로니가후서가 본래 바울이 빌립보 교회에 보냈던 편지였다고 생각한다. 이 편지가 본래 데살로니가전서와 거의 같은 시기에 기록되었는데 데살로니가에서 복사되어 거기서 보존된 것이라고 한다. 슈바이처는 서머나의 감독이었던 폴리캅(Polycarp)이 그의 빌립보 편지(3:2)에서 바울이 빌립보에 보낸 편지들(복수형)을 언급하고 있는 사실을 인용하여 자기 생각을 뒷받침하고 있다. 더구나 폴리캅은 데살로니가후서 1:4와 3:15를 언급하고 있는 것으로 보인다(11:3, 4). 그러나 데살로니가후서 2:15는 이전의 편지를 받아본 사실을 암시하는데 그 편지가 빌립보 편지일 수는 없다. 왜냐하면 데살로니가후서 2:1에 나오는 "우리가 그의 앞에 함께 모이게 되는 일에 대하여"란 문구가 데살로니가전서 4:17에 나오는 비슷한 문구를 가리키기 때문이다. 따라서 전서와 후서의 연관성을 강조함으로써 후서의 바울 저작설을 주장하는 데는 여전히 문제가 남게 된다. 오히려 우리는 데살로니가후서를 전서의 저자가 기록한 것이라고 볼 수 없는 이유들을 살펴보아야만 할 것이다.

1. 전서와 후서의 차이점

(가) 종말론 이해의 차이

데살로니가전서에서는 바울이 그리스도의 임박한 재림을 강조하고 있다(4:15, 17; 5:1-5). 이것은 바울의 다른 서신들에서도 나타나고 있는 강조점이다. 바울은 다른 서신들에서도 "주가 가까왔다"(빌 4:5, 고전 7:29, 31, 롬 13:11-12)고 늘 말하고 있다. 이런 사실은 바울 서신의 경우 임박한 종말 사상이 지배적이란 뜻이다. 그러나 임박한 종말에 대한 종말론적 경향이 데살로니가후서 2:1-10에서는 반대로 뒤집어지고 있다. 주의 날이 임하기 전에 먼저 일련의 사건들이, 곧 배교하는 일, 멸망의 자식의 등장 등이 있을 것을 말함으로써 임박한 종말이 뒤로 미루어지고 있다. 따라서 재림의 지연이 후서 2장의 논쟁의 전제가 되고 있고 결국 종말은 상당히 후에 있을 것으로 언급되고 있다.

(나) 문학적 표현의 차이

후서의 어휘, 문구 및 문체에 관해서는, 전서로부터 나온 많은 단어들이 후서에 그대로 나타나고 있어 브레데(W. Wrede)와 같은 학자는 오히려 후서가 문학적으로 전서에 의존된 것이고 따라서 또 다른 익명의 저자에 의해 그렇게 기록된 것이라고 주장하고 있다. 그러나 이런 점 이외에도 후서에는 비(非) 바울적인 용어가 많이 나타나고 있다. 더구나 전형적인 바울의 문체적 특징, 가령 논박(diatribe)의 문체가 후서에는 나타나지 않는다든가 또는 반대로 전서에서는 찾아볼 수 없는 문체적 특징들이 나타나고 있는 점 등은 후서가 전서를 기록한 바울의 편지로 보기 어려운 점들이다.

(다) 신학적 이해의 차이

전서에서는 "하나님"이라고 표현한 것을 후서에서는 흔히 "주"(the Lord)로 대치하고 있다(살후 2:23, 16; 3:1, 5, 16). 데살로니가전서 1:4의 "하나님의 사랑을 받고 있는"(beloved by God)이란 문구가 "주의 사랑을 받는"(beloved by the Lord)이란 문구로 바뀌고 있는데 이런 대치는 특히 기도의 문맥 가운데서 나타나고 있는 것으로 바울 시대 이후에 나타나고 있는 예전적 용법을 반영해 주고 있다. 또한 중요한 것은 데살로니가후서에 십자가와 부활의 케리그마가 나타나지 않고 있는 점이다. 전서에서는 바울이 종말론의 주제를 밝히는 가운데서 "우리는 예수가 죽었다가 다시 사신 것을 믿는다"(4:14)고 고백하고 있다. 그런데 후서에서는 십자가와 부활의 케리그마가 하나님의 백성을 핍박하는 자에게 임할 하나님의 보복이란 구약적 교리에 가려 나타나지 못하고 있다. 또한 성령에 관한 용어도 후서에서는 별로 나타나고 있지 않다(살전 1:5, 6; 4:8; 5:19, 23, 살후 2:13). 후서 3:6-7에 나오는 권면을 살펴보면 모범적인 그리스도인의 생활상이 믿지 않는 자들에게 증거와 봉사가 된다는 바울의 사상(살전 4:12; 5:15)이 나타나지 않는다. 도리어 바울의 생활상이 본받아야 할 모범을 제시하기 위한 목적을 주고 있다는 비(非) 바울적인 사상이 나오는데(살전 1:6-7과 살후 3:7-9 비교) 후서에선 사도를 본받는다는 사상이 그가 그리스도를 섬기면서 당한 고난과 관련되는 것이 아니고 다만 그의 활동과 연관되고 있다. 이 모든 증거들을 종합해 볼 때 데살로니가후서의 바울 저작설은 받아들이기 힘들어진다.

2. 역사적 상황

우리는 이 편지 가운데서 바울 이후 공동체 안에 일어났던 여러 가지 문제점들에 대해 알 수 있게 된다. 이 공동체 안에 있던 한 집단은 어느 기독교 예언자의 지도 아래, 그리고 바울이 직접 편지를 쓰는 것처럼 하여 종말의 현존을 강조하고 있다. 데살로니가전서 2:13-16이 나중에 삽입된 것으로 보이기도 하는데 "주의 날이 임했다"고 가르치는 이 특정 집단에 의한 것으로 생각될 수도 있을 것이다. 유대적 묵시주의가 그들의 역사 해석에 작용하여 그리스도인의 고난 경험을 표현하고 있는 것으로 보인다(살전 2:14, 살후 1:4-10). 그들은 주후 70년에 있었던 예루살렘의 멸망을 하나님의 궁극적 심판의 행동으로(살전 2:16) 보았다. 만약 하나님의 진노가 이미 유대인에게 임한 것이라면 그리고 기독교인들이 이미 그들의 고통 가운데서 메시아적 재난을 경험하는 것이라면(살후 1:4) "주의 날이 임했다"(2:2)는 결론이 나올 수 있는 것이다. 이런 배경에서 이 편지는 "마음의 동요를 받아 당황해 하는"(살후 2:2) 기독교인들을 지도하기 위해 기록되었을 것이다.

두 번째 문제는 비록 저자가 분명히 밝히고 있는 것은 아니지만 종말의 현존이 가져다 준 흥분이다. 3:6-12에 보면 게으름에 대한 경고와 "일하지 않는" 자들에 대한 논쟁이 주어지고 있다. 그들을 향해 "말없이 일하여 자기 양식을 먹으라"(3:12)고 명한다. 이 게으름뱅이들이 일을 하지 않는 이유는 헬라인들 가운데서 손수 노동하는 것을 천시하는 경향이 있었기 때문이거나 혹은 하나님의 자녀가 되었다는 생각 때문에 공동체를 통해 먹고 살 권리가 있는 것처럼 생각했기 때문일 수 있다. 묵시적 흥분이 "일만 만드는 사람"으로 불리우는 이런 게으름뱅이들을 만들어냈을 수도 있다. 이런 게으름뱅이들은 주의 날이 이미 왔는데 일을 해서 무엇하는가라고 이의를 제기했을 것이다.

어떤 학자들(Marxsen, Jewett)은 데살로니가후서의 수신자들이 헬라적 영지주의의 영향에 빠진 자들이라고 생각하기도 한다. 즉 "우리의 부활은 이미 일어났다"(딤후 2:18)고 주장하는 일종의 실현된 종말론에 빠진 자들이다. 후서의 적대자들을 이렇게 영지주의와 관련시키는 해석은 정확한 것이 아닌 것으로 보이는데 그 이유는 그 편지의 주제 가운데 핍박과 묵시적 기대가 있는 것을 보아야 하기 때문이다. 적대자들은 영지주의자들이 아니라 묵시적 열광주의자들인 것처럼 보인다.

3. 구조와 내용

1:1-2, 서론적 인사말.

1:3-12, 교회가 믿음과 사랑 가운데 자라는 것에 대한 감사와 재림 및 마지막 심판에 대한 경고.

2:1-12, "재림이 벌써 이르렀다"는 교훈에 대한 경고.

1) 아직 주의 날이 이른 것은 아니다.

2) 먼저 배교자들(=불법자들, 멸망의 자식들)이 나타날 것이다.

3) 이미 그런 자들이 은밀히 활동하고 있다.

4) 그러나 그들의 활동은 억제되고 있고 결국 주의 재림 때 멸망당할 것이다.

2:13-3:5, 기독교인들이 선택받은 사실에 대한 감사.

말로나 글로 배운 교훈에 굳건히 서라는 권면.

바울이 악한 자들의 손에서 구원될 수 있도록 중재 기도를 부탁함.

3:6-15, 무질서한 생활을 하는 자들과 어울리지 말라는 경고.

주의 재림이 임박했다는 생각에서 일하지 않고 게으름을 피는 자들을 따르지 말고 바울을 본받으라는 교훈.

3:16-18, 마지막 축도와 문안.

14

갈라디아 서신

1. 갈라디아 지방

"갈라디아"란 용어는 본래 유럽으로부터 고올(Gauls)이란 큰 집단이 아시아로 이주해 들어오면서 생겨난 말이다(주전 278-277년경). 주전 232년 이후 그들의 경계가 고정되고 그들의 나라가 갈라디아로 알려지게 되었다. 이런 상태가 주전 25년까지 계속되다가 그 이후부터 갈라디아가 팽창되기 시작하였다. 이것이 이른바 옛 갈라디아(the old Galatia)이다. 옛 갈라디아의 마지막 왕은 아민타스(Amynthas)였는데 그때에 이미 옛 갈라디아 이외에 브리기아, 비시디아, 루가오니아 등이 포함되게 되었다. 그런데 주전 25년에 그가 그의 나라를 로마에 넘겨주었고 그때부터 갈라디아는 로마의 주(洲)가 되었다. 또 주후 1세기에 들어서면서 몇 개 지역이 더 첨가되어 1세기 말경엔 "갈라디아"란 말이 두 가지 의미로 사용되게 되었다. 즉 지리적으로는 고올 족이 살던 소아시아의 중앙 고원 북부 지역, 곧 옛 갈라디아를 의미하였고(Tavium, Pessinus, Ancyra가 그 주요 도시), 정치적으로는 광범한 로마의 행정 구역을 의미하였다. 이 때문에 갈라디아 편지의 수신 지역에 대해서도 논란이 생기게 되었다.

2. 수신자(受信者)

갈라디아서 1:2에서 바울은 편지의 수신자로 "갈라디아의 여러 교회에"라고 언급한다. 편지를 쓸 당시 갈라디아에는 "여러 교회들"이 있었던 것으로 보인다. 그러나 그 교회가 어떻게 생겨났는지에 대해선 갈라디아 편지 자체 안에 아무런 언급도 없다. 사도행전에선 "갈라디아 지방"을 두 번 언급하고 있는데, 한 번은 16:6에서 바울과 디모데가 "브루기아와 갈라디아 지방을 통과했다"는 것이고, 다른 하나는 18:23에서 바울이 3차 여행 초기에 "갈라디아 지방과 브루기아 지방을 차례로 다니며 모든 신도들에게 새 힘을 주었다"라는 것이다. 바울이 편지를 보낸 곳이 이 "갈라디아 지방"에 있는 교회들일까?

그러나 이 "갈라디아" 지방에 대해 두 개의 상반된 해석이 제시되고 있는데 하나는 이른바 남(南) 갈라디아설(說)이고 다른 하나는 북(北) 갈라디아설(說)이다. 먼저 남 갈라디아설은 달리 행정 구역 명칭설(the province theory)이라고도 불리우는데 비시디아와 루가오니가에 있는 안디옥, 루스드라, 더베,

이고니움 등에 있는 교회들을 염두에 두고 있다. 이 교회들은 일차 여행 때 세워졌고 2차 여행 때 다시 방문했었다(행 16:1 이하). 마찬가지로 북 갈라디아설은 달리 지역 명칭설(the territory theory)이라고도 불리우는데 갈라디아 편지의 수신자를 실제로 갈라디아 지방에서 찾고 있다. 즉 광범위한 로마의 행정구역을 염두에 두고 있는 것이 아니라 소아시아의 북부 지역인 옛 갈라디아를 생각하고 있는 것이다. 사도행전에서 이 지역 교회들에 대한 직접적인 언급이 없기는 하지만 18:23을 근거로 생각할 때 바울은 이 갈라디아 지방을 통과했고 교회 설립과 성장의 원동력을 제공했던 것으로 보인다.

우선 남 갈라디아 설(the Southern Galatian theory)을 주장하는 사람들의 주요 근거를 생각한다면 다음과 같다. 첫째로 바울이 자기가 지나다닌 지역을 말할 때 지역 명칭을 쓰기보다는 오히려 로마의 주(洲) 명칭을 쓰는 습관이 있었다. 고린도전서 16:19에서 "아시아 교회", 고린도후서 8:1에서 "마게도냐 교회"라고 말한 것도 바로 이런 그의 습관을 말해 준다. 그런데 루가오니아와 비시디아는 갈라디아 주에 속해 있다. 둘째로 갈라디아 교회에는 날 때부터 유대인이었던 사람들이 있었던 것으로 보이는데 이것은 갈라디아를 로마의 주(洲) 명칭으로 생각할 때 잘 어울린다. 왜냐하면 실제의 갈라디아 지방에는 유대인들이 별로 없었던 것으로 알려졌기 때문이다. 셋째로 사도행전 20:4에 보면 바울이 이방인들로부터 걷은 헌금을 가지고 예루살렘으로 여행할 때 동행자를 언급하면서 갈라디아 주(洲)로부터 온 기독교인들로는 "더베 사람" 가이오와 더모데만 언급하고 있을 뿐 갈라디아 지방 사람들에 대한 언급이 없다(넷째로 갈라디아 편지에서 바나바 이름이 거듭 언급되는데(2:1, 9, 13) 그는 1차 전도 여행 때 바울을 따라 안디옥, 루스드라, 이고니움, 더베 등에 갔었기에 그곳 교인들에게 잘 알려졌기 때문인 것으로 보인다. 그런데 2차 여행 때 동행했던 실라는 북 갈라디아 교회 지역을 다녔는데도 그의 이름이 언급되지 않고 있다. 이 사실은 갈라다아가 남 갈라디아에 보내진 것임을 말해 준다.

그러나 이런 주장들은 별로 효력이 없는 것으로 생각되기도 한다. 첫째로, 바울이 공식적인 행정 구역 명칭을 사용했다는 것은 사실이 아니다. 바울이 수리아를 말할 때(1:21) 예루살렘이 속한 로마의 주(洲)란 공식적 의미가 아니라 여행중에 안디옥이 있는 수리아 지방에 온 것을 말하고 있다. 갈라디아서 1:17에서 아라비아를 말할 때도 그것은 나바티안 영역을 위한 비공식적 명칭이었다. 둘째, 교회 안에 있는 유대인 기독교인들을 가리키는 것으로 보이는 본문들(3:2-3, 13-14, 23-24; 4:2, 5; 5:1)은 기독교인 전반을 말하는 것이고, 4:8; 5:2-3; 6:12-13 등을 보면 독자들의 대부분은 이방인 기독교인들이고 이것은 오히려 북 갈라디아설을 더 뒷받침해 준다. 셋째, 바울이 이방인들의 헌금을 갖고 예루살렘으로 여행할 때 동행자 중에 북 갈라디아 교인들이 없다고 말하지만, 그 경우 모든 교회 대표자들을 다 언급한 것이 아니며, 특히 고린도, 빌립보, 아가야 교회 대표들의 이름도 없다. 그밖에도 갈라디아서 4:12-15에 보면 바울이 "육체의 약함" 즉 병으로 인해 머물면서 전도하게 되었다고 말하는데, 남 갈라디아 교회 건립의 경우와는 다르다. 즉 남 갈라디아 교회는 안디옥 교회로부터 정식으로 복음을 전하도록 파송받은 교회들이다. 또 바울이 비시디아와 루가오니아 주민들을 가리켜 "오 어리석은 갈라디아 사람들이여"(3:1)라고 말했을 가능성이 없다. 로마 행정 구역에 살고 있는 사람을 가리킨 것이라기 보다는 인종적 용어로 보아야 한다. 이런 여러 가지 이유로 인해 갈라디아 편지의 수신지는 오히려 북 갈라디아, 즉 옛 갈라디아 지역에 보내진 것으로 보는 편이 더 옳을 것으로 생각된다.

3. 구조와 내용

(가) 서론(1:1-5) : 바울의 다른 편지 형태와는 다르게 수신자들에 대한 감사의 말이 없이 곧바로 자기 사도권이 하나님께로부터 온 것임을 주장하면서 자기가 옹호하려는 복음을 요약하고 있다.

(나) "다른 복음"에 대한 정죄(1:6-10) : 바울은 자기가 전해 준 복음에서 이탈하여 "다른 복음"을 따르는 독자들을 비난하면서 "다른 복음"을 전하는 교회의 교란자들을 정죄하고 있다.

(다) 사도직의 변호(1:11-2:21) : 바울은 자신의 사도직에 대한 공격으로부터 자신을 변호하고 있다.

i) 바울이 전하는 복음은 하나님께로부터 직접 온 것이다(1:11-24).

ii) 바울의 복음은 예루살렘 교회 지도자들로부터 인정받은 것이다(2:1-10).

iii) 바울이 안디옥에서 베드로의 위선적인 행동을 공격했다(2:11-21).

(라) 율법으로부터의 자유를 전하는 바울의 복음(3:1-4:31) : 의롭다함을 받는 구원은 믿음으로 말미암는 것이지 율법의 행함으로 인한 것이 아니다.

i) 이 점은 독자들의 경험으로 확인된다(3:1-6).

ii) 아브라함의 예(例)가 이 점을 분명히 증거해 준다(3:7-9).

iii) 구약성서도 믿음과 율법의 행함을 대립시킴으로써 이 점을 말해 준다(3:10-14).

iv) 아브라함에게 준 약속이 율법보다 우선한다(3:15-18).

v) 율법의 역할은 그리스도가 오시기까지의 개인 교사 역할이다(3:19-29).

vi) 기독교인은 하나님의 아들이기 때문에 자유인이다(4:1-20).

vii) 사라와 하갈의 비유를 통해 증거된 기독교인의 자유(4:21-31).

(마) 윤리적 권면(5:1-6:10) : 그리스도 안에서 누리게 된 율법으로부터의 자유를 잘 보전하고 올바로 사용하라는 바울의 윤리적 권면이다.

i) 기독교인의 자유의 의미(5:1-15).

ii) 성령의 열매와 육체의 일(5:16-26).

iii) 일반적인 권면(6:1-10).

(바) 마지막 결론(6:11-18) : 적대자들에 대한 마지막 경고와 마지막 축도.

4. 갈라디아 교회의 적대자들

갈라디아 편지가 "몰래 들어와"(2:4) 갈라디아 교회를 위협하는 그리고 교회를 혼란에 빠지게 하는 적대자들을 염두에 두고 기록한 편지인 것은 다음과 같은 본문들을 볼 때 분명하다.

"여러분이 그렇게도 속히 돌아서서 다른 복음을 따라간 데 대하여 나는 놀라지 않을 수 없습니다"(1:6).

"누구든지 여러분이 받은 복음보다 다른 것을 여러분에게 전한다면 그는 저주를 받을 것입니다"(1:9).

"몰래 들어온 거짓 형제들이 있어서 할례를 강요당할 위험이 있었던 것입니다"(2:4).

"어리석은 갈라디아 사람이여 십자가에 달라신 그리스도가 여러분의 눈 앞에 밝히 나타나 있는데 누가 여러분을 미혹시켰습니까?"(3:1).

"어찌하여 또다시 그 무력하고 유치한 원시 종교로 돌아가 또다시 그것들에게 종노릇하려고 합니까 여러분이 날과 달과 계절을 지킨다고 하니 나는 여러분을 위한 내 수고가 허사로 돌아가지나 않았나 염려됩니다"(4:9-11).

"여러분은 지금까지 잘 달려왔는데 누가 여러분을 가로막아 진리를 따라가지 못하게 했습니까?"(5:7).

"여러분을 교란시키는 사람은 그가 누구든간에 심판을 받을 것입니다"(5:10).

적대자들 곧 "거짓 형제들"(2:4)이 교회를 "교란"(1:7; 5:10)시키고 복음을 "곡해"(1:7)하였다. 그들은 교인들로 하여금 할례를 받도록 선동하고 있었으며(2:4; 5:2; 6:12-13), 율법에 대한 순종을 요구하고 있었다(3:2; 5:4). 그래서 이미 갈라디아 사람들은 축제적인 절기를 지키고 있었던 것으로 보인다(4:10). 그들은 "다른 복음"을 전할 뿐만 아니라 갈라디아 교인들의 마음을 바울에게서부터 떼어내기 위해서(4:17) 바울의 사도권까지도 부정하고 공격했던 것으로 보인다.

그렇다면 갈라디아 교회에 몰래 나타나 바울의 사도권을 부정하면서 "다른 복음"을 전한 이 적대자들은 누구인가? 이 질문을 이해하는 것이 갈라디아 편지를 이해하는 데 중요한 열쇠가 되기 때문에 이 문제는 학자들간에도 많은 논란이 있어왔다. 그 질문에 대한 학자들의 대답을 정리하면 다음과 같이 구분해 볼 수 있다.

(가) 전통적 설명에 의하면 이 적대자들이 유대주의자, 혹은 율법주의자들이라는 것이다. 제윗(R. Jewett)의 경우는 이 적대자들을 40년대 후반과 50년대 초반에 나타난 역사적 상황을 토대로 설명하고 있는데 그 상황이란 곧 로마와 전쟁을 일으키기까지에 걸친 열심당 운동, 특히 쿠마누스(Ventidius Cumanus, A.D. 48-52)가 유대 총독으로 있을 때 있었던 열심당 운동이다. 이 때 열심당원들은 유대로부터 모든 이방적 요소를 몰아내려고 했고 자연히 바울과 같이 이방인들에 동정하는 자들까지도 배척의 대상이 되었다. 이런 운동 때문에 많은 유대 기독교인들까지도 율법적 캠페인을 벌이는 데로 쏠리고 있었다는 것이다. 그러나 적대자들이 갈라디아 교인들을 세상 요소들(world elements)이나 절기들의 달력(4:10)에로 인도하고 있는 점으로 보아 바리새적 유대주의자들은 아닐 것으로 보인다. 또한 예루살렘의 유대 기독교인들도 아닐 것이다. 왜

냐하면 바울은 사도 회의에서(2:7-10) 자기의 복음에 관해 일단 합의를 보았기 때문이다. 리치만(Lietzmann)은 적대자들을 바울을 반대하는 베드로 계통의 유대주의자로 생각하나 바울이 베드로를 꾸짖었던 것은 합의를 어겼기 때문이 아니라 행동의 일관성이 없었기 때문이었기에(2:11-21) 타당성이 없어 보인다. 이 유대주의자들에 대하여 슐리어(Schlier)는 랍비적 유대교에 속한 자들이 아니라 묵시 문학적 유대교 형태에 속한 자들이라고 말한다. 다른 한편으로 스텔린(Stählin)은 영지주의적 색채를 지닌, 그러나 분명히 율법주의적인 종파적 유대 기독교인들이라고 생각한다. 넓게 말해서 이 적대자들은 유대교로부터 율법주의적 요소(할례를 포함해서)를, 그리고 거기에 영지주의와 기독교 요소를 결합한 절충주의적 집단이었을 것이다.

(나) 류트게르트(Lütgert)는 바울이 갈라디아서에서 두 전선에서 싸우고 있다고 말한다. 즉 한편으로 유대주의자들을 향해서 싸우고 있고, 다른 한편으로는 도덕적 방종주의로 빠지는 영적인 열광주의자들(spiritual enthusiasts) 혹은 율법 폐기론자들(antinomians)을 향해 싸우고 있다는 것이다. 유대주의자들은 할례를 끌어들이려고 하면서 갈라디아 교인들을 율법에 종속시키려고 했다. 이 때문에 바울은 율법으로부터의 자유를 강조하게 된 것이다. 다른 한편 영적 열광주의자들은 이미 영에 의해 구원과 자유를 얻었기 때문에 혹은 율법 폐기론자들은 그리스도께서 오심으로 율법은 끝장난 것이기 때문에 율법의 행함이나 도덕적 행동이 문제가 되지 않는다고 하여 도덕적 방종주의에 빠져들어갔다. 이 때문에 바울은 "여러분

은 자유를 위하여 부르심을 받았습니다. 그러나 그 자유를 육적인 욕정을 위한 기회로 삼지 말고 사랑으로서 종노릇하라"(5:13)고 권하면서 "육체의 일"을 정죄하고 있다. 그러나 실상 이런 윤리적 교훈은 율법을 강조하는 유대주의자들에게는 필요없는 것이었다. 슈미탈(Schmithals)같은 학자는 갈라디아서에 반(反)영지주의적 표현이 많이 나오고 또 고린도서와 많은 평행 본문이 있다고 하여 적대자들을 주로 "유대 기독교적 영지주의자들"로 보고 있다. 그러나 이런 것은 오직 한 면만을 강조하는 것으로써 전체적으로 볼 때 갈라디아서는 유대주의적 율법주의와 영지주의적인 도덕적 방종주의에 대한 공격을 목표로 하고 있는 것으로 보이며 그런 입장에서 갈라디아서를 읽을 때 보다 잘 이해될 것으로 생각된다.

5. 기록 시기와 장소

갈라디아서 4:13은 갈라디아 편지가 사도행전 18:23에 언급된 바울의 3차 전도 여행 때 갈라디아를 두 번째로 방문한 이후에 기록된 것임을 암시해 준다. 여하간 갈라디아서는 바울이 초대 교회 안에 나타난 유대주의적 영향에 대항해 싸우던 시기에 기록된 것으로, 고린도 편지, 로마서 및 빌립보서 등과 거의 같은 시기이다. 그러나 분명히 갈라디아서는 로마서보다 먼저 기록되었다. 기록 연대는 대충 바울이 3차 전도 여행 때 에베소에 도착한 이후 얼마 지나지 않은 주후 54-55년 경일 것으로 생각되며 기록 장소는 에베소일 것으로 보인다.

15

고린도전서

1. 고린도

바울이 들렀던 고린도는 본래의 고린도가 아니었다. "희랍의 광채요 장식"이라고 불리우던 옛 고린도는 로마인 루시우스 머미우스(Lucius Mummius)에 의해 파괴되었고(주전 146년) 그 후 주전 46년에 줄리어스 시저에 의해 새로운 고린도가 건설되었다. 이 새 고린도가 발전하면서 고린도는 동서(東西)를 잇는 교통의 요지가 되었고 그 규모에서 아테네에 버금가게 되었으며 어느 정도 희랍에선 가장 중요한 항구 도시가 되었다. 그래서 로마의 아가야 주(洲)의 수도가 되기도 했다. 이렇게 되자 행정적으로도 중심지가 되었고 상업적으로도 중심지가 되었다.

그러나 나중에 고린도는 방탕의 도시로 유명하게 되었는데 크리소스톰은 고린도를 가리켜 "일찍이 볼 수 없었던 가장 방탕스런 도시"라고 부르기도 했다. 어떤 사람을 가리켜 "고린도인같이 행동한다"는 말은 그가 아주 천박한, 부도덕적인 생활을 한다는 뜻으로 사용되었고, "고린도 잔치"라면 술에 취해 여자들과 함께 흥청거리는 것을 가리키기도 했다. 그 당시 고린도에는 동서양의 모든 악이 다 집중하는 것 같았다.

고린도가 이렇게 악명이 높은 도시가 된 데에는 그 나름의 이유가 있었다. 우선 고린도는 항구 도시라서 언제나 선원들이 들끓었고, 선원들의 생태상 고린도는 그들의 정욕과 죄악의 발산지가 될 수밖에 없었다. 둘째로 고린도 인구의 상당수가 노예 계급이었고, 따라서 도덕적 수준이 낮아서 주인은 노예를, 그리고 노예들은 상호간의 정욕의 만족을 위해 도덕적 타락의 길에서 방황했다. 그러나 무엇보다도 고린도 시(市)의 종교가 성적 타락의 도구가 되었다. 아프로디테 신전에는 수천 명의 직업적인 창녀들이 있었는데 그들은 사랑과 정욕의 신인 아프로디테를 섬기는 일종의 여자 제사장들이었다. 그들의 예배는 성적 부정의 예배였다. 신전에서의 이런 여자 제사장과의 성행위가 종교적 헌신으로 생각되었다. 이런 종교 때문에 간음과 같은 성적 타락이 유행하게 되었다.

2. 고린도 교회

"고린도에 하나님의 교회! 이것은 기쁘고도 놀라운 역설이다." 이 말은 벵겔(Bengel)이 그의 성서 주석에서 했던 말이다. 정말 고린도는 도덕적 시궁창이었다. 그런데 이 죄악의 소굴에 복음의 씨가 뿌려졌고 그것을 통해 교회가 생겨나 번창하게 되었다. 그야말로 교회사의 기적 중의 하나라고 말하지 않을 수 없다.

바울은 그의 2차 전도 여행중에 마게도니아로부터 아덴을 거쳐 고린도에 도착하였다. 이것이 아마도 51년경이었을 것이며 고린도에는 1년 6개월을 머물렀다. 처음에 아굴라와 브리스길라를 만나 그의 집에서 숙식하며 장막지기로서 노동을 하기도 했다. 아굴라와 브리스길라도 같은 직업을 가진 자들로서 최근에 로마로부터 내려온 사람들인데 그들은 바울의 생활과 전도를 통해 감화받고 개종하여 기독교인이 되었다. 그들과 함께 바울은 처음에 회당에서 유대인들에게 강론함으로써 전도를 시작했다. 그래서 유대인들과 개종자들이 많이 믿기 시작했다. 그러나 유대인들이 나중엔 바울의 설교를 반대하여 바울은 디도 유스도의 집을 집회소로 삼아 활동했다(행 18:1-11). 고린도 교회의 처음 주역들은 회당장이었던 그리스보(행 18:2-8), 디도 유스도, 아굴라, 브리스길라, 글로에, 스데바나, 가이오, 에라스도 등이며, 교인의 대부분은 주로 가난하고 무식한 사람, 노예 계급이었을 것으로 보인다.

3. 기록 동기

고린도를 떠난 후 바울은 에베소에 와 있었는데 고린도로부터 에베소에 온 글로에를 통해(1:1) 고린도 교회 현상에 대한 보고를 듣게 되었다. 교회 안에 타락한 사람들이 많다는 것과 부정한 생활을 하는 사람의 수가 점차로 늘고 있다는 소식이었다. 바울로 하여금 편지를 쓰게 했던 고린도 교회의 주요 문제들은 다음과 같은 것들이었다.

첫째로, 교인들 가운데 파벌이 생겼다. 고린도 교회에는 바울파, 아볼로파, 게바파, 그리스도파 등 네 개의 파벌이 생겼다.

둘째로, 교인들간의 의견 대립으로 싸움이 생기고 급기야 세상 법정에 고소하는 일까지 생겼다. 세상을 심판해야 될 기독교인이 세상에게 심판해 달라고 하는 것은 자존심이 상하는 일일 뿐 아니라 기독교인들은 서로 싸우는 사람들이란 나쁜 인상을 세상에 주는 것이기도 했다.

셋째로, 성적인 방종과 타락이 성행하였다. 어떤 사람은 어미와 간음하는 자도 있었고 교회가 그것을 묵인하는 경향도 있었다(5:1 이하).

넷째로, 고린도인 가운데 술취하는 자가 많았고 애찬(love feast)에서 조차 취하는 자가 많았다. 애찬에 부자는 먹을 것을 많이, 가난한 자는 적게 가져옴으로써 교만과 외식이 싹텄다.

다섯째로, 교회 안에 종교적 흥분과 광신주의가 성행했다. 질서와 덕을 세우기 위한 설교가 있어야 할 교회 안에 소란과 무질서가 생겼다. 영적 은사의 우위성에 대한 토론으로 서로 반목하게 되었고, 방언 등으로 인해 예배 질서가 파괴되곤 하였다. 특히 방언을 최고의 은사로 오해하는 경향도 있었다.

여섯째로, 부활이 없다고 생각하는 자들이 있었다. 부활을 과거의 것으로만 회상하지 결코 장래의 부활을 전망하거나 기대하지 않았다. 오직 영적 부활만을 생각하는 풍조가 있었다.

이상의 소식들 이외에 고린도 교인들이 바울에게 편지를 써보내(7:1, "여러분이 적어보낸 것에…") 여러 가지 질문을 해왔다. 바울은 그들의 그런 질문에 대해 대답해 줄 필요가 있었는데, 아마도 그들의 질문은 다음과 같은 것들이었을 것이다.

첫째로, 기독교인들이 결혼하는 것이 좋은가 독신이 좋은가? 홀아비나 과부가 다시 결혼해야 될지? 기독교인이 이방인과 결혼해야 되는지? 등등. 또 이미 기독교인이 이방인과 결혼했는데 그 이방인 배우자가 끝내 개종하지 않을 때, 이혼해야 할지 아니면 계속 그대로 살아야 하는지 등등.

둘째로, 주인과 종과의 관계는 어떠해야 하는지? 기독교인인 종이 이방인인 주인을 섬길 수 있는지? 그가 기독교인으로 있으면서 주인과의 관계를 계속할 수 있는지? 또 기독교인인 주인이 기독교인인 종에 대해서는 어떻게 해야 되는 것인지 등등.

셋째로, 우상의 제물에 대해선 그것을 먹어야 할 것인지? 우상에게 제물을 드리는 것은 나쁘지만 그것을 먹는 것도 나쁜지? 우상 제물이 시장에서 그대로 팔리고 있는데 그것을 사는 것도 나쁜지? 공동의 잔치에 우상 제물이 나오면 기독교인은 그 잔치에 참석하지 말아야 하는지? 그렇다면 식사 초대를 받았을 경우 사전에 꼭 우상 제물 여부를 확인하는 일은 어렵지 않은가?

넷째로, 예배 참석 때의 복장 문제, 특히 머리에 수건을 써야 되는지의 문제도 있었다. 유대인들의 습관은 회당 안에서 그 머리를 덮는 것인데, 헬라인들은 신전에 들어갈 때 모자나 수건을 벗고 들어가는 것이 습관이었다. 그렇다면 기독교인은 어느 습관을 따라야 되는 것인지? 이렇게 바울은 고린도 교인들이 "적어 보낸 여러 가지 문제에 대하여"(7:1) 말해 주어야 했기에 펜을 잡아 고린도 편지를 쓰게 되었다.

4. 내용

전반부 : 바울에게 보고된 문제들

(가) 교회 내의 분열(1:1-4:21) : 교회 안에 분열을 조장하는 자들은 그리스도가 나뉘지 않았음을 명심해야 한다.

(나) 성적인 죄악(5:1-13) : 고린도가 성적 부도덕으로 유명했는데, 교회까지 그 영향에 빠져들었다. 기독교인의 몸은 성령의 전이며 따라서 성적 부도덕을 범하는 것은 내재하는 성령을 모독하는 것이다.

(다) 세상 법정에의 소송(6:1-11) : 기독교인이 세상을 심판해야지 기독교인이 세상 법정의 심판을 받을 수 없다. 따라서 기독교인은 그들의 문제를 법정에 가지고 가기 전에 스스로 해결해야 한다.

(라) "모든 것이 가하다"는 주장(6:12-20) : 고린도의 열광주의자들은 영적 인간이 되었기에 육체와는 상관이 없다하여 극단적인 방탕에 빠졌다. 바울은 그들에게 도덕적 영성(靈性)을 강력히 요구했다.

후반부 : 고린도인이 제기한 질문들

(가) 결혼과 독신(7:1-40) : 바울은 임박한 세계 종말의 기대 속에서 현재 상태 그대로, 하나님이 주신 본분대로 살아가도록 가르친다.

(나) 우상 숭배 문제(8:1-11:1) : 기독교인의 자유가 기독교인의 책임과 무관하게 행사되어서는 안 된다.

(다) 기독교 예배 규정(11:2-34) : 여인은 예배중에 머리에 수건을 써야 하며, 성만찬은 거룩하게 그리고 합당하게 가져야 한다.

(라) 성령의 은사(12:1-14:40) : 은사 중의 으뜸은 사랑이며, 모든 은사는 교회에 덕이 되어야 한다.

(마) 죽은 자의 미래 부활(15:1-58) : 세례 받을 때 이미 부활했다는 주장이나 영혼의 불멸만을 주장하는 것에 대해 미래의 몸의 부활을 가르친다.

5. 주요 특징

(가) 초대 교회 내의 형편에 대한 상세한 설명을 제시해 주고 있다. 이 점에서 고린도전서는 초대 교회 사정을 알아보기 위한 아주 귀중한 자료이다. 실제적인 교회 생활, 특히 기독교가 이방 문화권의 토양에 발붙이면서 생겨나는 여러 가지 문제들에 대한 직접적인 자료를 제공해 주는 일급 자료는 이 서신 이외에는 없다고 말해도 과언이 아니다.

(나) 실제적인 지혜를 가르치고 있다. 로마서를 신학적 혹

은 교리적 서신이라고 말할 수 있다면 고린도전서는 무엇보다도 실제적, 혹은 실천적 서신이다. 이 서신에서 문제가 되고 있는 것은 율법, 칭의, 구원 등과 같은 교리적인 것이 아니라, 주로 사랑, 순결, 양심, 절제 등과 같은 아주 실제적이고도 윤리적인 것들이다.

(다) 목회적인 교훈을 제시해 주고 있다. 워렌(Warren) 감독은 "이 서신만큼 현대 목회자들이 주의깊게 연구해야 될 서신은 없다고 말했다. 또 어떤 학자는 고린도전서와 후서를 바울 서신들 중 가장 목회적인 서신이라고 불렀다. 물론 교회의 활동이나 제도, 기구 등을 알아보기 위해선 현재 목회 서신으로 알려진 디모데서와 디도서를 읽어야 하겠지만, 목회자와 교인간의 구체적인 문제들, 심오한 목회의 원리들, 사도 권위의 본질과 사도의 직무 등에 관한 지식을 얻기 위해선 무엇보다도 고린도 편지가 1차적인 자료가 될 것이다.

6. 기록 장소와 시기

고린도전서의 기록 장소는 바울 자신이 밝히고 있는 것으로 생각된다. 16:19에서 바울은 "아시아의 교회들이 너희에게 문안하고 아굴라와 브리스길라와 및 그 집에 있는 교회가 너희에게 문안하고…"라고 말하는 것으로 미루어 보아 고린도전서는 분명히 소아시아에서 기록된 것이다. 그런데 소아시아에서 바울의 선교 중심지가 되었던 곳이 에베소이며, 아굴라와 브리스길라의 집이 있던 곳이 에베소이다. 또한 바울은 16:8에서 다시 "내가 오순절까지 에베소에 유하려 한다"고 말하기도 한다. 이런 점들은 기록 장소가 에베소임을 밝혀주고 있다.

다음으로 편지를 기록한 시기는 바울의 생애 중 에베소에 머물던 때가 언제인가에 따라 결정된다. 그런데 바울이 에베소에 방문했던 것이 두 번으로 알려지고 있다. 한 번은 고린도 교회를 설립한 후에 잠깐 방문했던 때이고(a brief visit, 행 18:18-21), 다른 한 번은 3년이나(행 20:31) 머물 정도로 오랜 기간 방문했던 때이다(a longer visit, 행 19장). 고린도전서는 바울이 에베소에 3년 동안 머무르던 시기의 마지막 해에 기록되었을 것으로 보이며, 그 해는 대략 54년 혹은 55년경이었을 것으로 보인다.

16

고린도후서

1. 고린도후서의 성격

고린도후서는 바울의 서신들 중 가장 자서전적인 서신이라고 알려졌다. 휜들리(Findlay)는 고린도후서를 가리켜 바울이 "자신을 위해 제시한 변증론"(apologia pro vita sua)이라고 말했으며 또한 "고린도후서는 엄밀히 말해서 교리적이거나 실제적인 것이 없이 아주 개인적인 서신으로서 설명과 변호와 반대와 호소와 질책과 악담과 위협으로 구성되어 있다"고 했다. 이런 점에서 고린도후서는 다른 바울 서신들과 많이 다르며 특히 고린도전서와도 많은 차이점을 주고 있다.

고린도전서와 고린도후서 간의 차이점은 일반적으로 다음과 같은 말로 지적되었다. 첫째로, 슈미델(Schmiedel)의 표현을 따르자면 "고린도전서에서 고린도후서로 들어가면 마치 마구 차단되기는 했어도 쉽사리 길을 분간할 수 있는 공원으로부터 길도 없고 인적도 없는 수풀 속으로 들어서는 것 같다." 고린도전서에선 사상과 주제의 구분이 분명하고 한 부분과 다른 부분의 구별이 명확하다. 그런데 고린도후서에선 감정이 뒤범벅되어 있고 격한 열정이 혼합되어 있어 실제로 밀림을 방불케 한다. 둘째로, 고린도전서에선 여러 교회들이 분별있게 순서를 따라 기록되어 있어 "질서"(cosmos)를 볼 수 있다면 고린도후서에선 "혼돈"(chaos)을 볼 수 있을 뿐이다. 셋째로, 고린도전서가 바울 서신들 중 가장 체제적(the most systematic)인 서신이라면 고린도후서는 가장 체계가 없는(the least systematic) 서신이라고 말할 수 있다. 넷째로, 고린도전서에서는 초대 교회의 내분 역사가 다루어지고 있는 반면에 고린도후서에서는 사도 바울 자신의 내부 감정과 성격이 나타나고 있다. 따라서 고린도전서에서는 우리가 초대 교회를 알게 되지만, 고린도후서에서는 초대 교회의 위대한 사도를 알게 된다.

2. 고린도후서의 통일성

바울이 고린도 교회에 보낸 편지가 오직 두 개의 편지 즉 고린도전서와 후서로 나누어 두 번 보낸 것은 아니었던 것으로 생각된다. 고린도전서 5:9에서 바울이 "내가 먼저 쓴 것에…"라고 말한 것으로 보아 분명히 고린도전서를 써보내기 전에 먼저 써보낸 편지가 있었다. 학자들은 이것을 "이전 편지"(the previous letter)라고 부른다(어떤 학자들은 고전 5:9에서 먼저 쓴 글에서 음행 문제를 다루었다고 언급하는 것으로 보아 그 내용이 아마도 고후 6:14-7:1이었을 것이라고 추측하기도 한다. 실제로 고후 6:14-7:1은 앞뒤의 연결이 잘 안 되는 삽입 부분인 것처럼 보인다). 바울은 이 "이전 편지"를 먼저 써보낸 후 고린도 교회들로부터 답장을 받았던 것으로 보인다. 고린도 교인들은 바울에게 답신을 보내면서 여러 가지 교회 내의 문제들에 관해 질문을 해왔던 것으로 생각된다(고전 7:1, "너희의 쓴 말에 대하여는…"). 이런 여러 질문들에 대한 바울의 답장이 지금의 고린도전서였을 것으로 보인다. 그리고 그 후 바울은 고린도 교인들이 자신의 교훈을 따르지 않고 오히려 거짓 사도들을 따르는 것에 격분하여 "혹독한 편지"(the severe letter) 혹은 "괴로움의 편지"(the painful letter) 또는 "눈물의 편지"(the tearful letter)를 써보냈는데(고후 7:8; 2:4, 9에 언급된) 이는 지금의 고린도후서 10-13장이었을 것으로 생각된다. 그리고 나중에 고린도후서 즉 "이전 편지"와 "혹독한 편지"를 제외한 나머지 내용이 고린도 교회에 다시 보내진 것으로 보인다. 이렇게 생각한다면 고린도전서는 비교적 그 통일성이 인정되고 있는데, 고린도후서는 여러 편지들의 수집으로 보인다. 적어도 3개의 편지가 결합되어 보전된 것처럼 여겨진다.

실제로 고린도후서는 전체가 하나의 편지였던 것은 아니라고 생각된다. 바울이 고린도 교회에 보냈던 여러 편지들의 단편들을 모아놓은 수집록이다. 1세기 말경에 이르러 사도 바울의 편지가 수집되어 전달되는 과정에서 서로 결합된 것으로 생각된다. 아마도 이런 편지들은 바울이 주후 56년경 에베소에 머물면서 고린도전서를 기록한 직후에 일정한 기간에 걸쳐 기록했던 것으로 보인다. 학자들 중에는 고린도후서가 다음과 같이 6개의 편지의 수집이라고 말하기도 한다.

(가) 새로운 적대자들을 향한 바울의 첫 번째 변호 편지(2:14-6:13; 7:2-4).

이 편지는 전에 일하던 교회들로부터 추천서를 갖고 고린도에 와서 갑자기 권위의 자리에 오른 적대자들을 향해서 바울이 자기 자신과 자신의 권위를 변호하기 위해 기록한 편지의 일부이다. 바울은 그들을 가리켜 "하나님의 말씀에 잡것을 섞어 장사하는 사람"(2:1)이라고 부르면서 그리스도를 위한 참된 일꾼들의 겸손을 감동적으로 설명한다.

(나) "괴로움의 편지"(10:1-13:14).

바울의 첫 번째 변호 편지는 별다른 성과를 보지 못했던 것으로 보인다. 그래서 바울이 직접 고린도를 방문하였으나 이미 고린도 교회는 공공연히 바울을 배반하고 있었다. 어떤 적대자는 공개적으로 바울을 면박하기도 했다(2:5; 7:12). 바울은 에베소로 돌아와 "큰 괴로움과 걱정에 눌리는 마음으로 많은 눈물을 흘리면서"(2:4) 고린도 교회에 또다시 편지를 썼다. 이 편지를 가리켜 전통적으로 "괴로움의 편지" 혹은 "눈물의 편지"라고 부른다.

(다) 화해의 편지(1:1-2:13; 7:5-16).

바울이 디도의 손에 의해 "괴로움의 편지"를 고린도 교회에 보냈는데 디도로 하여금 그 곳의 상황을 회복시키도록 했던 것 같다. 편지와 디도의 방문은 성공적이었다. 고린도 교인들은 자기들이 사도 바울에게 행했던 일을 깨닫고는 크게 뉘우쳤던 것으로 생각된다. 그래서 바울은 자신과 고린도 교회간의 관계가 다시 회복된 것을 기뻐하는 편지를 썼다.

(라) 디도를 위한 추천의 편지(8:1-24).

이 편지는 바울이 예루살렘 성도들을 위한 모금의 책임자로 디도를 추천한 편지의 일부이다. 이 편지가 고린도 교회에 보내졌던 다른 편지들과 어떤 관계가 있는지를 알아낼 도리는 없다.

(마) 예루살렘 성도들을 위한 모금에 관한 편지(9:1-15).

이 편지는 바울이 예루살렘 성도들을 위한 모금에 관해 써 보낸 편지이다. 여기서도 이 편지가 고린도 교회에 보내졌던 다른 편지들과 어떤 관련이 있는지를 정확히 밝혀낼 길은 없다.

(바) 바울의 것이 아닌 단편적 편지(6:14-7:1).

사상이나 어휘로 보아 이 편지가 바울의 손에 의해 기록된 것 같지는 않다. 오히려 이 부분의 내용은 쿰란 공동체에 독특한 사상의 영향을 반영해 주고 있다. 이 편지가 어떻게 해서 고린도 교회에 보낸 바울의 편지 수집록에 포함되게 되었는지 전혀 알 길이 없다.

3. 적대자들

1914년 레이크(K. Lake)는 고린도후서에 나타난 바울의 적대자가 고린도전서에서 만났던 적대자와 다르다고 주장했었다. 그에 의하면 바울은 고린도전서에서는 유대화하려는 자들을 염두에 두고 있었던 반면에, 고린도후서에서는 비(非)유대적인, 알레고리화하는 경향의 영지주의자(pneumatics)를 상대하고 있다는 것이다. 그런데 최근에 와서 많은 학자들은 고린도전서에서 만난 바울의 적대자들이 영지주의자들이었다고 말한다. 그러나 대부분의 학자들은 고린도후서에서 바울이 만났던 적대자들은 다른 사람들이라고 생각한다. 케제만(E. Käsemann)은 고린도후서에서 바울이 더 이상 도덕적 방종주의와 다투고 있지 않다는 점을 근거로 바울의 적대자들이 영지주의자는 아니라고 주장한다. 그런데 최근에 지오르기(D. Georgi)는 2:14-7:4와 10-13장에서 바울이 말한 내용을 근거로 고린도후서에 나타난 바울의 적대자들의 특성을 밝히고 있다. 그에 의하면 적대자들은 팔레스틴에서 고린도로 내려온 전도자들이다. 그러나 그들은 갈라디아에 나타났던 유대주의자들과는 달랐다. 그들은 자신들을 초인(超人, superman), 신적 인간(heavenly man), 아브라함의 자손, 가장 훌륭한 히브리인들로 생각했다. 그들은 자기들이 다른 사람들을 자기들과 같은 초인(超人)이나 신적 인간으로 만들 수 있는 능력을 갖고 있다고 생각했다. 이런 내용들은 주로 바울이 고린도후서 11:5이하에서 "위대하다고 하는 사도들"에 대해 말한 것으로부터 생각해 낼 수 있다. 그들은 구약성서를 알레고리화했으며 성령의 은사 가운데서 최고의 지혜를 갖고 있다고 생각했다(고후 3:15-16에 보면 그들은 구약성서로부터 베일을 제거했다). 그들은 그리스도를 신적 인간의 최고 표본으로 생각했고 그의 인간성을 경신했던 것으로 보인다. 그리스도는 그의 죽음 이전이나 이후나 다 "신적" 존재이기에 그의 죽음은 아무런 의미도 없는 것이었다. 그들은 오직 그들 자신의 성공과 부귀를 전도자로서의 능력에 대한 증거로 생각할 뿐 고난이나 희생은 소용없는 것으로 여겼다. 바울은 이런 교만한 자들을 공격하였고, 주님이 그들보다 훨씬 중요함을 강조했다. 그는 예수의 죽음과 기독교 전도자들의 고난을 강조하였다.

4. 바울의 개인적 변증

고린도후서를 가리켜 바울이 "자신을 위해 제시한 변증론"이라고 말했었는데 실제로 여기에서는 바울이 받았던 여러 가지 비방과 거기에 대한 바울 자신의 대답이 그 주제와 내용을 이루고 있는 것으로 보인다. 그리고 우리는 편지의 내용으로 미루어 바울이 받았던 비방과 공격은 주로 다음과 같은 것들이었으리라 생각해 볼 수 있다.

(가) 바울의 개인적 외모에 대한 공격.

고린도후서 10:10에서 "저희 말이 그 편지들은 중하고 힘이 있으나 그 몸으로 대할 때는 약하고 말이 시원치 않다하니…"라고 말한 데서 엿보인다. 그러나 바울은 인간을 외모로 판단하지 말고 그의 정신과 생활로 판단하라고 응수한다. 그래서 "너희는 외모만 보는도다"(고후 10:7). 또는 "너희는 마음으로 하지 않고 외모로 자랑하는 자"(고후 5:12)라고 말하고 있다. 바울에 의하면 "사탄 자신도 빛의 천사로 가장하나니"(고후 11:4) 외모로 사람을 보는 것은 올바른 판단이 아니다.

(나) 바울의 말에 대한 공격.

바울의 외모를 가지고 바울을 공격했던 자들은 바울의 언변이 별것 없다고 그의 말에 대한 비방도 서슴지 않았던 것으로 보인다. 고린도후서 10:10에서 "저희 말이……말이 시원치 않다하니……"에서 그런 비방을 짐작할 수 있는데 이 점에 대해서는 바울 자신도 "내가 비록 말에는 졸하나……"(고후 11:6)라고 겸손히 수긍하고 있다. 그러나 바울이 "내가 너희에게 증거할 때에 말과 지혜의 아름다운 것으로 하지 아니하였나니……다만 성령의 나타남과 능력으로 하여…"(고전 2:1, 4)라고 말하는 점으로 보아 사람의 말 솜씨가 능한 것이 오히려 성령의 능력을 가리우는 것이라고 생각하여 오히려 자신의 말이 능숙치 못한 것이 하나님의 능력을 나타내는 계기로 생각했던 것 같다.

(다) 바울의 권위에 대한 공격.

바울이 다른 곳에서도 자신의 사도권에 대한 공격을 받았었는데, 고린도에서도 마찬가지였던 것 같다. 바울을 비방하는 자들은 바울이 보잘것없는 사람(고후 1:11)이며 또 육신의 예수를 보지도 못한 자였다(고후 5:16)고 말하면서 예루살렘에 있는 사도들로부터의 추천장도 없는 자(고후 3:1-3)라고 공격했던 것으로 보인다. 바울이 때로는 자기가 "달이 차지 못해서 난 자와 같다"(고전 15:8)고, 그리고 "사실 나는 사도라고 불릴 만한 자격도 없습니다"(고전 15:9)라고 겸손히 자신을 낮추기도 했으나 여기서는 육신의 예수를 본 것보다는 오히려 하늘의 그리스도를 보는 것이 더 중요하다고(고후 5:16f), 그리고 자기는 저 위대하다는 사도들보다 조금도 못할 것이 없다

(고후 11:5)고 적극적으로 응수하고 있다. 자기는 그리스도의 복음을 위해 그 누구보다도 더 많은 수고를 한 자이기 때문이다.

(라) 바울의 교훈에 대한 공격.

바울을 비방하는 자들은 바울의 교훈에 대해서도 공격했던 것으로 보인다. 바울이 자기의 사도권에 대해 지나치게 옹호함으로써 오히려 적대자들로부터는 바울이 그리스도를 전하는 것이 아니라 자기 자신을 전하고 있다는 오해와 비방을 받을 수도 있었다(고후 4:5). 또 바울이 율법의 행함이 아니라 오직 믿음으로만 의롭다함을 받는다고 강조했을 때 그것이 오히려 "하나님의 말씀을 혼잡케"(고후 4:2)하는 것이고 복음이 가리워진 것이라(고후 4:3)는 오해를 불러일으킬 수도 있었다. 그러나 바울은 비록 자기가 전하는 것이 "신비로운 하나님의 지혜"이고 "감추인 지혜"(고전 2:7)이기는 하지만 자기는 "다른 많은 사람처럼 하나님의 말씀에 잡것을 섞어 장사하는 사람이 아니며"(고후 2:17) "하나님의 말씀을 혼잡케 하지도 않으며"(고후 4:2) "자신을 전파하는 것이 아니라 오직 그리스도 예수의 주되신 것을 전파할 뿐"(고후 4:5)이라고 응수한다. 이런 모든 점들로 보아서 고린도후서는 바울이 자신을 위해 변호한 개인적 변증이라고 불리울 만하다.

5. 기록 시기와 장소

바울이 기록한 어떤 편지의 기록 시기를 정한다는 문제는 언제나 바울의 활동과 연대기에 대한 문제와 연관될 수밖에 없다. 그런데 고린도후서의 경우는 여러 단편적 편지들의 수집록으로 보이기 때문에 고린도후서 전체의 기록 시기를 정하는 데 어려움이 따르기도 한다. 그러나 우리가 고린도전서의 기록 시기를 대충 54-55년경으로 생각한것을 옳다고 가정할 경우 고린도전서 5:9에 언급된 "이전 서신"(흔히 고후 6:14-7:1과 동일한 내용인 것으로 생각됨)은 54년에 고린도전서와 마찬가지로 에베소에서 기록되었을 것으로 보인다. 그리고 고린도후서 10-13장에 나오는 소위 "혹독한 편지" 또는 "눈물의 편지"도 에베소에서 55년경에 기록되었을 것으로 생각된다. 또한 고린도후서 1:1-6:13; 7:2-9:15; 13:14에서 볼 수 있는 "감사의 편지"는 바울이 마게도니아에서 디도와 다시 결합한 직후에 아마도 55년 가을이나 겨울에 기록되었을 것으로 생각된다.

17

로마 서신

1. 로마 교회

바울이 로마 서신을 보낸 곳은 로마에 있는 기독교 신앙 공동체였다. 그런데 이 로마 교회는 어떻게 생겨나게 되었는가? 누가 언제 어떻게 세운 교회인가? 바울 자신은 이 편지 안에서 자기는 아직 로마에 가본 적이 없다고 말한다. 따라서 이 편지는 바울이 자기가 방문해 보지 못한, 그리고 물론 자기가 세우지도 않은 교회에 써보낸 편지인 셈이다. 그가 복음을 들고 온 로마 제국을 주름잡던 위대한 전도자이기는 했지만, 또 그가 여러 번 로마를 직접 방문해 보고자 했지만, 그래서 로마를 거점으로 삼아 서쪽으로 서바나(=스페인)까지 복음을 전파하려고 했었지만(롬 15:23, 28) 아직 로마에까지 가보지는 못했었다. 분명히 바울은 로마 교회의 설립과 아무런 관련이 없었다.

우리가 아는 한, 바울의 전도 여행에 동행했던 사람 중의 하나가 바울의 지시에 따라 또는 그의 권위를 위임 받아 교회를 설립했다는 아무런 증거도 없다.

그런데 로마 가톨릭 교회의 주장에 의하면 사도 베드로가 세계의 중심지인 로마에, 가이사 황제의 도시인 로마에 교회를 처음 세웠다고 한다. 또 그 주장에 따르면 베드로는 클라디우스(Cladius) 황제가 통치하던 시기에 로마에 왔다고 한다. 그러나 이 전승의 권위는 너무나 불확실하여 오늘날 많은 개신교회들은 이 주장을 전혀 고려하고 있지 않다. 더구나 바울은 다른 사람들이 복음의 씨를 뿌린 곳에는 들어가지 않겠다고 말했고(롬 15:20, "내가 그리스도의 이름을 부르는 곳에는 복음을 전하지 않기로 힘썼노니 이는 남의 터 위에 건축하지 아니하려 함이라") 또 로마 교회가 어느 정도 바울의 영향 아래 있었던 점으로 보아 베드로가 이미 로마에 교회를 설립했을 가능성은 별로 없다. 더구나 로마서 전반에 걸쳐 베드로에 대한 언급과 그의 영향이 나타나지 않는 점과 또 후대에 바울이 옥에서 기록한 서신들에서도 베드로에 대한 암시가 전혀 없는 점으로 보아 베드로가 로마에 들어가 교회를 설립하고 영향력을 발휘했다고 믿기 어렵다.

그렇다면, 바울도 아니고 베드로도 아니라면 로마 교회는 누가 어떻게 설립한 교회인가? 그 당시 로마의 길("모든 길은 로마로 통한다")은 복음 전도와 여행에 큰 도움과 유익을 주었다. 본도 출신이었던 아굴라와 브리스가도 "장막지기"로서 로마에 있다가 고린도에 갔었고 다시 에베소를 들려 로마에 왔으며, 또 예루살렘, 갈릴리, 소아시아로부터 많은 사람들이 로마로 몰려들기도 했다. 당시 로마는 세계적인 도시였다. 이 도시로 몰려드는 많은 사람들 중에 기독교인 이민자들도 상당히 있었을 것이다. 맨 처음에 로마의 신앙 공동체는 이런 사람들에 의해 자생적으로 만들어졌을 것으로 보인다. 특히 오순절에 예루살렘에 참석하여 성령 충만을 받고 나서 다시 로마에 돌아온 "로마로부터 온 나그네 곧 유대인과 유대교로 들어온 사람들"(행 2:10)이 그런 사람들 중의 일부였을 것이다.

그러나 로마 교회가 그 당시 완전히 조직된 교회의 형태를 갖추고 있지는 않았던 것으로 보인다. 다만 믿는 기독교인들의 작은 그룹이 여럿 있었을 뿐인 것으로 생각된다. 바울이 다른 서신들을 보낼 때는 분명히 어느 지역에 있는 하나님의 "교회에게"라고 수신자를 밝혔는데(가령 고전, 고후, 갈, 살전, 살후) 로마 서신에 보면 "로마에 있어 하나님의 사랑하심을 입고 성도로 부르심을 입은 모든 자에게"(1:7) 편지를 보내고 있다. 이 말은 곧 로마 교회가 아직 교회다운 모습과 형태를 갖지 못한 상태로 있었다는 뜻이다. 그런데 로마서 16장에 의하면(비록 16장의 진정성의 문제가 있기는 하지만) 신자들의 여러 그룹들이 언급되고 있으며, 또 이름을 거론해 가며 문안을 하면서 "저의 교회에게도 문안하라"(16:5)는 말이 있는 점을 감안한다면, 로마 교회는 권속들을 중심으로 모이는 여러 "그룹 교회" 혹은 "가정 교회"(house church)의 형태였을 것으로 생각된다(16:10, 11, 14, 15 등).

그런데 로마서 자체를 살펴보면 로마 교회엔 유대인들도 이방인들도 있었다. 2:17-24에선 바울이 직접 유대인을 상대로 말하고 있다. 4:1에선 "육신으로 우리 조상된 아브라함"이라고 말하고 있고, 7:1에선 "내가 법을 아는 자들에게 말하노라" 고 한다. 로마서의 대부분이 모세의 율법과 하나님의 백성인 이스라엘을 다루고 있는 것으로 보아 유대인에 대한 깊은 관심을 표명하고 있는 것이 분명하다. 또 구약성서의 권위를 인정하여 자주 인용하는 것으로 보아 로마 교회에는 상당한 수의 유대인이 있었다. 그리고 바울이 유대인을 염두에 두고 기록한 것으로 보이는 내용이 여러 군데 있다.

그러나 다른 한편으로 로마 교회엔 이방인들도 많이 있었다. 바울의 문안의 말에 보면 많은 로마인과 이방인이 언급되고 있다(1:5-7). 1:13에서도 "너희 중에서도 다른 이방인에서와 같이 열매를 맺으려 하며……헬라인이나 야만인에게 내가 빚진 자"라고, 또 11:13에서는 "내가 이방인인 너희에게 말하노라"고 말하고 있다. 또 "내가 이방인의 사도인 만큼 내 직분을 영광스럽게 여기노라"고 말한다. 결국 로마서에선 바울이 유대인을 상대하기도 했고, 이방인을 대상으로 하기도 했다. 실제로 로마 교회엔 유대인들도 적지 않았고 이방인들도 많았다. 그러나 전체적으로 이방인의 수가 더 많았으며 유대인들은 영향력 있는 소수로 남아 있었던 것으로 생각된다.

2. 로마 서신의 통일성 문제

로마서에 관한 한, 진정성 문제는 별로 제기된 바가 없다. 그러나 통일성 문제에 관해서는 적지 않은 논란이 있어왔는데 주로 서신의 결말 부분과 관련해서 제기된 논란들이다.

(1) 마지막 송영 부분(16:25-27)이 후대에 첨가된 것이라는 의문.

(2) 16장의 나머지 부분이 로마보다는 오히려 에베소에 보내진 독립된 편지일 것이라는 의문.

(3) 초기에는 14장으로 끝난 편지의 사본들이 회람되었다는 증거가 많다는 점 등이 그 대표적인 것들이다.

우선 로마서 마지막 부분인 송영의 문제와 어휘가 바울의 것이 아니다. 그래서 실제로 많은 학자들은 그 송영이 바울의 손에서 나온 것이 아니라는 점에 의견을 같이 하고 있다. 바울의 편지들을 맨 먼저 수집했을 때 로마서가 맨 마지막에 수집되어 편집되면서 바울 서신의 전체 수집록 결론으로 이 송영이 별도로 첨가되었을 것이라고 생각되었다. 문구나 어조는 오히려 목회 서신을 상기시켜 주고 있다. 이런 의문점은 많은 사본들 가운에서 이 송영 부분이 여러 다른 곳에서 발견되고 있는 점에 의해 더욱 가중되고 있다. 어떤 사본들에선 아예 이 송영이 나타나고 있지도 않으며 많은 사본들에선 이 송영이 14장 끝에 붙어 있다. 그런가 하면 이 송영이 가장 고대 사본인 체스터 비티 파피루스(Chester Beatty Papyrus P^6)에서는 15장 끝에 첨가되어 있기도 하다. 따라서 로마서의 사본 증거로는 다음과 같은 형태로 로마서가 전해진 셈이다.

(1) 1:1-14:23; 15:1-16:23, 16:25-27.

(2) 1:1-14:23; 16:25-27; 15:l-16:23; 16:25-27.

(3) 1:1-14:23; 16:25-27; 15:1-16:24.

(4) 1:1-14:23; 15:1-16:24.

(5) 1:1-14:23; 16:24-27.

(6) 1:1-15:33; 16:25-27; 16:1-23.

15장이 나타나지 않는 사본들이 간혹 있지만 15장이 로마서의 일부라는 데 대해서는 의심할 여지가 거의 없다. 분명히 15:1-6은 아무런 무리가 없이 14장의 사상을 계속하고 있으며 "믿음이 약한 자"(14:1)를 어떻게 대하여야 할 것인지에 관한 논의를 종결짓고 있다. 내용 자체나 문체가 모두 사도 바울의 것이란 점에서 의심의 여지가 없다.

그러나 16장 문제는 다르다. 로마서는 51장에서 자연스럽게 끝나고 있으며, 또 15:33절에서 간단한 축복의 말이 나온다. 뵈뵈란 여집사를 추천하는 16장의 첫 부분은 당연히 바울이 뵈뵈를 알고 있는 교회에 보내는 것이지 그를 전혀 모르고 있는 교회에 써보낸 것일 수가 없다. 그러나 더 큰 문제는 16장에 바울의 친구들에 대한 긴 문안의 인사가 나오고 있는 점이다. 첫째로 바울이 자기가 아직 방문해본 적이 없는 도시의 교회에 그렇게도 많은 친구들을 갖고 있었다는 점과 더구나 그들이 예배를 위해 함께 모이는 집들과 그들의 그룹들을 그렇게 소상히 알고 있었다는 점(11, 14-15절)은 놀라운 일이다. 그런데다가 문안 인사중에 나오는 아굴라와 브리스가는 클라디우스 황제 때 로마에서 축출된 후 고린도에 있다가 나중에 에베소에서 바울과 합류했었다(행 18:2-3, 18-19, 26). 그리고 그들 이름 뒤에 나오는 "에배네도"도 "아시아의 첫 개종자"로 언급되고 있는 점으로 미루어 16장이 오히려 에베소에 보내진 편지일 것으로 생각되기도 한다. "나의 동역자……나의 동족이며 나와 함께 갇혔던 자" 등과 같은 문구도 바울이 수년 동안 일했고 또 옥에 갇히기도 했던 에베소를 연상시킨다. 또 교회에 문제를 일으키는 자들에 대한 경고(17절 이하)도 바울이 소식만 들어 알고 있던 교회보다는 오히려 자기가 목회적 책임을 맡고 있던 교회의 상황에 더 잘 어울린다. 그래서 많은 학자들은 16장이 에베소에 보내진 바울의 편지 혹은 그 일부이며 바울의 편지들이 수집되는 과정에서 로마 교회에 보낸 편지의 현재 위치에 첨부되어진 것으로 보고 있다.

물론 이런 결론에 이의가 있기는 하다. 어떻게 바울이 에베소 교회에 보냈던 개인적인 문안의 편지(16장)가 독립된 편지로 인정될 수 있을까? 바울이 문안의 인사만 써보낸 다른 예가 있는가? 또 이런 독립된 편지가 어떻게 로마서와 결합되어 로마서 끝부분에 첨부되게 되었는가? 그러나 첫 번째 의문에 대해선 로마서 16장의 목적 자체가 뵈뵈를 추천하는 것이고 1-2절로 그 목적을 달성했고 남은 지면을 친지들에 대한 문안 인사로 채울 수 있다고 주장되기도 한다. 그리고 두 번째 의문에 대해선 고린도후서가 여러 편지들이 수집되는 과정에서 서로 결합된 것이란 점과 또한 바울의 것이 아닌 것으로 보이는 목회 서신이 바울의 수집록에 첨부된 점을 염두에 둔다면 그렇게 어려운 일이 아니었음을 알 수 있다. 따라서 우리는 일단 로마 서신은 본래 1-15장으로 구성되었는데 나중에 바울이 에베소에 보낸 뵈뵈의 추천 편지가 여기에 첨가된 것이라고 생각하는 것이 좋다. 한가지 덧붙여 말한다면 16장의 문제에 대한 결론이 어떻든 간에 로마 서신 전체에 대한 해석 자체에는 별다른 큰 영향이 없다는 점을 기억해 둘 필요가 있다.

3. 기록 동기와 목적

로마 서신을 기록하게 된 동기에 대해서는 바울 자신이 비교적 분명히 밝혀주고 있다. 바울은 오랫동안 로마 교회를 방문하기 원했고 또 기도했지만 그는 그 꿈을 이루지 못했다. 아마도 다른 여러 가지 일 때문에 기회가 마련되지 않았던 것으로 보인다(1:9-13). 그런데 이제 로마를 방문할 수 있는 희망이 생겼다. 로마 세계의 동부 지역에 대한 활동이 거의 마무리되었고 그래서 이제 서쪽으로 서바나 전도를 계획하고 있었다. 그 경우 그는 서바나로 가는 도중에 로마를 들릴 수 있게 되었고 또 그 곳 선교를 위해 로마 교회의 지지가 필요했다(15:17-24). 그러나 먼저 바울은 그리스와 마게도냐 지역의 이방 교회들이 예루살렘 교회를 위해 모금했던 헌금을 가지고 예루살렘으로 여행해야 했었다. 이것은 이방 교회가 믿음 가운데서 유대 형제들로부터 받았던 영적인 축복을 이제 물질적으로 갚는 일이었고(15:25-27), 또한 이방인 교회와 유대인 교회 간의 일치를 상징하는 중요한 의미를 갖는 일이었다. 바울은 이 일을 마치는 즉시 로마를 통해 서바나로 가려고 계획하고 있었다(15:28-29). 그런데 그는 예루살렘 교회가 자기를 기꺼이 영접할 것인지에 대해 걱정이 되기도 했다. 그래서 그는 로마에 있는 교인들에게 그 일을 위해 기도를 부탁하기도 했다(15:30-32).

편지를 기록한 목적은 무엇보다도 방문에 앞서 그 길을 닦아놓기 위해서였다. 이방인의 사도로서 바울은 이방의 모든 사람들은 물론 특히 로마에 있는 사람들에 대해서도 책임감을 느꼈고(1:5-6, 13-15) 그래서 그 책임을 로마에서도 완수하고자 했다. 부분적으로는 로마 교인들의 신앙 강화에도 공헌하고 싶었다(1:11-12). 그러면서도 바울은 로마에서도 생겼을지 모르는 자기의 복음에 대한 오해를 없이해 보려는 의도를 갖고 있었다. 만일 바울이 자신의 서바나 선교를 위해 로마 교인들의 지지를 원했다면 바울 스스로가 자기 복음의 내용을 그들에게 밝혀줌으로써 그들로 하여금 기꺼이 협력하도록 해야 할 필요를 느꼈을 것이다. 이 때문에 로마 서신은 복음의 본질에 대한 바울 자신의 분명한 이해를 잘 밝혀주고 있고, 또한 이 복음과 구약성서 그리고 유대교 율법과의 관계를 잘 설명해 주고 있으며 또한 모든 사람을 하나님과의 새로운 관계에로 이끌어 주는 복음의 능력을 잘 증거해 주고 있다. 이런 특징 때문에 흔히 로마서는 루터나 멜랑톤의 경우처럼 "기독교 복음의 진수" 혹은 "기독교 신학의 요약"이라고 불리우기도 한다.

4. 구조와 내용

로마서는 전체적으로 볼 때 서론(1:1-17)과 결론(16:1-27) 부분을 제외하면 주로 세 부분으로 크게 나누어 볼 수 있다. 첫째 부분이 바울의 복음(1:18-8:39)이고 둘째 부분은 바울의 구원사 해석(9:1-11:36)이며 셋째 부분은 바울의 윤리적 교훈(12:1-15:33)이다. 전체 내용을 이 세 부분에 따라 살펴보면 다음과 같다.

(1) 서론(1:1-17).

(2) 바울의 복음(1:18-8:39).

제 1 부(1:18-3:20) : 옛 시대에서의 유대인과 이방인.

1) 이전 시대의 이방인(1:18-32)은 모두 하나님의 진노 아래 있었다. 그들이 이성과 자연법의 도움으로 하나님을 알 수도 있었는데 하나님의 뜻에 따라 행동하지 못했기 때문에 하나님은 그들을 부도덕, 탐욕 등에 내버려 두셨다.

2) 이전 시대의 유대인(2:1-3:20)도 하나님의 진노 아래 있었다. 율법이나 할례가 그들을 하나님의 진노로부터 구하지 못했다. 외적인 유대인이 유대인이 아니라 내적인 유대인이 참 유대인이며 무할례자라도 율법을 지키면 참 할례자로 여겨질 수 있다(2:36).

복음을 떠나서는 모든 사람이 유대인이나 이방인을 막론하고 다 하나님의 진노 아래 있다.

제 2 부(3:21-8:39) : 새 시대에서의 유대인과 이방인.

1) 새 시대에서의 인간(3:21-4:25). 새로운 의가 그리스도를 통해 나타났다. 그 의는 행함으로 오는 것이 아니라 믿음으로 온다. 따라서 유대인이나 이방인이나 사람이 의롭다함을 얻는 것이 율법적 행위에 있지 않고 오직 믿음에 있다(3:28). 이 진리는 할례를 받기 전에 약속을 받은 아브라함에 대한 언급을 통해 확인된다.

2) 새 시대에서의 생활(5:1-8:39). 니그렌(Nygren)은 이 부분을 다음과 같이 의미있게 나누고 있다.

진노로부터 자유한 생활(5장).

죄로부터 자유한 생활(6장).

율법으로부터 자유한 생활(7장).

죽음으로부터 자유한 생활(8장).

(3) 바울의 구원사 해석(=유대인과 이방인의 문제, 9:1-11:36).

하나님의 특별한 선택을 받은 유대인들이 복음을 배격하고 있는 반면에 하나님으로부터 버림을 받은 백성이라고 생각되는 이방인들이 복음을 받아들여 구원의 자리로 나아오고 있다. 그렇다면 하나님의 구원 계획에 차질이 있는 것일까? 하나님이 이스라엘을 버리시기로 마음을 바꾼 것일까? 바울은 이런 질문을 하나님의 구원사 개념을 갖고 대답하고 있다. 현재 일어나고 있는 모든 일은 하나님의 뜻과 목적에 따라 일어나고 있는 것이다. 그리고 그 목적은 유대인이나 이방인을 막론하고 온 인류를 다 구원하는 것이다. 그러나 유대인들도 궁극적으로는 오직 믿음으로만 의와 구원을 얻게 될 것이다. 이것을 인식하지 못했기 때문에 그들이 복음을 배척했다. 그들은 율법에 대한 순종으로 의를 이룰 수 있다고 고집했다. 그래서 "자신의 의를 세우려고 애쓰는 가운데 하나님의 의에는 복종하지 않았다"(10:3). 그러나 하나님은 그들을 배척하지 않았다. 이방인이 그들보다 더 낫다고 생각하지 않았다. 다만 유대인이 복음을 배척하는 동안이 이방인들에게는 복음을 받아들일 기회가 되었고 결국에 가서는 유대인들도 모두 구원을 받게 될 것이다. "이방 사람들이 들어와 그 수가 찰 때까지 일부 이스라엘 사람들이 완고해진 대로 있으리라는 것과 그리고는 이스라엘 전원이 구원을 받게 될 것이다"(11:25-26).

(4) 바울의 윤리적 교훈(12:1-15:33).

기독교인 상호간의 행동(12:3-13).

비기독교인에 대한 기독교인의 입장(12:14-21).

국가 권력을 장악한 자들에 대한 기독교인의 의무(13:1-7).

이웃 사랑(13:8-10).

종말의 임박성이 도덕적 진지성의 동기이다(13:11-14).

신앙이 약한 자에 대한 경고(14:1-12).

신앙이 강한 자에 대한 충고(14:13-15:6).

그리스도의 모범에 대한 일반적인 권면(15:7-13).

사도직과 편지 목적에 대한 개인적 언급(15:14-21).

바울의 여행 계획과 로마 방문 계획(15:22-33).

(5) 부록 : 문안의 편지(16:1-27).

이 부분은 앞에서도 언급했던 바와 같이 로마서의 본래 일부가 아닐 수도 있다.

5. 기록 장소와 시기

로마 서신의 기록 장소는 일반적으로 고린도로 알려지고 있다. 16장을 로마서의 일부로 볼 경우 16장에서 바울이 문안했던 사람들 중 가이오(23절)는 바울이 고린도에서 세례를 주었던 자이고(고전 1:14), 에라스도(23절)는 "고린도에 머물렀던"(딤후 4:20) 자이며, 디모데와 소시바더는 바울이 고린도를 떠날 때 바울과 동행하던 사람들이었다(행 20:4). 이런 점들로 보아 그리고 그가 헬라에 세 달간 머무를 때(행 20:2-3) 쓴 것으로 알려지고 있는 점으로 보아 고린도가 거의 틀림없을 것으로 보인다.

사도 바울이 이 로마 서신을 기록한 시기는 바울이 예루살렘에 있는 성도들을 위해 걷은 헌금을 가지고 예루살렘으로 출발하려던 때였다(15:19-29). 바울이 이 모금에 대해서 고린도서에서 자주 언급했던 것으로 보아(고전 16:1-4, 고후 8-9장) 로마서는 고린도전서, 후서와 거의 같은 시기이면서도 고린도후서보다는 약간 후에 기록된 것으로 보인다. 따라서 로마 서신의 기록 시기는 고린도후서를 쓰고 나서 예루살렘에 도착하기 이전으로 생각된다. 바울의 연대기에서 이 시기를 추적하면 대략 56년경으로 판단된다.

18

빌립보 서신

1. 바울과 빌립보 교회

빌립보 교회는 바울이 유럽 땅에 세운 최초의 교회이다. 바울은 전도 여행중 드로아에 이르렀을 때 환상 가운데 마게도니아 사람 하나가 바울 앞에 나타나 마게도니아로 건너와서 도와달라고 간청하는 것을 듣고 마게도니아 지방에서 제일 큰 도시이며 로마 식민지였던 빌립보로 들어가게 되었다(행 16:8-12). 사도행전에 의하면 빌립보에는 유대인 회당이 있었던 것으로 보이며 바울의 설교에 대한 그 곳 유대인들의 반발도 엿보이지 않는다. 이런 것으로 보아 빌립보 교회는 주로 이방인들로 구성되었던 것으로 보인다. 그리고 사도행전 16:14-15에 보면 기도처에 모인 많은 여인들이 언급되고 특히 자색 옷감 장수이며 하나님을 공경하는 사람인 루디아가 등장하고 또 빌립보서 4:2-3에서도 여인들이 등장하고 특히 그 여인들을 가리켜 바울이 "나의 동역자들과 더불어 복음을 위하여 나와 함께 싸운 여인들"이라고 칭찬하는 것으로 보아 빌립보 교회에서는 여인들이 큰 역할을 했던 것으로 생각된다.

바울은 빌립보 교회와 여러 해 동안 친밀한 관계를 맺고 있었다. 빌립보 교회는 바울의 선교 활동에 적극 협력했고 여러 번에 걸쳐서 바울을 물질적으로 돕기로 했다(빌 4:10-18). 사도행전에 의하면 바울은 가이사랴와 로마에 투옥되기에 앞서 빌립보 형제들을 두 번 세 번 방문한 바 있었다. 그 중 두 번째 방문은 그가 아시아 지방에 대한 전도 활동을 마치고 마게도니아를 지나 그리스로 가던 도중에 있었다(행 20:1-2). 만일 빌립보서가 에베소에서 보내진 것이라면 이 방문이야말로 빌립보서 2:24에서 언급된 방문이었을 것으로 보인다. 세 번째 방문은 그 다음해 봄에 예기치 않은 상태에서 갖게 되었다(행 20:6). 아마도 빌립보 교회는 바울이 세운 교회들 중 바울이 가장 만족해했던 교회였던 것 같다. 그래서 그는 옥중에서도 계속 이 교회에 대한 감사와 기쁨으로 넘쳐 있었다.

2. 서신의 통일성 문제

빌립보 서신은 바울이 빌립보 교회에 보냈던 단일한 하나의 편지라기보다는 오히려 여러 편지들의 수집물일 것이라는 생각이 오랫동안 대두되어 왔다. 이런 생각을 가능하게 한 이유들은 다음과 같다.

첫째, 3:1과 3:2-4:1사이에는 갑작스런 단절이 나타나고 있다(4:9와 4:10에서도 역시 그러하다).

둘째, 4장에 나오는 많은 구절들은 한때 편지의 결론으로 사용된 구절들처럼 보인다(4:4-7, 9, 20, 21-23).

셋째, 빌립보서의 여러 부분에서 서로 다른 역사적 상황이 반영되어 있다.

넷째, 외적인 증거로 폴리캅(Polycarp)이 여러 빌립보 서신들에 대한 언급을 하고 있는 점 등이다.

물론 어조와 내용상의 갑작스런 단절 등이 여러 가지 방법으로 설명되기도 했다. 가령 사도 바울의 심리적 변동 때문이거나 아니면 바울이 편지를 쓰는 그의 독특한 방법이라든가, 혹은 일단 편지를 시작한 후에 상황이 바뀌어졌기 때문에 그런 단절과 변화가 생긴 것이라고 혹은 일단 편지를 써놓은 후에 일부 내용을 삽입하는 과정에서 그런 단절이 생긴 것이라고 설명되기도 했다. 그러나 최근에 와서는 현재의 빌립보서가 적어도 세 개의 독자적인 편지가 하나의 편지 형태로 혼합된 것이라는 생각이 지배적으로 나타나고 있다.

1) 빌립보 교인들에 대한 감사의 편지(4:10-20) : 바울은 빌립보 교회가 에바브로디도의 손을 통해 자기에게 선물을 보내주고 관심을 기울여 주는 것에 대해 감사의 편지를 썼다.

2) 계속된 감사의 편지(1:1-3:1) : 빌립보 교인들은 바울이 상당한 기간 동안 옥중에 갇혀 있을 때 계속해서 관심을 가져주었다. 그래서 바울은 그들에게 편지를 보내 감사를 표하고 있다. 에바브로디도도 병들어 있었지만 이제는 회복되어 곧 빌립보로 돌아갈 수 있게 되었다. 이 편지에는 감사와 교훈이

인상적으로 결합되어 있으며, 2:5-11에는 그리스도에 대한 위대한 찬양시가 포함되어 있다.

3) "할례당"에 대한 논쟁의 편지(3:2-4:9) : 이 편지는 빌립보 교인들에게 할례당의 위험을 경고하는 논쟁적인 편지이다. 바울은 여기서 그가 갈라디아에서 당했던 문제와 싸우고 있다. 이 편지에는 바울의 자서전적 진술(3:4-11)이 다시 나오고 있으며 독특한 묵시적 소망도 나타나고 있다(3:20-21). 이 편지는 더 이상 투옥당한 것에 대한 언급도 없어 다른 두 편지와 직접 관련이 없는 것으로 보이며 기록 시기도 서로 다른 것으로 생각된다. 이 세 편지들 중 두 번째 것은 분명히, 그리고 아마 첫 번째 것도 옥중에서 기록된 것으로 보인다. 이 두 편지 때문에 빌립보 서신이 흔히 옥중 서신으로 생각되고 있다.

3. 기록 장소와 시기

바울이 옥중에 갇혀 있는 몸으로서 편지를 쓰고 있다는 사실은 분명하다("내가 갇혀 있을 때", 1:7; "내가 감옥에 갇힌 것이 그리스도를 위함이라", 1:13; "다투는 마음으로 그리스도를 전하는 사람들은 내 감옥 생활에 환난을 더하게 하려고 ……", 1:17). 문제는 바울이 이 편지를 기록할 때 갇혀 있던 감옥이 어느 곳에 있는 감옥이었느냐 하는 것이다. 이것만 밝혀지면 빌립보서의 기록 장소와 시기는 쉽게 결정될 수 있다. 그러나 이 문제가 그렇게 쉽게 해결될 성질의 것이 아니다. 왜냐하면 사도행전에 의할 경우(행 23:33-26:32; 28:14-31), 바울이 투옥되었던 곳으로 가이사랴와 로마가 언급되고 있는데다가 바울 자신이 옥에 갇힌 적이 여러 번이었다고 말하고 있기 때문이다(고후 6:5; 11:23). 따라서 바울이 방문한 곳 중에서 감옥이 있는 곳은 어디나 가능하다고 말할 수도 있을 것이다.

전통적으로는 빌립보서가 로마에서 기록된 것이라고 생각되어 왔다. 이런 생각을 뒷받침해 주는 근거로는 첫째, "경비 사령부"(1:13)가 로마에 있는 경비 사령부 본부(행 28:16 참조)를 가리키는 것으로 이해되었고 둘째, "가이사집 사람들"(4:22)은 로마에 있는 가이사 황제의 집에 있는 개종자들을 가리키는 것으로 생각되었기 때문이다. 다른 한편으로는 바울이 가이사랴에 투옥되어 있는 동안에 빌립보서를 썼다는 주장도 있으나, 빌립보서 자체 안에 가이사랴를 기록 장소로 생각할 수 있게 하는 근거가 전혀 없기 때문에 이 생각은 오늘날 거의 배격되고 있다.

오히려 최근에 와서는 에베소를 빌립보서의 기록 장소로 보는 경향이 강해졌다. 그 주요 이유로는 첫째, 주제와 교리에 있어서 빌립보서가 다른 옥중 서신들(에베소서와 골로새서)보다는 오히려 바울의 주요 서신들(3차 전도 여행 때 기록된 고린도전 · 후서나 로마서)에 더 근사하다는 점과 둘째는 "경비 사령부"와 "가이사집 식구들"이란 말도 오히려 에베소서에 더 잘 어울린다는 점이다. 즉 에베소서 경비 사령부 본부가 있었고 또한 "가이사집 사람들"은 가이사 황제의 소유물로 있던 노예나 자유인들을 가리킬 수 있고 그런 사람들은 로마 제국 어느 곳에서나 볼 수 있었고 특히 에베소에 많이 있었을 것이기 때문이다. 셋째로 빌립보와 바울간의 밀접한 관계와 연락을 생각할 때, 거리가 서로 먼 로마와 빌립보의 관계보다는 서로간의 거리가 보다 가까운 에베소와 빌립보간의 관계가 생각하기 보다 수월하다. 로마와 빌립보간의 여행에는 보통 4-5주간이 필요하여 너무 오랜 기간이나 빌립보와 에베소간의 여행에는 6-7일만 필요하여 훨씬 더 용이하였다. 이런 여러 이유들을 근거로 오늘날 많은 학자들은 빌립보서가 56-57년경 바울이 에베소에 감금당해 있을 때 기록한 편지였을 것으로 생각한다.

4. 기록 동기와 목적

바울은 두 번째 전도 여행 때 빌립보 교회를 세운 뒤 빌립보서를 기록할 때까지 다시 그 교회를 방문하지 못했던 것 같다. 바울이 데살로니가에 복음을 전할 때(50년경) 빌립보 사람들이 두 번씩이나 바울에게 돈을 보내주었다(빌 4:16). 이제 옥에 갇혀 있는 동안(1:7, 13, 17) 빌립보 교인들은 또다시 에바브로디도를 통해서 바울에게 또 다른 선물을 갖다주었다(2:25; 4:14, 18). 바울이 비록 그의 복음 전도 활동 때문에 옥에 갇혀 있었지만 그는 각 지역 교인들이 자기를 대신해서 복음을 전하는 일을 계속하고 있음을 알았다(1:14-15). 그는 옥에서 편지를 써서 빌립보 사람들에게 그들의 관대한 처사에 대해 감사의 뜻을 전하면서 또 에바브로디도가 자기와 함께 있는 동안에 병에 걸려 죽을 뻔했는데 이제 건강을 회복했기 때문에 그들을 다시 돌려보낸다고 말하고 있다(2:25-30). 분명히 빌립보 교인들을 에바브로디도에 대해 많은 걱정을 했던 것 같으며 왜 그가 돌아오지 않는지 궁금해 하였던 것 같다. 그래서 바울은 에바브로디도를 빌립보에 되돌려 보내면서 그를 영접하고 존중하도록 전하고 있다(2:28-29).

아울러 바울은 유대주의자들이 그 지역에 있다는 사실을 알고 빌립보 교인들에게 "개들을 삼가고 악한 일꾼들을 삼가고 육의 할례당을 삼가라"(3:2)고 경고한다. 그들은 "악한 일꾼"(3:2)이요 "그리스도의 십자가의 원수"(3:18)들이다. 우리가 추구해야 할 의는 "율법에 의한 나 자신의 의가 아니라 그리스도를 믿는 믿음을 통한 의, 다시 말하면 믿음 위에 세워진 하나님으로부터의 의"(3:9)이기 때문이다. 이런 권면들에서 우리는 빌립보서가 갖고 있는 개인적인 동기와 목적 이외에 신앙적인 그리고 교리적인 권고의 목적이 있음을 알게 된다.

5. 서신의 특징

1) "기쁨"에 대한 강조 : 화이네-벰(Feine-Behm)은 빌립보서의 주제는 기쁨이라고 말했다. 제4장에서만 기쁨이란 명사와 동사가 16번 사용되고 있으며 2장 등에서도 여러 번 사용되고 있다. 벵겔(Bengel)은 서신의 요절이 "내가 기뻐하니 너희도 기뻐하라"라고 말한다. 이 서신이 옥중에 갇혀 있을 때 기록되었다는 점을 고려할 때 기쁨에 대한 강조는 더욱 의미가 크다. 옥중에서의 기쁨, 고난중에서의 감사가 기독교인의 삶의 역설적 표현임을 잘 보여주고 있다.

2) "기독론적인 찬양시"(2:5-11) : 마치 요한복음 서론(1:1-18)에 나오는 "로고스 찬양시"처럼 예수 그리스도의 선재(先在), 성육신(成肉身) 그리고 승귀(昇貴)를 언급하는 중요한 기독론적 본문이 되고 있다. 예레미아스(J. Jeremias)는 이 본문을 가리켜 "후대 기독론의 근거가 되는 가장 오래된 문서"라고 부르고 있다.

3) 목표를 향해 달음질하는 삶(3:12-16) : 여기서 바울은 우리의 시민권이 하늘에 있음과 그곳에서 받을 상을 얻으려고 계속 목표를 향해 달리는 삶이 기독교인의 삶임을 말하고 있다. 아직 완전하지 않으면서 그 완전을 향해 끊임없이 달려가는 것이 기독교인의 삶이다.

루터는 이 본문을 해석하면서 "기독교인은 다 된 존재가 아니라 되어가고 있는 존재이다. 그런 의미에서 기독교인은 기독교인이 아니다"란 역설적인 말을 하였다.

이런 몇 가지 특징들만으로도 빌립보서의 가치는 높이 평가되기에 충분하다고 여겨진다.

19

빌레몬 서신

바울의 다른 서신들은 모두 교회에 보낸 편지들이다. 그러나 빌레몬서만이 개인에게 보내진 편지이다. 그래서 바울의 편지들 중 가장 짧은 이 편지는 분명히 개인적인 편지, 곧 사신(私信)의 성격을 띠고 있다. 그러나 동시에 분명히 이 서신은 "사도적" 서신이기도 하며 다루고 있는 문제가 순전히 개인적인 문제만도 아닌 노예 문제이다.

1. 수신자

이 편지의 수신자인 빌레몬은 브리기아의 어떤 성읍에 살고 있던 젊고 유복한 존경받는 기독교인이었다. 그의 집이 "가정 교회"(house church, 2절)로 사용되고 있었던 것으로 보인다. 또 다른 수신자로 지목된 "압비아"는 아마도 빌레몬의 아내였을 것으로 보이며 빌레몬은 바울에 의해 개종된 사람으로 생각된다(19절).

2. 기록 시기와 장소

바울은 이 편지를 옥중에서 기록했다(1절). 여기서 갇혀 있다고 말한 것은 전통적으로 그가 로마에서 집안에 갇혀 있던 때(61-63년)를 가리키는 것으로 생각되어 왔다. 빌레몬서와 골로새서의 경우 이 전승을 의심할 만한 충분한 이유는 없다. 빌레몬서 23절에서 그리고 골로새서 4:10-14에서 에바브라, 마가, 아리스다고, 데마, 누가 그리고 골로새서 4:9에서 오네시모가 언급되고 있는 점으로 보아 골로새서와 빌레몬서가 거의 같은 시기에 기록된 것으로 생각된다.

3. 동기와 목적

오네시모는 무엇인가를 훔친 후에 혹은 주인에게 상당한 손해를 입힌 후에 도망나온 노예였다(11절, 18절). 그는 도망하여 로마에 왔는데 아마도 그 당시 로마는 도망자나 무법자들의 도피처가 되었던 것으로 보인다. 분명히 바울이 그에게 피난처를 제공해 주었던 것 같고, 그때 그를 기독교로 개종시켰을 것이다. 그래서 바울은 오네시모를 갇혀 있을 때 얻은 아들이라고 불렀다(10절). 결국 바울은 오네시모가 빌레몬의 노예였던 사실을 알게 되었다. 바울이 복음 때문에 오네시모를 자기 곁에 계속 두고 싶었지만 그는 주인인 빌레몬의 권리를 인정하여 오네시모를 그에게 돌려보내기로 결심하였다(14절, 16절). 바울은 편지를 써서 빌레몬에게 도망나온 오네시모를 잘 영접해 줄 것을, 특히 이제는 "노예로서가 아니라 사랑하는 형제로"(16절) 받아 줄 것을 부탁하였다. 결국 바울은 빌레몬에게 법이 허용한 가혹한 형벌을 가하지 말도록 요구한 것이다. 그러나 바울은 또한 오네시모가 빌레몬에게 끼친 손해를 자기가 갚아주겠다고 약속했으며, 빌레몬이 오네시모를 다시 자기에게 돌려보내 자기와 함께 일할 수 있게 해달라고 솔직히 부탁했다(13-14절). 바울이 오네시모를 석방시켜 달라고 부탁한 것인지는 알 길이 없다. 바울은 골로새서의 전달자였던 두기고와 함께 오네시모를 돌려보냈다.

4. 빌레몬서의 의의

고대 주석가들은 목회적인 그리고 신학적인 관심도 별로 없는 개인적인 편지를 왜 정경에 포함시켰는지에 대해 의문을 가졌었다. 그러나 이 편지가 정경에 포함된 것은 사회 문제에 대한 중요한 교훈을 갖고 있기 때문이었을 것으로 생각된다. 빌레몬서는 그 개인적인 성격에도 불구하고 기독교인들이 관심가져야 할 노예 문제를 다루고 있기 때문이다. 그리고 우리는 빌레몬서에서 다음과 같은 중요한 사실을 배우게 된다.

첫째로, 바울은 법적으로 아무런 보호도 받을 수 없는 노예 신분의 오네시모에 대해 따뜻한 인간적 애정을 보여주고 있다.

둘째로, 바울은 오네시모를 빌레몬에게 되돌려 보냄으로써 기존 사회 질서를 개혁하려고 하지 않고 그대로 받아들이고 있다.

셋째로, 노예의 주인도 이제는 그리스도 안에서 종이 되었으며, 다른 한편 노예들은 여전히 노예로 있긴 하지만 그리스도 안에서 자유인이다. 이런 관점에서 주인이나 노예가 다 그리스도 안에서 형제가 될 수 있다.

여하간 노예를 노예로서가 아니라 사랑하는 형제로, 참된 인격으로 인정하는 이런 정신은 모든 시대의 노예들에게 진정 참된 복음이 되었으며, 나중에 노예 제도의 사슬을 깨뜨리는 데 적지 않은 역할을 했을 것이며 빌레몬서의 의미도 여기에서 찾아야 할 것이다.

20

골로새 서신

1. 골로새 교회

골로새는 소아시아에 있는 좀더 분명히는 에베소로부터 동쪽으로 110마일 떨어져 있는 브리기아 남쪽의 성읍이다. 골로새 교회는 바울이 세운 교회가 아니며, 바울은 골로새서를 보내기 이전에 골로새를 방문한 적도 없다(2:1). 바울이 브리기아 지방을 여행하기는 했어도(행 16:8; 18:23) 골로새가 있는 남서쪽으로는 내려가보지 않은 것으로 보인다. 라오디게아와 히에라폴리스에 있는 교회들과 마찬가지로 골로새 교회는 에바브라가 세운 교회이다(4:13; 1:7; 4:12). 1:7에 의하면 에바브라가 골로새에 복음을 전한 것은 바울의 위임에 의한 것이며 그래서 어떤 사본에선 에바브라를 가리켜 "우리를 대신하여 섬기는 그리스도의 신실한 일꾼"이라고 기록하였다.

골로새 교회에는 두 개의 가정 교회(house church)가 있었던 것으로 언급되고 있는데(4:15, 17, 몬 2) 주로 이방인 기독교인들로 구성되어 있었다(1:21, 27; 2:13). 그러나 요세퍼스의 기록 가운데 안티오커스 3세(Antiochus III the Great, 주전 223-187)가 바벨론에 있는 2000명의 유대인 가족을 루디아와 브리기아로 이주시키기로 결정했던 사실이 있는 점으로 보아 이 지역에 유대인의 영향이 남아 있었을 것을 짐작할 수 있다. 바울은 이 편지를 옥중에서 기록했다(4:3, 10, 18; 1:24). 그리고 에바브라에 대한 여러 언급들을 종합해 볼 때 에바브라는 바울과 함께 옥에 갇혀 있었던 것으로 보이며(몬 23절) 그가 사도 바울에게 골로새 교회의 사랑을 알려준 것 같다(1:8). 바울은 에바브라를 통해 골로새 교회의 형편에 대해 듣고 편지를 써서 두기고를 통해 골로새 교회에 전했다(4:7-8, 12-13). 에바브라가 보다 흔한 이름인 에바브로디도의 약칭이기는 하지만 골로새서와 빌레몬서에 나오는 에바브라가 빌립보서 4:18에 나오는 에바브로디도와 동일 인물은 아니다.

2. 동기와 목적

바울이 비록 골로새 교회의 성장과 발전을 기뻐하긴 했지만(1:6-7) 교회 안에 위험스런 교리가 만연되고 있다는 에바브라의 소식을 듣고는 상심해 있었다(2:8, 16-23). 이런 위험스런 교리들은 유대적인, 그리고 이방적인 영향의 소산들이었다. 이런 그릇된 교훈들의 근본이 되는 것은 어떤 천사적 존재들이 인간의 일을, 그리고 모든 피조물들까지도 지배한다는 신앙이다. 따라서 이런 영적 존재들을 달래고 회유하기 위해서는 그런 초자연적 존재들과 그들의 활동에 대한 "지식"(gnosis)을 얻어야 한다는 것이 주요 관심사였다. 이런 형태의 신앙은 하나님과 우주간에 존재하는 많은 중보자들 중의 하나요, 가장 능력이 많으신 중보자인 그리스도의 지위를 위협하였다. 그래서 바울은 이런 잘못들에 대해 단호히 대처하고 있으며 그리스도가 우주 안에서 독특한 지위를 갖고 있으며 그가 우주적인 역할을 담당하고 있다는 사실을 분명히 밝히고 있다.

그런데 날, 절기, 할례, 그리고 다른 유대적 관습들(2:16-17)을 지키는 것에 관한 언급들이 나오는 것으로 보아 골로새에는 유대적 절충주의의 영향도 있었던 것으로 보인다. 유대교의 어떤 집단들에서는 천사들의 큰 능력을 갖고 있고, 또 중보자의 역할을 한다는 강한 신앙을 갖고 있었다(예; 단 10:21; 12:1). 쿰란 공동체도 천사들의 이름과 그들이 세상에서 담당하고 있는 역할에 대해 상당한 중요성을 부여하고 있다.

"세상의 초보적인 영들"(elements of the world) 혹은 천사적 존재들이 우주를 지배하고 있다는 신앙(2:8, 20)으로 보아 골로새에는 이교적 영향도 강했던 것으로 보인다. "세상의 초보적 영들"은 하나님과 우주를 연결하는 일련의 중개자들이다. 그리고 각 영이 "신성의 충만함"의 일부를 담당하고 있는 것으로 생각되었다(1:19; 2:9). 이런 영들은 이 땅의 여러 영역과 인간의 운명을 지배하기도 한다. 이런 이교 사상에 따른다면 이 세상 속에서 인간이 해야 할 중요한 일은 자신의 운명을 찾아내어 그런 영들의 뜻에 일치시키도록 노력하는 일이다.

이 같은 유대적이며 이교적인 절충주의의 결과는 심각했었다. 이런 교리의 영향 아래 있는 사람들은 이런 감추어진 능력 있는 존재들과 그들이 지배하는 세상 영역에 대한 특별한 지식이 필요하다고 생각하였다. 그들의 이름과 역할, 그리고 그들에 대한 회유책을 아는 것이 중요했다. 인간의 운명이 그런 것들의 지배 아래 있기 때문에 어떤 훈련을 따르는 것이 필요하다. 예를 들어 어떤 일을 위해서는 어떤 날들이 유리하고 어떤 날이 불리한지를 아는 것이 필요하다.

바울은 그리스도 신앙에 위배되는 이런 위험한 경향들에 대해서 반박하면서 우주 안에서의 그리스도의 역할이 온전히 충분함을 강조하고 있다. 그는 "신성의 충만하심"이 다른 많은 중간 존재들에게는 주어지지 않았음을 지적해야 했다. 하나님과 그의 능력의 충만하심이 그리스도 자신 안에 완전히 다 나타나 있다(1:19; 2:3, 9). 그가 십자가에 죽으심으로써 그리스도는 우주를 지배하는 것으로 생각되던 모든 세력들에 대해 승리하셨다(2:15). 바울은 구약의 지혜 문학을 인용하여 온 우주가 처음부터 하나님의 지혜에 의해 창조되고 지배되고 있음을 증거하였다. 그런데 이제 이 지혜가 그리스도 안에 충분히 나타나 있다(1:15-20).

바울 자신은 이런 영적 세력들의 존재를 문제삼은 적이 없다. 그는 아마도 신앙의 조상들과 함께 이런 존재들의 실재를 믿었을 것이다. 그러나 그는 하나님의 모든 능력이 그리스도 안에서 작용하고 있음을, 그리고 그리스도가 특별히 말씀을 전파하심으로써 그 능력을 온 우주에 나타내고 있음을 확실히 알고 있었다. 처음 독자들에게 있어서 이 편지는 그리스도가 주님, 특히 우주의 주님으로서 그의 역할을 다하고 있다는 데 대한 훌륭한 설명이 되었을 것이다.

3. 저자 문제

초기 기독교에서는 골로새서가 바울의 기록이라고 하는 데 대해 아무런 의심도 없었다. 무라토리안 경전이나 말시온의 경전 목록에서도 골로새서는 분명히 바울의 편지로 소개되었다. 그런데 19세기에 들어서면서부터 학자들은 골로새서가 바울의 편지라는 데 대해 의심을 제기하기 시작했다. 그런 의심을 하게 된 주요 이유는 주로 다음과 같은 이유들 때문이다.

첫째로, 골로새서의 언어와 문체가 바울의 다른 주요 서신들과 다르다고 하는 점이다. 예를 들어 골로새서에 나오는 단어 중 48개는 바울의 다른 서신들에서 전혀 사용된 바 없다는 것이다(물론 바울이 골로새서에서 주로 적대자들이 사용하고 있는 말들을 사용하면서 그들과 싸우고 있다는 점을 고려한다면 골로새서에서 나오는 특수한 어휘와 문체는 오히려 바울이 처한 특수한 상대와 상황 때문인 것으로 설명될 수 있을 것이라는 주장이 있기는 하다).

둘째로, 골로새서의 신학이 바울의 다른 서신들에서 볼 수 있는 신학과 다르며 더 발전된 형태를 보여준다는 점이다. 가령 좀더 분명해진 교회론, 우주적 그리스도를 말하는 기독론, 그리스도를 머리로 생각하는 "몸"의 개념, 종말 기대의 감소 등등의 사상이 바울의 사상과 좀 다르다고 하는 것이다(물론 바울의 신학 사상이 4년 동안의 옥중 생활을 통해 더 성숙해지고 발전할 수 있으며 그래서 골로새서가 바울의 주요 서신과 사상적인 면에서 차이를 보일 수 있다고 생각할 수 있으며 오히려 바울의 사상이 초기나 말기나 어느 곳에서나 똑같이 나타나야 한다고 생각하는 것이 무리일 것이라는 주장이 있기는 하다).

셋째로, 골로새서에서 바울이 싸우고 있는 이단의 "영지주의적" 성격 때문이다. 아무래도 영지주의는 제2세기에 성행했던 헬라 사상이기 때문이다(물론 많은 학자들은 영지주의가 비록 제2세기에 와서 성행했지만 이미 제1세기에 초기 형태로 대두되기 시작했다고 보고 있으며, 골로새서도 제1세기 상황에 맞는 초기 영지주의 형태에 대해 다루고 있는 것이라고 생각하는 사람이 있기는 하다).

이런 점들 이외에도 골로새서가 분명히 바울과 디모데, 두 사람의 이름으로 발송된 편지라는 점을 감안할 때("…바울과 형제 디모데는……들에게 편지하노니…", 골 1:1-2) 골로새서의 저자를 바울로만 생각하는 것은 우선 옳지 않다.

또한 편지 끝절(4:18)에서 "나 바울은 친필로 문안하노니"라고 말한 것이 오히려 편지는 "디모데"가 썼고 "바울"은 친필 문안만 썼다는 인상을 주기도 한다. 이런 여러 가지 이유들로 미루어 볼 때 비록 골로새서가 초기부터 바울의 서신으로 알려지기는 했으나 오히려 바울의 제자들 가운데 한 사람에 의해 나중에 기록된 것으로 보는 것이 옳을 것이다.

4. 기록 장소와 시기

바울은 골로새서를 옥중에서 기록하였다(4:3, 18). 바울은 여러 번 옥중에 갇힌 경험이 있기 때문에 옥중에서 기록되었다는 사실만 가지고서는 골로새서의 기록 장소를 알아내기에 충분하지는 못하다. 어떤 학자들은 에베소를 골로새서의 기록 장소로 생각하고 있다. 에베소가 소아시아에서 바울의 선교 활동의 중심지였었고 바울이 거기서 고통을 당한 기록이 있으며(고후 1:8-10) 골로새와의 거리도 가깝기 때문에 에바브라와 오네시모의 여행이 용이할 수 있었다는 것이다(4:9). 그러나 마지막 작별 인사 중 마가와 누가가 바울과 함께 있는 것으로 나타나고 있는데(4:10, 14) 실제로 누가는 바울과 함께 에베소에 있은 적이 없으며 사도행전 15:37-39에 의하면 마가도 두 번째 전도 여행 이후에는 더 이상 바울과 동행하지 않았다. 그래서 어떤 학자들은 골로새서가 바울이 가이사랴에 갇혀 있는 동안 기록한 것이라고 생각하기도 한다. 아리스다고가 바울과 함께 옥중에 있다는 언급(4:10)은 사도행전 20:4; 24:23과 조화될 수 있으며 마가와 누가도 바울과 함께 로마는 물론 가이사랴까지 여행했을 것으로 보이기 때문이다. 그러나 문제는 이 작은 성읍이 바울의 여러 동료들이 전도 활동을 벌였을 장소 같지는 않은 데 있다. 따라서 많은 학자들은 전통적으로 받아들여오던 견해를 그대로 받아들여 로마를 골로새서의 기록 장소로 인정하고 있다(행 28:16-21). 가이사랴와는 달리 로마에서는 바울이 어느 정도 자유롭게 복음을 전할 수 있었던 것으로 보인다. 바울이 복음이 온 세상에 전파된 것을 기뻐하고 있는 사실(1:6, 23)도 로마에 더 잘 어울린다. 그리고 만약 골로새서가 로마에서 기록되었다고 생각할 경우, 기록 시기는 아마도 주후 61-63년경이 가장 근사할 것으로 보인다.

5. 내용 구분

골로새서의 내용을 주제별로 구분하면 다음과 같이 나누어 볼 수 있다.

(1) 서론(1:1-11) : 감사와 기도.
(2) 신학적 기초(1:12-2:23) : 그리스도는 주님.
 1) 기독론적 찬양시(1:12-23).
 2) 사도의 직분(1:24-2:5).
 3) 거짓 교훈에 대한 경고(2:6-23).
  (가) 기독교 신앙의 본질(22:6-7).
  (나) 교리로서의 거짓 교훈에 대한 경고(2:8-15).
  (다) 실천으로서의 거짓 교훈에 대한 경고(2:16-23).
(3) 윤리적 적용(3:1-4:6) : 그리스도 안에 있는 것처럼 살라.
 1) 그리스도와 함께 부활했으니 그 안에서 살라(3:1-4).
 2) 옛 사람을 벗어버리고 새 사람을 입으라(3:5-17).
  (가) 옛 사람을 벗는 것의 의미(3:5-11).
  (나) 새 사람을 입는 것의 의미(3:12-17).
 3) 가족 생활에의 구체적 적용(3:8-4:1).

4) 기도와 전도에 대한 구체적 지시(4:2-6).

(4) 결론(4:7-18).

1) 두기고와 오네시모의 추천.

2) 인사(4:10-15).

3) 교훈(4:16-17).

4) 친필 서명과 축도(4:18).

21
에베소 서신

1. 문학적인 문제

제2세기로부터 이 서신은 "에베소에 보내진 서신"으로 알려졌다. 그러나 이 명칭이 본래의 명칭이 아니라는 증거들이 있다. 우리가 갖고 있는 에베소서 사본들 중 가장 오래된 사본인 주후 약 200년경의 체스터 비티(the Chester Beatty) 파피루스와 4세기의 위대한 사본들인 시내 사본과 바티칸 사본, 그리고 그 이외의 권위있는 사본들에는 1:1의 "에베소에 있는"이란 문구가 없다. 그리고 2세기 중엽 이단적 교설로 유명했던 말시온(Marcion)은 이 서신을 가리켜 "라오디게아 서신"(the epistle to the Laodiceans)이라고 불렀는데 아마도 그것은 그가 "라오디게아에 있는"이란 말이 1:1에 기록된 사본을 갖고 있었거나 아니면 아마도 골로새서 4:16에서 "라오디게아에서

오는 편지"라고 한 말에서 추측해서 붙인 명칭일 것이다. 그러나 3세기경에 이르러 위대한 성서 학자였던 오리겐(Origen)은 그가 알고 있던 사본들에는 "에베소에 있는"이란 말이 없었다고 말했고, 제4세기경의 바실(Basil)과 제롬(Jerome)도 그들이 갖고 있던 가장 훌륭한 사본들에는 "에베소에 있는"이란 말이 없었다는 사실을 분명히 했다.

만약 우리가 1:1에 나오는 "에베소에 있는"이란 말과 서신의 명칭을 제거해 버린다면 서신의 내용상 이 서신은 분명히 에베소로 보내진 서신이라고 말할 수 있는 아무런 뚜렷한 증거도 없게 된다. 바울이 3년 동안이나 에베소에 살면서 활동했다는 사실을 염두에 둘 때, 또한 사도행전 20:18-35에 기록된 대로 바울이 에베소 교회 장로들에게 아주 감동적인 연설을 했던 사실을 고려할 때, 과연 그가 에베소 교회에 편지를 쓰면서도 자기가 그 곳에서 지냈던 때에 대해서, 또는 그가 그 교회에서 가까이 사귀던 사람들에 대해서 한마디의 인사말도 없었다는 점은 전혀 이해되지 않는다. 더구나 이 서신의 내용을 보면 그의 독자들 중 많은 사람들에 관해 바울 자신도 잘 알고 있지 못한 것같이 기록되어 있기도 하다(1:15; 3:2; 4:20-21).

그렇다면 이 편지는 어디로 보내진 것인가? 그리고 어떻게 해서 이 서신이 바울의 서신으로 에베소에 보내진 것으로 알려지게 되었는가? 확실한 것은 아직 밝혀지지 않았지만 아마도 다음과 같은 가능성을 생각해 볼 수 있다. 첫째로 이 서신은 어느 특정한 지역에 있는 여러 교회들에 보내진 것이다. 아마도 아시아의 로마주(洲)일 것이다. 그래서 이 서신의 한 사본이 여러 교회로 회람되었고 따라서 이 서신을 갖고 가는 사람이 자기가 가는 곳의 지명을 써넣을 수 있게 1:1에 공백이 있었을 것이다. 또 다른 가능성은 이 서신의 사본이 여러 개 있었고 지명이 다 달랐는데 에베소로 가는 서신이 가장 인정을 받은 것은 에베소 교회가 가장 중요한 모(母) 교회의 위치에 있었기 때문일 것이다. 그러나 이런 가능성의 문제점은 다른 서신들 가운데 수신처를 공백으로 남겨둔 전례가 확인되지 않고 있는 데다가 다른 지명이 기록된 사본들이 전혀 발견되고 있지 않다는 점이다.

그래서 많은 학자들은 만일 에베소서가 "편지"라면 어느 특정한 교회에 보내진 것이 아니라 기독교인이면 누구나 읽을 수 있게끔 써보낸 서신으로 이런 의미에서 "회람 편지"(an encyclical letter)이거나 아니면 단순히 편지의 형태를 취한 일종의 신앙적인 소책자일 것으로 생각하고 있다. 특정한 상황이나 문제에 대한 언급이 없고 또 특정한 인물들에 대한 문안 인사가 없는 것도 이 때문일 것으로 생각된다.

2. 골로새서와의 관계

신약성서 27권 중 에베소서와 골로새서는 다른 어느 두 권의 문서들보다도 유사점을 많이 갖고 있다. 에베소서의 155구절 중 거의 절반 가량이 골로새서의 본문과 평행을 이루고 있으며 전체적 구조도 아주 비슷하다. 에베소서 전반부(1-3장)는 교리적 부분이고 후반부(4-6장)는 윤리적 부분으로 구분되어 있는데, 골로새서도 교리적 내용의 전반부(1-2장)와 윤리적 내용의 후반부(3-4장)로 나뉘어 있다. 그래서 두 서신 모두 그리스도의 영광과 그의 목적을 다루는 교리적 항목에서 출발하여 그것을 개인의 생활에 적용시키고 마지막으로 인간 관계에 대한 비슷한 권면으로 끝을 맺고 있다. 서신의 첫 부분 곧 독자들에 대한 감사와 그들을 위한 기도에 대한 항목(엡 1:15 이하, 골 1:3 이하)이 비록 용어가 조금씩 다르기는 하나 대체로 서로 비슷하다. 기독교인의 생활을 옛 사람을 벗어버리고 새 사람을 입는 것으로 말하는 것(엡 4:17 이하, 골 3:5 이하)이 비슷하며, 또 남편과 아내, 부모와 자녀, 종과 주인에 대한 권고(엡 5:22-6:9, 골 3:18-4:1)도 비슷하다. 이렇게 서로 비슷한 구절이 너무나도 많기 때문에 흔히 이 두 서신을 가리켜 "자매 서신"(the sister epistles) 혹은 "쌍둥이 서신"(the twin epistles)이라고 부르기도 한다.

그러나 비슷한 점만 있는 것이 아니라 서로 다른 점도 있다. 우선 주제상으로 볼 때 에베소서는 그리스도의 몸인 교회의 장엄함을 나타내고 있는 데 반해서, 골로새서는 교회의 머리인 그리스도의 위엄을 나타내고 있어서, 에베소서는 교회론에, 그리고 골로새서는 그리스도론에 연관되고 있는 셈이다. 그리고 문제상으로 볼 때도 골로새서가 논쟁적인 데 비해서 에베소서는 논쟁적 요소가 없이 고요하고 명상적이다.

3. 저자 문제

고대에는 에베소서가 바울에 의해 기록되었다는 사실에 대해 별다른 의심이나 이의가 없었다. 바울 자신이 자기가 기록했다고 언급하고 있으며(1:1; 3:1) 저자가 확실히 바울이 경험했던 것을 자기의 경험으로 말하고 있다(3:1-4; 4:1; 3:7-13; 6:19-22). 그래서 최초의 바울의 편지 수집록에도 에베소서가 포함되어 있으며 이레니우스와 알렉산드리아의 클레멘트같은 초대 교부들도 에베소서를 바울의 서신으로 인정하였다.

그러나 18세기 말경으로부터 많은 학자들이 에베소서가 바울의 편지라는 데 대해 이의를 제기하기 시작했다. 거기에는 주로 다음과 같은 이유들이 있기 때문이다.

첫째로, 에베소서의 언어와 문체가 바울의 다른 서신들과 비교할 때 눈에 띄게 다르다는 것이다. 가령 에베소서에는 바울의 다른 서신들에서 사용되지 않는 단어들이 많이 나온다. 그리고 그런 단어들은 대개 후대의 신약 문서들과 신약 이후 시대에 나온 기독교 문서들에서 흔히 볼 수 있는 단어들이다.

둘째로, 앞에서 언급했듯이 에베소서는 골로새서와 내용적으로 아주 비슷한데 이것은 에베소서가 골로새서를 복사한 것 같은 인상을 주며, 바울이 다른 문서에서 이처럼 이전 문서를 복사한 것 같은 경우가 없다는 것이다.

셋째로, 에베소서에 나타난 교리와 신학이 바울의 다른 서신들의 것과 다르다는 것이다. 가령 에베소서 2:13 이하에서 그리스도의 죽음이 인류의 화해와 하나됨의 근거로 기본이 되고 있기는 하지만 그리스도의 부활과 승천이 더 강조되고 있다. 그래서 에베소서의 신학은 "십자가의 신학"이라기보다 "영광의 신학"이다. 그리고 그리스도의 재림이 다른 바울 서신들에서는 상당히 강조되고 있으나 에베소서에선 별로 언급되고 있지 않다. 더구나 "교회"란 말이 에베소서에서는 보편적인 교회(1:22; 3:10, 21; 5:23-25, 27, 29, 32)에 대해서만 사용되고 있는데, 바울의 다른 서신들에서는 주로 개체 교회들을 가리키고 있다. 이런 신학적인 차이들은 에베소서가 바울에 의해 기록되었을 가능성을 의심하게 해주는 요인들이다. 그래서 많은 학자들은 에베소서가 바울의 제자 중 한 사람 혹은 바울 "학파"에 속한 사람에 의해 기록되었을 것으로 보고 있다.

그러나 다른 한편으로 바울의 기록임을 믿는 사람들은 에베소서와 골로새서가 마치 갈라디아서와 로마서의 관계와 비슷하다고 보고 있다. 갈라디아에서 바울이 율법과 기독교인의 관계의 위기를 다루었다면 나중에 로마서는 칭의와 율법이란 주제 전체를 좀더 넓은 관점에서 다루고 있어 어느 한 교회에 보낸 편지라기보다는 오히려 신학적 논문같은 인상을 준다. 마찬가지로 골로새서는 많은 "세력들"과 "정세들"에 직면하여 세상 안에서의 그리스도의 위치의 독특성에 관해 교회가 당면하고 있는 어렵고 구체적인 문제를 다루고 있으나 에베소서는 교회의 통일성과 보편성을 설명하는 좀더 고요한 논문이다. 이런 이유로 에베소서의 바울 저작설을 주장하긴 하지만 현재로서는 광야의 외로운 소리처럼 약하게 들리고 있다.

4. 내용 개요

1) 인사와 감사와 중재 기도.

1:1-2, 인사.

1:3-14, 감사(하나님의 비밀=우리 모두가 그리스도 안에서 하나됨).

1:15-23, 중재 기도(그리스도=교회의 머리, 교회=그리스도의 몸).

2) "하나의 거룩한 교회"의 영광(2:1-3:21).

2:1-10, 우리는 은혜 가운데서 믿음으로 구원을 받았다(교회의 영광의 근거는 모든 인간이 은혜 가운데서 믿음으로 구원받아 교회로 인도된 데 있다).

2:11-22, 우리는 유대인이나 이방인이나를 막론하고 그리스도 안에서 하나가 되었다(독자들이 한때는 이방인이어서 그리스도로부터 떠나 있었고, 약속의 계약에서 제외되어 있었고 하나님 없이 세상에서 소망이 없었더니 이제는 그리스도 안에서 하나님과 화해되어 성도들과 같은 시민이요 하나님의 가족이 되었다).

3:1-21, 이방인을 위한 중재 기도(그리스도의 비밀=이방인도 복음을 통하여 그리스도 예수 안에서 함께 상속자가 되고 함께 지체가 되고 함께 약속에 참여하는 자가 되는 것).

3) 권면과 교훈(4:1-6:20).

4:1-16, 신앙과 교회의 통일성(몸, 성령, 희망, 주, 믿음, 세례, 하나님이 모두 하나; 그리스도의 몸을 채우기 위해 사도, 예언자, 전도자, 목사, 교사를 세웠으나 모두 한 몸의 지체).

4:17-32, 옛 사람을 벗어버리고 새 사람을 입어야 할 필요성.

5:1-7, "악(惡)의 목록"

5:8-20, "덕(德)의 목록"

5:21-6:9, "가정 법전"(골 3:18-4:6)

6:10-20, 하나님의 전신 갑주와 기독교인의 전투.

4) 두기고에 대한 마지막 언급과 마지막 축도(6:21-24).

22

목회 서신 : 디모데전·후서와 디도서

디모데에게 보낸 두 개의 편지와 디도에게 보낸 한 개의 편지를 가리켜 "목회 서신"(the Pastoral Letters) 또는 "목자 서신"(the Shepherd Letters)이라 부른다. 바울의 이름으로 된 서신들 중에서는 오직 이 세 서신만이 지역 교회를 담임하고 있는 개인들에게 보낸 편지들이다. 디모데는 에베소 지역을, 그리고 디도는 그레데섬을 책임맡고 있었다. 이 편지들이 비록 개인들에게 보내진 것이기는 하자만 결코 사신(私信)은 아니고 디모데와 디도로 하여금 지역 교회를 잘 지도하게 하기 위해 훈계하는 공식적인 문서라고 말하는 것이 옳다. 바울은 이 편지들을 통해 다음과 같은 점들을 강조하고 있다. 신앙에 대해 전해진 내용에 충실할 것, 이단적인 교훈들로부터 신앙을 방어할 것, 지역 교회들에서 자격있는 임원들을 임명할 것, 공중 예배의 규율을 확립할 것, 믿는 자들로 하여금 그들의 시민

생활의 의무와 관련하여 모범적인 생활을 하도록 권면할 것 등등이다. 이 세 편지는 거의 같은 시기에 기록된 것으로 보이며, 이단적인 교훈들도 세 편지에서 거의 똑같은 형태로 나타나고 있다. 그 이단적 교훈이란 곧 유대적 영지주의의 형태로 생각된다.

1. 수신자들

목회 서신의 수신자들은 에베소 교회를 다스리고 있던 디모데와 그레데섬에서 같은 지위를 맡고 있던 디도이다.

디모데는 바울 서신들과 사도행전으로부터 잘 알려진 인물이다. 디모데는 소아시아의 루스드라 태생(행 16:1 이하)으로 그의 아버지는 이방인이나 그의 어머니는 유대인이었다. 바울이 그의 첫 번째 전도 여행 때 루스드라에 왔을 때 디모데가 그의 개종자들 가운데 한 사람이 되었다(딤전 1:2). 나중에 바울이 두 번째 전도 여행 때 다시 루스드라에 들렀을 때 디모데가 그의 일행이 되어 전도 여행에 나섰다. 그 때로부터 디모데는 바울의 가장 충실한 동행자요 동역자가 되었다. 바울이 집 안에 감금되어 있는 동안 디모데가 로마에 있었다(골 1:1, 몬 1). 바울이 풀려났을 때 그는 다시 전도 여행을 시작했고 다시 지중해 동부로 여행하여 에베소를 방문했으며 그 때 디모데를 그 곳에 자기의 대리인으로 남겨놓았다. 디모데는 그가 에베소 교회를 맡았을 때 약간 어렸던 것으로 보이며(딤전 4:12), 서신들에 나오는 여러 본문들을 살펴보건대 성품이 약간 겁쟁

이였던 것으로 보이며 디모데전서 5:23에 의하면 그는 건강이 좋지 않았던 것으로 생각된다.

디도에 관해서는 사도행전에 별다른 언급이 없지만 바울 서신들에서는 비교적 많은 내용이 전해지고 있다. 디도서 1:4에 의하면 디도는 바울에 의해 개종되었다. 갈라디아서 2:1 이하에 보면 디도는 예루살렘 사도 회의에서 바울과 바나바의 동역자로 나타나고 있다. 바울은 3차 전도 여행 때 디도를 고린도로 보냈고 바울이 그를 다시 마게도니아에서 만나 다시 그를 예루살렘 성도들을 위한 모금을 위해 고린도로 돌려보냈다(고후 7:5 이하, 8:23 이하). 그리고는 목회 서신에서 디도가 다시 언급되고 있다. 바울이 로마에 감금된 이후 다시 전도 여행을 하는 동안에 디도에게 그레데 교회를 맡겨 다스리게 하였다.

비록 목회 서신이 디모데와 디도에게 개인적으로 보내진 것이지만, 분명히 이 편지들은 교회의 모든 성도들을 위한 것이다. 이 점은 편지들의 본문이나 내용으로 보아 분명하다. 그래서 목회 서신의 결론 구절에선 인사말이 꼭 복수형으로 기록되어 있다. "은혜가 그대들에게 있기를 빕니다"(딤전 6:21, 딤후 4:22), "은혜가 그대들 전체 위에 있기를 빕니다"(딛 3:15).

2. 저자 문제

목회 서신 3개는 각기 저자가 자신을 바울이라고 밝히는 말로 시작되고 있다. 그리고 편지 가운데서 저자는 우리가 알기에 바울의 생애에 속하고 있는 경험들을 언급하고 있다. 가령 예를 들면, 저자는 예수의 부름을 받기 전에 교회를 심히 핍박하였으며(딤전 1:12-16) 안디옥, 이고니움 그리고 루스드라에서는 신앙을 위해 고통을 당하기도 했다(딤후 3:11). 그래서 초대 교회는 제2세기 말경부터 목회 서신을 바울의 것으로 생각해 왔다. 그러나 성서 비평이 시작된 이후로 목회 서신의 저자 문제는 19세기 초부터 비교적 보수적인 비평가들 가운데서도 심각한 의문을 당해 왔다. 목회 서신이 바울의 것이 아니라고 생각하는 데에는 주로 다음과 같은 이유들이 있다.

1) 최초의 사본 증거들이 바울의 저작설(著作說)에 대한 의문을 불러일으키고 있다. 가장 오래된 바울 문서의 사본(Chester Beatty Papyrus #46)엔 목회 서신에 대한 흔적이 없다. 그런데다가 말시온의 정경 가운데에도 목회 서신은 포함되어 있지 않다. 말시온이 바울을 매우 좋아했고 구약 인용을 아주 싫어했던 점을 고려한다면 바울의 이름으로 되어 있으면서도 구약 인용이 거의 없는 목회 서신을 일부러 제거시켰을 것 같지가 않다. 이렇게 초기 사본들 가운데서 빠져 있던 목회 서신이 2세기 말경부터 비로소 바울 서신 수집록에 첨가되기 시작했다.

2) 목회 서신의 언어 문제가 바울의 저작설에 의문을 불러일으킨다. 목회 서신에 나오는 848개의 단어들 중 306개는 다른 바울 서신들에 전혀 나오지 않고 있으며 이 306개 단어 중 175개의 단어는 신약성서 다른 곳에서도 사용되고 있지 않을 뿐만 아니라 그 중 211개 단어는 제2세기 기독교 저자들이 일

반적으로 사용하고 있는 후대의 단어들이다. 이런 점에서 목회 서신의 어휘는 바울의 어휘에 근사하다고 보기보다는 오히려 일반적인 희랍 철학의 어휘에 가깝다. 더구나 목회 서신은 바울의 단어들을 바울의 의미와는 다르게 사용하고 있다. 예를 들어 "의로운"(dikaios)이란 말이 바울 서신에서는 하나님과의 종교적 관계에서 "의롭다"는 의미를 뜻하는 것인데 목회 서신에서는 윤리적 자질을 가리키는 의미로 사용되고 있다. 그리고 "믿음"이란 말이 바울에서는 하나님과 그리스도에 대한 인격적 신앙을 가리키는 말인데 목회 서신에서는 오히려 기독교 신앙의 내용 혹은 신조의 의미를 갖고 있다.

3) 어휘와 관련해서 문학적인 문체도 바울의 것과 다르다. 바울 서신들은 일반적으로 상당히 논쟁적인 문체로 되어 있는데 목회 서신은 상당히 명상적인 문체로 기록되었다. 이스턴(B. S. Eastern)은 바울과 목회 서신간의 차이를 다음과 같이 말한 적이 있다. "바울은 성령에 충만한 사람이며, 목회 서신 기자는 정통파 사람이다"(Paul is inspired, the Pastorals are orthodox). 즉 바울이 모험적이며, 창조적인 사상가였다면 목회 서신 저자는 훨씬 보수적이며 정통적인 인물에 지나지 않았다. 그래서 바울 서신이 역동적(dynamic)인 문체를 갖고 있는 반면 목회 서신은 정적(static) 문체로 되어 있다.

4) 목회 서신에 반영되어 있는 역사적 배경이 바울이 살아있던 1세기 중엽이 아니라 오히려 2세기 초나 중엽이라는 점이다. 목회 서신은 초대 교회 역사에서 비교적 후대의 단계를 보여주고 있다. 교회가 구조적으로, 그리고 조직과 체제면에서 크게 발전하여 감독, 장로, 집사 등 성직(聖職) 제도가 공식적

으로 등장하던 시대는 오히려 2세기에 적합한 배경이다. 바울은 살아서 전도 여행을 다니며 개체 교회를 세우던 시대의 상황에는 잘 어울리지 않는다. 목회 서신에는 초대 공교회(公敎會, Early Catholicism) 사상의 특징이라고 할 수 있는 임박한 종말 기대의 퇴조, 교회의 제도화, 신앙의 신조화 등이 뚜렷이 나타나고 있는데 이런 것은 2세기 상황을 반영하고 있다.

5) 이런 것들에 못지 않게 중요한 것은 바울 서신과 목회서신에 나타나고 있는 신학 사상의 차이이다. 예를 들어 바울은 믿음으로 말미암은 칭의를 말한다. 그래서 그의 신학의 표어는 "오직 믿음으로만"이다. 그런데 목회 서신에서는 믿음과 행함을 통한 칭의를 말한다. 바울 서신에서와는 달리 "선행"(good works)에 대한 강조가 나타나고 있다(딤후 3:17; 2:21, 딤전 5:10; 6:18-19, 딛 1:16; 2:7, 14; 3:8). 기독론에서도 약간의 차이를 보이고 있는데 가령 바울은 그리스도를 "구주"(Savior)라고 말하는 경우가 아주 드물다(빌 3:30 예외). 그러나 목회 서신은 그리스도뿐 아니라 하나님을 거의 규칙적으로 "구주"라고 부르고 있다(딤전 1:1; 2:3; 4:10, 딛 1:3; 2:10; 3:4에서는 하나님 Savior로, 그리고 딤후 1:10, 딛 1:4; 2:13; 3:6에선 그리스도를 Savior로 말하고 있다). 교회론에 있어서도 바울은 교회를 그리스도의 몸으로 이해하고 있는데 목회 서신은 교회의 구조와 조직 등 제도로서의 교회로 이해한다. 그밖에도 목회 서신에는 바울 서신에서 그토록 중요시되고 있는 "그리스도 안에"란 사상과 성령의 내재에 대한 언급이 거의 나타나지 않고 있다. 이런 점 등으로 미루어 볼 때 바울 서신과 목회 서신이 같은 손에서 나왔다고 믿기가 어렵게 된다.

따라서 오늘날 많은 학자들은 바울이 직접 목회 서신을 기록한 것은 아니고 그의 제자 혹은 바울 "학파"에 속한 어떤 사람이 바울의 이름으로 기록했다고 생각한다. 마치 복음서 기자들이 예수가 죽은 이후에 그의 말씀들을 수집하여 변화된 시대에 사는 사람들에게 소개하였듯이, 바울의 영향 아래 있던 사람이 바울의 교훈을 변화된 시대에 맞추어 바울의 이름으로 제시한 것으로 보인다.

3. 기록 목적

사도들의 시대는 임박한 종말 기대로 특징지어져 있었다. 그리고 이런 기대는 자연히 세상에 대한 무관심을 가져왔다. 그러나 재림의 지연과 함께 사도 이후 시대에는 이 종말적 기대가 수정되어야 했고 또한 세상에 대한 무관심적 혹은 부정적 태도도 재조정되어야 했다. 이제 관심은 어떻게, 언제 종말을 맞아야 될까에서 종말이 오기까지 이 세상에서 어떻게 적응해 가며 생활해야 할까로 바뀌게 되었다. 그리고 교회가 세상에서 존재하기 위해서는 어떤 형태의 기구와 조직이 필요했다. 세상의 악한 세력에 대항하기 위해 자신의 힘을 갖추어야 했다. 이런 필요성은 교회를 위협하는 두 가지 요인에 의해 더욱 절실해 졌는데 하나는 이단이라는 교회 안의 위협이었고 다른 하나는 박해라는 교회 밖의 위협이었다. 이런 위협에 직면하여 교회는 마땅히 신앙적으로 대처해야 했는데 교회가 취한 세 가지 방법은,

1) 신조의 형성

2) 경전의 형성

3) 성직 제도의 형성이다.

그리고 교회의 안정을 위해서 먼저는 내적으로 교회의 제도화를 추구했으며, 다음으로는 외적으로 세상에 대한 올바른 적응을 꾀했다. 그리고 정통 신조와 교회 성직자에 대한 순종만이 외적인 반대나 내적인 분열로부터 교회를 지키는 최선의 방편임을 가르쳤다. 이것이 바로 목회 서신의 취지요 목적이다.

4. 목회 서신의 기록 순서

목회 서신 3개는 어떤 순서로 기록되었을까? 우리가 사용하는 성경에서는 디모데전서, 디모데후서, 그리고 디도서 순으로 편집되어 있으나 그것이 기록되어 나온 순서일까? 목회 서신의 기록 순서에 관한 이스턴(B. S. Eastern)의 다음과 같은 주장은 받아들일 만한 것으로 생각된다. 그에 의하면 목회 서신은 디모데후서가 제일 먼저 기록되었고 그 다음으로 디도서, 그리고 마지막으로 디모데전서가 기록되었는데 나중에 수집되어 편집되는 과정에서 순서가 뒤바뀌게 되었다는 것이다. 이렇게 생각하는 데에는 다음과 같은 이유가 있다.

첫째로, 디모데후서, 디도서, 디모데전서의 순서가 서신에 반영된 교회 제도의 발전 과정에 잘 어울린다. 디모데후서에선 수신자에게 "신실한 사람들"을 전승의 전달자로 임명할 것을 명령하고 있다. 디도서에선 장로들(공식 명칭으로 사용되고 있는 점으로 미루어 확정된 직무임을 암시한다)이 모든 성읍에서 임명되어 있고, 디모데전서에선 장로들의 존재가 당연시 전제되어 있을 뿐만 아니라 그들의 임명을 위한 규정들이 마련되고 있다. 다른 한편 디모데후서에선 사도들만이 안수했는데 디모데전서에선 장로들도 안수하고 있다. 이스턴은 이것을 가리켜 "유대교 선례를 보편적으로 부활시킨 것"이라고 말한다.

둘째로, 이단에 대한 입장이 달라지고 있다. 디모데후서 2:17, 20에선 이단자들인 후메네오와 빌레도가 아직 교회 안에 머물러 있는데 디도서 3:10에선 이단자들이 고집을 부릴 경우 출교시키라고 명령하고 있고, 디모데전서 1:20에선 후메네오가 사탄에게 넘겨진 것으로 언급되고 있어, 디모데후서, 디도서, 디모데전서의 순서로 기록된 것으로 읽는 것이 역사적 상황에 잘 어울리는 것으로 보인다.

셋째로, 개인적인 바울의 언급이 점차로 줄어들고 있다. 디모데후서(특히 4:9-20)에는 이런 종류의 자료가 상당히 많이 나온다. 그런데 디도서에선 바울에 대한 개인적인 언급이 많이 줄어 3:12-15에서만 나올 뿐이다. 그러나 디모데전서에 와서는 그런 개인적 언급이 완전히 사라져 버리고 있다. 이것은 곧 저자가 이때쯤엔 바울에 대한 언급 없이도 스스로 제발로 설 수 있게 되었음을 뜻하며 따라서 디모데전서가 오히려 가장 나중에 기록된 것으로 보는 편이 옳을 것으로 생각된다.

5. 디모데전서의 내용 구분

1) 인사(1:1-2).

2) 거짓 교사들의 교리에 대한 공격(1:3-20) : 거짓 교훈은 유대적 요소를 가진 영지주의 형태이다. "꾸며낸 이야기와 지리한 족보 이야기"(4절)는 영지주의적 경향을, 그리고 "율법"(8-9절)에 대한 언급은 유대적 요소를 가리킨다. 이 본문에서 신앙은 기독교 교리를 받아들이는 것을 의미한다.

3) 교회 질서(2:1-3:16) : 교회의 기구적 조직에 대한 관심이 나타난다.

가) 교회 예배(2:1-15) : "왕들과 높은 지위에 있는 모든 사람을 위한 기도"(2절) 규정은 세상과의 관계 개선을 꾀하는 후대의 시도이다.

나) 성직 제도(3:1-16) : 감독의 자격과 집사의 자격이 규정되어 있으며 기독론적 찬양시(16절)가 첨부되어 있다.

4) 거짓 교사들의 윤리에 대한 공격(4:1-10) : 거짓 교사들의 윤리가 참 교사들에게 기대되는 행위와 대조되고 있다.

5) 교회 질서(4:11-6:19) : 기독교 성직자의 이상을 제시하고 있으며(4:11-5:2) 과부들에 관한 규정도 밝히고 있다.

6) 결론(6:20-21).

6. 디모데후서의 내용 구분

1) 인사(1:1-2)

2) 바울을 본받아 증거할 것에 대한 권면(1:3-2:13) : 바울로부터 들은 "건전한 말씀"을 본받고 따르며 지킬 것을 권면하고 있다.

3) 모든 면에서 선한 행동을 보이라는 권면(2:14-4:8) : 피해야 할 거짓 교사들의 본보기와 따라야 할 사도 바울의 본보기가 제시되고 있다. "속되고 헛된 말"(2:16), "부활이 이미 지나갔다는 말"(2:18), "허탄한 이야기"(4:4) 등에서 거짓 교훈의 일면을 볼 수 있다. 여기에 비해 성경을 "영감된 것", "유익한 것"으로 말하고 있다(3:16).

4) 바울의 개인적 상황(4:9-18).

5) 마지막 인사(4:19-22).

7. 디도서의 내용 구분

1) 인사(1:1-4).

2) 성직 제도(1:5-9) : 감독과 장로의 자격 및 그들에 대한 지시이다. 디모데전서에선 두 직분이 구분된 반면 여기서는 같은 것처럼 보인다. 아마도 디도서가 아직 두 직분이 명확히 구분되기 이전에 지속되었기 때문일 것으로 생각된다.

3) 거짓 교훈에 대한 공격(1:10-16) : 거짓 교훈이 그레데

사람들(1:12)과 또한 분명히 유대교(1:14)와 관련된 것으로 보인다.

4) 올바른 기독교적 행동에 대한 권면(2:1-3:7) : 여기에선 후대 기독교 문헌에서 볼 수 있는 표준적인 도덕 교훈이 나온다.

5) 거짓 교훈에 대한 또 다른 공격(3:8-11) : 역시 "어리석은 논쟁과 족보 이야기"는 영지주의와 관련된 것이고 "율법"은 유대교와 관련된 것이다.

6) 개인적 언급(3:12-14).

7) 마지막 인사(3:15).

제 5 장

히브리인서와 공동 서신

23

히브리인서

1. 문학적 성격

스캇(E. F. Scott)은 히브리서의 성격에 대해 다음과 같이 말한 적이 있다. "신약성서 중의 수수께끼……상세히 연구하면 할수록 더 많은 문제가 생겨난다." 멜기세덱에 관해서 히브리서가 "아비도 없고 어미도 없고 족보도 없다"(7:3)고 말했는데 히브리서야말로 출처와 정체가 애매한 책이다. 누가 누구에게 언제 왜 기록한 것인지 온통 확실치도 않거니와 히브리서의 성격이 편지의 형태를 띠고 있으면서도 편지 같지 않고 신학적 논문 같으면서도 마지막은 작별 인사와 축복 등 다른 편지의 마지막 형태를 그대로 보여주고 있기도 하다.

히브리서는 아주 초기로부터 "히브리인들에게" 보낸 편지라는 제목으로 알려져 왔다. 그러나 히브리서는 다른 신약 서신들처럼 시작하고 있지 않다. 서신의 서두 문구라고 할 수 있는 "아무개가 아무개에게", "인사와 축복" 등이 없다. 비록 히브리서의 마지막이 문안 인사와 축복 등 전형적인 서신의 형태로 끝나고 있기는 해도 처음부터 곧장 신학적 토론으로 들어가고 있는 것이라든가 또는 히브리서에 "편지"란 단어나 "쓴다"는 용어조차도 전혀 나타나지 않고 있는 사실은 많은 학자들로 하여금 히브리서를 편지로가 아니라 편지의 형태를 본뜬 "신학적 논문" 혹은 "설교"로 이해하게 만들었다.

일부 학자들은 편지의 서론 부분이 떨어져 나갔다고 주장하기도 했고 혹은 편지의 서론 부분은 전달자가 구두로 전달했다고 말하기도 했으나 히브리서가 전통적인 편지의 서론으로 시작되지 않고 있는 사실은 부인할 수 없다. 그런데다가 히브리서가 갖고 있는 유일한 서신적 특징인 마지막 인사말(13:22-25)도 일부에서는 정경화되는 과정에서 바울의 서신으로 인식시키기 위해 나중에 첨가된 것이라는 주장까지 있고 보면 히브리서를 서신 혹은 편지로 인식하기는 어려워진다. 뒤에서 살펴보게 될 것이지만 히브리서의 내용 자체를 갖고 본다면 히브리서는 아무런 구체적 역사적 상황과 직접 관련된 것 같지도 않아 근본적으로 기독교인의 신앙 증진을 위한 하나의 설교로 이해하는 편이 더 옳을 것으로 보인다. 실제로 히브리서의 내용은 선포(케리그마)와 교훈(디다케)의 혼합으로 구성되어 있다. 그러나 내용으로 미루어 보건대 히브리서는 결코 믿지 않는 자를 개종시키기 위한 선교적 설교는 아니고, 이미 믿는 자들을 권면하고 지도하고 위로하기 위한 교훈적 또는 교육적인 설교이다. 히브리서 13:22에서 저자 자신이 자신의 기록을 "권면의 말씀"이라고 규정한 것도 히브리서를 편지로가 아니라 설교로 이해하게 만드는 중요한 요인 중의 하나로 생각된다.

2. 저자 문제

히브리서의 저자의 정체는 알려지지 않고 있다. 요한일서를 제외하고는 히브리서가 저자의 이름을 밝히지 않고 시작하는 유일한 신약 서신인 셈이다. 히브리서를 바울의 서신으로 본 것은 2세기 말 알렉산드리아 교회에서가 처음이었다. 교회역사가인 유세비우스에 의하면 알렉산드리아의 교부인 클레멘트가 히브리서를 바울의 서신으로 인정하였다. 클레멘트는 바울이 히브리서를 히브리어로 기록했고 누가가 그것을 희랍어로 번역한 것이라고 믿었다. 오리겐도 그 전통을 따랐으나 분명히 의심을 표명하고 있다. 오리겐은 "사상은 바울의 것이지만 표현과 문체는 다른 사람의 것이다"라고 말하면서 "누가 정말 편지를 썼는지는 오직 하나님만이 아신다"고 결론지었다.

최근에 이르러서는 히브리서가 바울이 기록한 것이 아니라는 사실에 대해서 거의 아무런 이의도 제기되지 않고 있다. 어휘나 문체가 바울의 것과 다르며 교리 부분과 윤리 부분으로 구분되고 있는 바울 서신의 구조와도 다르다. 구약성서를 인용하는 방법도 다르고 또한 신학도 많은 차이를 보이고 있다. 그래서 학자들은 바울 대신에 히브리서의 저자로 누가, 아볼로, 로마의 클레멘트, 바나바 등을 거론하고 있지만 어느 누구도 분명하지가 않다. 학자들의 결론은 오히려 헬라 배경을 갖고 있는 유대인 기독교인이 기록한 문서라는 데로 기울고 있다.

저자가 실재의 하늘 영역과 땅의 영역을 대조하면서 후자가 전자의 그림자라고 이해하고 있는데 이런 사상은 주로 플라톤 사상에 근거된 것이다. 저자 문제가 이렇게 분명하지 않기 때문에 우리는 "누구"보다는 오히려 그가 쓴 "글"에 더 관심을 기울여야 하며 이런 의미에서 모팻(Moffatt)의 다음과 같은 말에 동감할 수 있다. "그(저자)는 우리에게 있어서 음성이지 그 이상 아무것도 아니다."

3. 수신자 혹은 독자

"히브리인들에게"라고 되어 있는 이 문서의 명칭이 본래 이 문서의 일부가 아니기는 하지만, 전통적으로 이 명칭이 수신자 문제를 결정하는 데 있어서는 아주 중요한 역할을 해왔다. 신약성서에서 "히브리인"이란 용어는 헬라말을 하는 유대인과 구별하여 아람어를 말하는 팔레스틴 유대인을 가리키는 말이기는 하지만(행 6:1) 히브리서의 경우에는 어떤 언어를 사용하는가에 상관없이 희랍인 혹은 이방인과 구별하여 유대인을 가리키는 용어로 이해할 수 있다. 따라서 "히브리인들에게"란 명칭이 단순히 이 문서의 내용으로부터 가정해 낸 명칭이기 때문에 이 편지는 쉽게 유대 기독교인들에게 보내진 것이라고 생각되게 되었다. 더구나 이것을 뒷받침하기 위하여 다음과 같은 사실이 지적되어 왔다. (1) 유대적 사상, 특히 구약 제사 제도에 대한 지식이 전제된 그리고 구약 사상의 영역 안에서 이루어지는 성서적 증명 방법, (2) 많은 구약성서의 인용, (3) 유대인들을 겨냥하여 신약이 구약보다 우월하며, 예수가 모세보다 우월하며 예수의 대제사장직이 레위족의 제사장직보다 우월하다고 신학적으로 논증하려는 시도 등등이다. 그리고 이와 관련해서 편지를 쓰게 된 동기도 다음과 같이 설명되기도 했다. 즉 유대교의 옛 제사 제도가 기독교인이 된 유대인들에게 계속 매력과 향수를 불러일으켜 그들로 하여금 다시 유대교로 돌아가게 하려는 시험이 있었으며, 또한 예루살렘 성전이 멸망되기 전에 일어난 유대인 민족주의의 부흥이 기독교 신앙을 버리고 유대교로 복귀하려는 시험이 되었으며, 다른 한편으로는 기독교의 임박한 종말론에 대한 좌절감, 거기에 기독교에 정교한 제사 제도가 부족한 아쉬움 등이 기독교 유대인들에게는 실족의 위험이 되었고 그래서 그들을 향해 "권면의 말씀"을 기록한 것이 바로 히브리서라 생각되었다.

그러나 다른 한편으로는 이 편지의 독자가 주로 이방인 기독교인들 혹은 단순히 기독교인들이라는 주장도 강력히 대두되었다. 우선 본문에도 없는, 그리고 이 문서의 본래 일부도 아닌 "히브리인들에"란 말이 독자 문제를 결정하는 데 선입감으로 작용해서는 안 된다는 생각이 제기되었고 아울러 히브리서에는 특별히 유대 기독교적 특징도 없다고 지적되고 있다. 할례나 성전 예배 또는 예식법에 대한 언급도 없다. 구약에 대한 지식이 전제되어 있다고 말하나 그 정도는 이방인 기독교인들에게는 누구에게서나 쉽게 볼 수 있는 것이다. 바울이 갈라디아서에서 이방인 기독교인들에게 어려운 성서적 증명 방법을 제시하고 있는 것을 본다면, 히브리서의 고상한 문체로 판단할 때 분파적 수준이 훨씬 높아 보이는 히브리서 독자들에게는 그와 같은 일이 더욱 쉽게 나타날 수 있었을 것이다. 그리고 만일 저자가 유대인 기독교인들에게 기초적인 기독교 교훈들(5:12 이하)을 더욱 자세하게 가르치려고 했다면, 그는 "죽은 행실을 회개하는 일과 하나님에 대한 믿음과 세례에 관한 교리와 안수에 대한 것과 죽은 자의 부활에 대한 것과 영원한 심판"(6:1-2)에 대한 것을 언급할 것이 아니라, 오히려 그리스도께서 하신 일과 하나님이 성령 가운데 내재하심 등에 대해 언급해야 했을 것이다. 그가 열거한 것은 오히려 이방인들을 위한 전도 설교의 기본 요소들이었다. 더구나 "살아계신 하나님을 떠나는 일"(3:12)에 대한 경고도 유대 기독교인 독자들보다는 오히려 이방인들에게 더 잘 어울리는 경고로 보인다. 그리고 옛 계약과 새 계약간의 대조가 유대교에 대한 기독교의 우월성과 동일시되는 것이 아니라 히브리서에는 오히려 실재와 그림자, 땅의 것과 하늘의 것으로, 즉 영지주의적 이원론적 사고로 제시되고 있어 독자층을 유대인 기독교인으로 보기보다는 오히려 헬라 사상에 익숙한 기독교인으로 생각하는 편이 더 옳을 것으로 보인다.

4. 히브리서의 주제

고대 세계에서 하나님은 절대 타자(絶對他者) 혹은 초월자로 인식되었다. 그래서 구약에서도 하나님은 우리 인간과 너무나 다른 분으로, 즉 "너무나 거룩하고 너무나 높으시고 너무나 온전하신 분"으로 생각되었다. 그렇기 때문에 더럽고 천하고 불완전한 인간은 하나님을 뵈올 수가 없다. 오히려 하나님을 본 자는 죽게 된다.

"네가 내 얼굴을 보지 못하리니 나를 보고 살자가 없음이니라"(출 33:20).

"우리가 하나님을 보았으니 반드시 죽으리라"(삿 13:22).

제사장 이외에는 어느 누구도 하나님을 만나러 지성소에 들어갈 수 없게 되었고 제사장도 1년에 한 번 속죄일에만 들어갈 수 있었다. 이런 거룩한 하나님 앞에 우리 인간이 어떻게 나아갈 수 있을까?

헬라 사상, 특히 플라톤 사상에도 이와 비슷한 것이 있다. 플라톤에 의하면 땅 위에 있는 모든 것은 하늘 위의 영원한 세계에 있는 이상적인 형상의 불완전한 모형에 지나지 않는다. 그는 이 둘을 "이데아"(idea)의 세계와 "그림자"(shadow)의 세계로 구분했다. 그런데 헬라인들에게 있어서의 문제는 우리가 어떻게 해서 그림자의 세계에서 실재의 세계로 옮겨갈 수 있을까 하는 것이었다.

유대인들이 하나님께로 나아가는 길을, 그리고 헬라인들이 실재(實在)에로 나아가는 길을 찾고 물을 때, 히브리서 저자는 "너희는 예수 그리스도 안에서 하나님과 실재에로 나아갈 수 있다"고 가르친다. 헬라인들에게 있어서는 사람들을 실재에게 나아가게 해주는, 또는 그렇게 하는 데 도움을 주는 사람들이 있었다. 철학자들이 그러했다. 그리고 유대인들에게 있어서 사람을 하나님께로 이끌려고 했던 사람들이 많이 있다. 우선은 선지자들이 그렇다. 천사들도 하나님의 사자들로서 사람들을 하나님에로 이끌려고 했다. 모세가 그러했고 특히 아론 계열의 제사장들이 그러했다. 그러나 히브리서 저자는 예수 그리스도만이 하나님께로 나아가는 "새롭고 산 길"(the new and living way)을 열어 놓으셨는데 그것은 그가 선지자, 천사, 모세, 제사장보다 더 위대한 분이기 때문이라고 한다. 히브리서 저자는 중보자 혹은 중간 존재들을 통해 하나님께로 접근하려고 하는 그래서 "완전"(2:10; 5:9; 7:11, 19, 28; 9:9; 10:1, 14; 11:40; 12:2, 23)을 성취해 보려고 애쓰는 당시 독자들을 향해 "오직 예수만"이 그 길임을 증언하고 그렇게 함으로써 기독교 신앙의 확신 가운데 거하게 하려고 했다.

5. 내용 개요

히브리서에서는 선포(케리그마)와 교훈(디다케)이 번갈아 나와 독특한 설교 형태를 보여주고 있으며, 서론없이 곧장 선포로 들어가고 있다. 전체적인 구조는 다음과 같다.

선포 : 하나님의 아들이며 인간의 구주이신 예수(1:1-3:6).

교훈 : (3:7-4:13).

선포 : 대제사장이신 예수(4:14-5:10).
교훈 : (5:11-6:20).

선포 : 대제사장이신 예수(7:1-10:18).
교훈 : (10:19-39).

선포 : 믿음의 선구자요 완성자이신 예수(11:1-39).
교훈 : (12:1-13:17).

마지막 축도와 인사(13:18-25).

이 구조를 따라 히브리서의 내용을 좀더 상세히 살펴본다면 다음과 같다.

1) 첫 번째 선포(1:1-3:6) : 예수는 하나님의 영광의 광채이며 그의 본체의 완전한 표현이다(1:3). 그를 통해 만물이 창조되었고 만물이 보존된다(1:2-3).
   그는 천사보다 뛰어난 분(1:5-14).
   그는 모세보다 뛰어난 분(3:1-6).
   그런데 그는 잠시 동안 천사들보다 낮아진 분(2:9), 피와 살을 가지신 분(2:14), 인간과 똑같은 분(2:17)이 되었다. 여기에 요한복음 1장에서와 같이 그리스도의 양성론(신성과 인성)이 반영되어 있다.
2) 첫 번째 교훈(3:7-4:13) : 이 교훈의 기초는 시편 95:7-11이다. 하나님은 이스라엘 백성을 시험하기 위해 그들로 하여금 40년 동안 광야를 방랑하게 했다. 그런데 이스라

엘은 불신앙과 불순종 때문에 실패하고 "안식"에 들어가지 못했다. 기독교인은 그런 시험에 실패하지 말아야 한다. "불순종의 본을 따르지 말아야"(4:11)한다. 끝까지 참는 자만이 하나님의 영원한 안식에 들어가게 될 것이다.

3) 두 번째 선포(4:14-5:10) : 예수는 모든 제사장들보다 뛰어난 완전한 제사장이다. 그는 "멜기세덱의 지위를 잇는 영원한 제사장"(5:6)이다.

4) 두 번째 교훈(5:11-6:20) : 이런 위대한, 완전한, 영원한 대제사장을 믿는 기독교인이라면 신앙적으로 성숙해야 한다. 그런데도 "초보적 원리를 다시 배우고"(5:12) 젖을 먹는 것(5:13)은 잘못이다. 초보적 교리를 버리고 성숙한 경지로 나아가야 한다(6:1).

5) 세 번째 선포(7:1-10:18) : 예수의 대제사장직은 다른 대제사장직보다 더 뛰어나다. 예수는 멜기세덱의 반차를 따른 대제사장(7:1-28)이기 때문이다. 다른 제사장은 레위 자손이요 레위는 아브라함의 자손인데 아브라함이 멜기세덱에게 십일조를 바친 것을 보면 멜기세덱은 더 위대하다. 예수는 멜기세덱의 반차를 따른 대제사장이다. 다른 대제사장은 죽기 때문에 그 수가 증가되나 예수는 영원히 계시므로 바뀌지 않는다. 다른 제사장은 날마다 해마다 제사를 드리지만 예수는 "단번에" 드렸다.

6) 세 번째 교훈(10:19-39) : 그 위대한 대제사장께서 우리를 위해 휘장을 꿰뚫어 새롭고도 산길을 열어주셨으므로(10:22) 우리는 확고한 믿음을 가지고 참된 마음으로 하

나님께 나아가야 한다(10:22).

7) 네 번째 선포(11:1-39) : 예수는 믿음의 선구자이며 완성자이다. 저자는 헬라적 유대교 유산에 의해 신앙을 정의하고 있다. 신앙을 "바라는 것들의 실상"이라고 정의한 것은 유대교의 약속과 완성의 모델을 반영하고 있고, 신앙을 "보이지 않는 것의 증거"라고 한 것은 희랍의 실체와 형상의 모델을 반영하고 있다. 신앙의 위인들이 모두 하나님의 신실한 자들이지만 그러나 그들은 약속을 받지 못했고 그 약속은 기독교인을 위해 보류되어 있다.

8) 네 번째 교훈(12:1-13:17) : 우리를 훈련시키시는 아버지 하나님의 훈련을 끝까지 잘 견디어야 한다.

9) 축복과 인사(13:18-25).

6. 기록 장소와 시기

마지막 인사 부분에서 "이탈리아에서 온 이들이 여러분에게 문안합니다"(13:24)란 말 때문에 히브리서가 로마에서 기록되었다고 생각되어 왔으나 그 인사말 자체는 저자가 히브리서를 쓸 당시 이탈리아에서 온 사람들이 저자와 함께 있었다는 것만을 의미할 수 있기 때문에 로마를 기록 장소로 단정하기 힘들며 본문 자체나 전승에 의해 확실히 밝혀진 곳은 없다.

기록 시기는 대충 주후 90년경으로 추산된다. 독자들이 경험한 박해들(10:32-34)에 대한 언급과 사상적 분위기가 누가 문서에 비슷한 점 등은 최소한 바울 이후 시기를 반영한다. 바울의 전도 여행 통역자였던 젊은 디모데가 아직 살아 있고(13:23) 저자와 독자가 모두 제2세대의 기독교인들로 보인다(2:3). 그러나 로마의 클레멘트가 히브리서를 인용하고 있는 것으로 보이기 때문에 주후 96년 이후로 생각될 수는 없다. 주후 90년경이 아마도 가장 근사한 연대일 것으로 추산된다.

24

공동(共同) 서신

전통적으로 신약성서의 서신들은 크게 두 그룹으로 구분되고 있다. 하나는 "바울 서신들"(the Pauline Epistles)이며 여기에 골로새서, 에베소서, 목회 서신 그리고 히브리서까지 포함된다. 다른 하나는 "공동 서신들"(the Catholic Epistles)이며 야고보서, 베드로전·후서, 유다서 그리고 요한 1, 2, 3서가 여기에 속한다. 이 나중 7개의 서신들을 "공동 서신들"(Catholic Epistles)이라고 부르는 이유는 이 편지들이 어느 특정한 교회나 개인에게 보내진 것이 아니라 교회 일반에 보내진 편지들이기 때문이다. 이런 의미에서 이 서신들을 달리는 "일반 서신들"(the General Epistles) 혹은 "교회 서신들"(the Church Epistles)이라고 부르기도 한다. 그러나 7개의 편지 모두를 "공동 서신" 혹은 "일반 서신"이라고 부르는 것은 적절치가 못하다. 왜냐하면 그 중 어떤 것들은 수신자를 좀더 구체적으로 밝히고 있기 때문이다(베드로전서와 요한2서). 더구나 요한 3서는 "사랑하는 가이오에게" 보내진 것이라서 사신(私信)의 형태를 띠고 있기도 하다. 오직 야고보서, 유다서, 그리고 베드로후서만이 그 편지들의 서론에 관한 한 정말로 "공동 서신"이라고 불리울 수 있다. 요한1서의 경우는 전혀 서신의 형태도 아니다. 서두에 발신자와 수신자에 대한 언급이 전혀 없을 뿐만 아니라 끝부분에 인사와 축복의 말도 없다. 그런데도 이 7개의 편지들을 "공동"(Catholic) 서신들이라고 부르는 데에는 아마도 이 7개의 편지들이 모두 신약 시대 후기에 초대 공(公)교회(Early Catholicism)의 출현과 관련되었기 때문인 것으로 보인다. 실제로 페린(N. Perrin) 같은 학자는 이 편지들을 초대 공교회의 출현과 함께 나타난 문서들(the Literature of Emergent Catholicism)이라고 보고 있다.

25

야고보 서신

1. 문학적 성격

야고보서는 분명히 편지의 형태로 되어 있다. 서두가 다음과 같은 편지 형태로 기록되어 있다. "하나님과 주 예수 그리스도의 종 야고보는 세계에 흩어져 사는 열두 지파에게 문안을 드립니다"(1:1). 그러나 이 첫 구절만 제외시킨다면 이 문서에서 편지의 성격을 찾아내기가 어렵다. 물론 이 문서의 마지막도 전혀 편지의 형식, 곧 마지막 인사와 축복으로 끝나고 있지도 않다. 그런데다가 수신자의 실제적 형편에 대한 언급도 전혀 없다. 이런 특징 때문에 흔히 야고보서는 편지가 아니라 오히려 윤리적인 교훈집을 편지의 형태로 제시한 것뿐이라는 견해가 강하게 나타나고 있다. 야고보서의 전체 108구절 중에 54개의 동사가 2인칭 명령형으로 되어 있는 사실만 보더라도 야고보서가 윤리적 권고를 목적으로 한 문서임에 틀림없다.

다음으로 야고보서에는 기독교적인 복음의 선포도 없기 때문에 기독교적 설교라고 말하기도 어렵다. 예수 그리스도라는 이름이 야고보서 전체 가운데 오직 두 번(1:1; 2:1)만 사용되고 있는데 이 두 구절은 현재의 문맥에서 삭제되더라도 내용상 아무런 문제가 없는 것이기 때문에 그 두 구절만 제외하면 야고보서를 특별히 기독교적인 문서라고 부르기도 어려울 정도이다. 그래서 어떤 사람들은 본래는 비(非)기독교적인 문서였는데 나중에 예수 그리스도란 이름을 삽입함으로써 "기독교화(化)" 시킨 것이라고 말하기도 한다. 야고보서가 갖고 있는 이런 비(非)기독교적인 그리고 비(非)복음적인 성격 때문에 마르틴 루터가 이 서신을 가리켜 "지푸라기 서신"이라고 혹평했던 것 같다.

그러나 야고보서의 가치는 이 서신에 수집되어 있는 많은 다양한 교훈의 말씀들에 있다. 교훈 혹은 도덕적 권면은 희랍이나 유대를 막론하고 고대 세계 문학의 특징 가운데 하나였다. 그런데 야고보서의 저자는 공관복음에 나오는 예수의 말씀, 구약의 잠언 전승, 그리고 희랍의 교훈 전승들로부터 많은 유익한 교훈의 말씀들을 수집하여 기독교인의 생활을 지도하려고 했던 것 같다. 이런 점에서 야고보서는 문학적 양식으로 판단한다면 서신보다는 오히려 유대교의 지혜 문학에 더 가까운 편이며 실제로 구약의 잠언서, 그리고 특히 외경 가운데 "집회서" 혹은 "벤 사람의 지혜서"와 아주 비슷하며 많은 평행 본문을 갖고 있다.

2. 저자 문제

야고보서의 서두에서 "하나님과 주 예수 그리스도의 종 야고보"(1:1)라고 자신을 소개한 이 저자는 누구인가? 신약성서에서 야고보란 이름을 가진 인물이 다섯 명 나타나고 있는데 (세베대의 아들 야고보, 알패오의 아들 야고보, 주의 형제 야고보, 젊은 야고보, 사도 유다의 아버지 야고보), 전통적으로는 이들 중 오직 주의 형제 야고보만이 이 편지의 저자로 인식되어 왔다. 이 야고보가 예루살렘 교회의 지도자였고 유대 기독교의 대표자였기 때문에 이 편지를 쓸 만한 위치에 있었다고 생각했다. 예루살렘 교회 감독이었던 야고보가 스데반의 죽음 이후 사방으로 흩어진(행 8:1) 유대 기독교인들을 향해 이 편지를 쓴 것으로 보인다.

그러나 주의 형제 야고보가 이 편지의 저자라고 생각하는 데에는 다음과 같은 어려운 문제들이 있다.

첫째로, 야고보서의 훌륭한 희랍어로 보아 팔레스틴 유대인의 글로 보기 어렵다. 당시 희랍어가 유대인에게도 널리 알려졌다고 하더라도 아람어를 모국어로 사용하는 유대인으로서는 야고보서의 희랍어를 구사하기 힘들다. 그래서 어떤 사람들은 야고보가 헬라말을 하는 유대인의 도움을 받았다고 말할 정도이다.

둘째로, 야고보서의 내용이 사도행전에 소개된 야고보의 모습과 일치하지 않는다. 엄격한 유대주의 신봉자인 사도행전의 야고보가 "자유의 율법"을 말하는 야고보서의 야고보와 같은 인물일 수가 없다는 것이다.

셋째로, 2:14 이하에 나오는 믿음과 행함에 대한 논의는 바울의 시대로부터 시간적으로 상당히 떨어져 있는 상황을 반영하고 있다. 주의 형제 야고보는 주후 62년경에 죽은 것으로 알려지는데 주후 55~56년경에 예루살렘에서 바울을 직접 만났던 야고보의 글로 보기 어렵다.

넷째로, 야고보서가 경전화 과정에서 특히 서방 교회에서 반대를 받는 등 상당히 오랜 시간이 걸려 경전으로 받아들여진 사실은 야고보서가 주의 형제 야고보에 의해 기록되었다는 사실과 잘 조화되지 않는다.

저자 문제는 저작 시기 문제와 밀접히 관련되어 있는데, 주의 형제 야고보가 저자일 경우에는 저작 시기가 40~60년경이 될 것이며, 만일 익명의 기독교인이 과거 예루살렘 교회 지도자였던 사람의 이름으로 기록한 것이라면 1세기 말경이 될 것이다. 그런데 학자들은 후자의 경우를 택하는 방향으로 기울고 있는 것으로 생각된다.

3. 수신자 문제

야고보서는 서두에서 수신 대상을 "세계에 흩어져 사는 열두 지파에게"(1:1)라고 묘사하고 있다. 유대인들의 지파 구분은 기독교 시대 이전에 이미 없어져 버렸기 때문에 1:1에서 말하는 수신 대상을 문자적으로 유대인이나 유대 기독교인을 뜻하는 것으로 해석할 필요는 없다. 야고보서 자체 안에 독자들이 꼭 유대인이라는 암시도 없다. 야고보서에서 정죄하고 있는 죄는 유대적인 죄를 지칭하는 것이 아니라 인간적인 죄를 가리킬 뿐이다. "완전케 하는 자유의 율법"(1:25)이란 말도 모세의 율법을 가리키는 것이기보다는 기독교적인 사랑의 법을 의미 할 뿐이다. 야고보서엔 유대교적 문서에서 흔히 볼 수 있는 유대인과 이방인간의 적대적인 문제도 나타나지 않는다. 그러고 보면 "세계에 흩어져 사는 열 두 지파"란 "참된 이스라엘" 혹은 "영적 이스라엘"로 생각되는 모든 기독교인을 가리키는 명칭으로 이해하는 것이 옳을 것이다.

4. 내용 개요

야고보서는 본래가 단편적인 윤리적 교훈들을 수집해 놓은 문서이기 때문에 야고보서의 전체적인 구조를 찾아본다는 것은 어려운 일이다. 한 주제를 가지고 비교적 상세히 다룬 본문으로는 말씀을 행하는 자가 되고 듣기만 하는 자가 되지 말라(1:19-25), 사람을 외모로 보고 차별하지 말라(2:1-13), 행함과 믿음(2:14-26), 말에 실수가 없도록 혀를 다스리라(3:1-12)는 것뿐이고 그밖에는 단편적인 교훈들을 수집해 놓은 것뿐이다. 처음부터 장과 절을 따라 내용을 살펴본다면 다음과 같다.

1:1, 서론.

1:2-18, 시험을 당하거든 기뻐하라. 시험을 이기며 견디는 자는 축복을 받기 때문이다.

1:19-25, 말씀을 듣고 잊어버리는 사람이 아니라 말씀대로

행하는 사람이 복있는 자이다.

1:26-27, 참 신앙을 이웃 사랑과 자기 성결로 정의하고 있다.

2:1-13, 하나님은 사람을 외모로 취하는 분이 아니기 때문에 믿는 사람들도 외모로 사람을 판단해서는 안 된다. 오히려 사랑의 법을 이루어야 한다.

2:14-26, 행함이 없는 믿음은 죽은 것이다. 그러므로 사람이 의롭게 되는 것은 행함으로이지 믿음으로만이 아니다. 야고보의 주장이 바울의 "신앙 의인"(信仰義認) 교리에 대한 공격처럼 보인다.

3:1-12, 말에 실수가 없는 자가 온전한 사람이다. 그러므로 혀를 잘 다스려야 한다. 야고보는 말(言)도 인간의 행동 중 하나로 보는 것 같다.

3:13-18, 땅의 지혜를 버리고 하늘의 지혜를 추구하라. 여기서 야고보는 땅의 지혜와 하늘의 지혜를 정의하고 있다.

4:1-10, 싸움과 분쟁을 피하고 하나님 앞에서 겸손히 평화를 추구하라.

4:11-12, 서로 비방하지 말라.

4:13-17, 미래에 대한 불확실성.

5:1-6, 부자들에 대한 경고.

5:7-11, 주의 오실 때까지 인내하라.

5:12, 맹세하지 말라.

5:13-18, 기도의 능력.

5:19-20, 그릇된 형제들에 대한 관심.

5. 실천의 종교

루터의 혹평에도 불구하고 야고보서는 기독교인들에게 실천의 종교, 행함의 신앙을 강조해 주고 있다는 점에서 높이 평가되고 있다. 야고보서의 여러 가지 잡다한 교훈들 중에서도 단연 "행함"에 대한 강조가 서신 전체를 통해 돋보이고 있다. 그는 말씀을 행하는 자가 되고 듣기만 하여 자신을 속이는 자가 되지 말라고 권하며(1:22) 듣고 잊어버리는 자가 아니라 실제로 행하는 자가 복받을 것(1:25)이라고 가르친다. 그리고 그는 하나님 앞에 흠이 없는 완전한 종교를 정의하면서 선행과 성결로 요약하고 있다(1:27). 또 야고보는 이 서신의 중심 부분에서 믿음과 행함에 대해 논하면서 행함이 없는 믿음은 죽은 믿음(2:17)이라고 못박고 우리가 의롭다함을 얻는 것도 믿음으로만이 아니라 행함으로라고 말함으로써 바울의 칭의(稱義) 교리를 보충해 주고 있다(2:14-26). 이와 같은 야고보의 가르침은 입으로만 "주여 주여" 하는 자가 아니라 오직 하늘 아버지의 뜻대로 행하는 자라야 하늘나라에 들어가고 구원받을 수 있다는 마태의 교훈(7:22)과 아주 비슷하다.

바울이 주로 이방 독자들을 상대하고 있었기 때문에 그들에게는 우선적으로 예수 그리스도에 대한 믿음을 요구할 수밖에 없었고, 다른 한편 야고보나 마태는 이미 예수를 믿는 신자들을 교육하며 훈련시키는 입장에 있었기에 그들에게 행함(믿음의)을 가르친 것임을 안다면 야고보와 바울 사이에는 실제로 아무런 대립이 없다는 것을 알 수 있다.

야고보는 또 죄에 대해 독특한 정의를 내리고 있는데 곧

"사람이 선을 행할 줄 알면서도 행치 않는 것이 죄"(4:17)라고 말한 것이다. 예수의 두 큰 계명이 모두 "하라!"는 것임을 염두에 둔다면 야고보가 단순한 범법죄(sins of commission)만 아니라 태만죄(sins of omission)를 강조하고 있는 것은 아주 독특하며 오히려 예수의 정신에 더 가깝다고 보아야 할 것이다. 그리고 죄에 대한 이런 정의가 행함에 대한 그의 강조와 연결된 것은 야고보에게 있어 아주 자연스런 일이며 신앙의 행함이 요구되는 모든 시대의 기독교인들에게 야고보서는 귀중한 경전으로 남게 될 것이다.

26

베드로전서

1. 문학적인 문제

베드로전서는 전형적인 편지의 형태로 되어 있다. 서두에 발신자와 수신자가 언급되어 있고(1:1-2) 끝부분에는 마지막 인사가 나오고 있다(5:12-14). 그럼에도 많은 학자들은 베드로전서를 편지로보다는 오히려 설교로 보고 있다.

그런데 베드로전서는 두 부분으로 분명히 구분되어 있는 것이 특징이며 4:11에서 갈라지고 있다. 4:11에서는 "영광과 권세가 영원 무궁하도록 그에게 있기를 빕니다"란 송영과 함께 "아멘"이 나오고 있다. 첫 번째 부분(1:3-4:11)에서 세례에 대한 언급이 많이 나오고 있기 때문에 이 부분은 흔히 세례 예식 설교로 생각되고 있다. 그리고 제2부(4:12-5:11)에는 이제 박해의 위협 아래 있는 기독교인들에 대한 권면이 나오고 있다.

제1부를 세례 예식 설교로 보는 학자들은 그 내용을 구체적으로 다음과 같이 구분하고 있다. (1) 감독의 엄숙한 개회기도(1:3-12), (2) 세례 후보자에 대한 공식적인 훈시(1:13-21)와 이어서 실제로 세례를 베풀고, (3) 새로이 세례 받은 자들에 대한 환영의 말씀(1:22-25), (4) 성례전 생활의 근본에 대한 교훈(2:1-10), (5) 새로이 세례 받은 자들에게 주는 기독교 제자직의 의무들에 관한 말씀(2:11-4:11)으로 되어 있다. 제1부를 이렇게 세례 예식과 관련된 설교로 볼 경우, 제2부는 흔히 세례 예식에 참석했던 전체 회중에게 주는 설교로 해석되기도 한다. 이렇게 생각할 경우 우리는 다음과 같은 결론을 내릴 수 있다. 즉 저자는 박해를 당하고 있는 기독교인들을 격려하면서 그들이 맨 처음 세례 받고 기독교인이 될 당시의 첫 결심과 감격을 되살려주기 위해 앞에 세례 예식 설교를 첨가한 것이다. 이렇게 함으로써 독자들로 하여금 핍박의 상황에 직면해서도 "영원한 영광"에 대한 "산 소망"을 갖게 하려고 했다.

2. 저자 문제

베드로전서는 그 서두에서 "예수 그리스도의 사도 베드로"(1:1)가 쓴 것이라고 밝히고 있다. 또한 저자는 자기가 "그리스도의 고난의 증인"(5:1)이라고 말하고 있다. 이런 표현들은 곧 예수의 열두 제자 중의 한 사람이요 목격자였던 베드로가 이 편지의 저자임을 뜻한다. 그래서 전통적으로 수제자였던 베드로를 이 서신의 저자로 생각해 왔다.

그러나 다음과 같은 몇 가지 이유 때문에 베드로의 저작설(著作說)은 반대와 의심을 받아왔다. (1) 이 서신의 언어와 문체가 갈릴리 어부의 것으로 보기에는 너무나도 훌륭하다. (2) 구약성서의 인용문이 70인역에서 나오고 있는데 베드로와 같은 팔레스틴 유대인에게서는 거의 기대할 수 없는 일이다. (3) 용어와 사상에 있어서 너무나도 바울의 것과 비슷하다. (4) 박해와 고난에 대한 강조가 나오는데 이것은 베드로가 죽은 이후 도미시안 황제 때의 것으로 여겨진다. 이런 여러 가지 이유들 때문에 많은 학자들은 베드로를 이 서신의 저자로 보지 않으려는 경향이 있다.

그런데 저자 문제와 관련하여 학자들은 5:12을 해결의 실마리로 생각하려고 한다. 저자는 "실루아노의 손을 빌어……이 글을 썼습니다"(5:12)라고 말하고 있는데 실루아노가 베드로의 비서, 혹은 공동 저자 또는 실제적인 저자일 수 있다는 생각이다. 실루아노 혹은 실라(아람어 명칭)는 사도행전과 바울 서신들로부터 잘 알려진 인물이다. 주후 49년에 예루살렘 교회는 유대인 기독교인과 이방인 기독교인간의 문제 해결을 안디옥 교회에 알려주기 위해 그를 택했었다(행 15:22). 나중에 그는 바울의 선택을 따라 바울과 더불어 소아시아와 그리스로 여행했다(15:39). 그는 또 바울이 데살로니가에 편지를 써보낼 때 공동 저자로 일하기도 했다(살전 1:1). 분명히 그는 희랍어를 잘 알고 있었으며 사실상 로마 시민이었다(행 16:37). 바울의 조수로 일했던 이 사람이 베드로전서에서 언급된 실루아노와 같은 인물일 것으로 보인다. 초대 교회에선 또 다른 실루아노가 알려진 적이 없다. 그리고 베드로가 주도하던 예루살렘 교회에서 그의 중요한 위치가 기억된 점을 생각한다면 나중에 그가 로마에서 베드로와 접촉할 수도 있었을 것이다. 베드로전서의 유창한 희랍어 문체와 바울 사상의 흔적은 바울의 동행자였던 실루아노가 베드로전서의 기록과 내용에 책임이 있다고 생각할 때 해결될 수 있을 것이다.

3. 기록 시기와 장소

베드로전서의 기록 시기를 정하는 문제는 저자를 누구로 보느냐에 따라 좌우되며, 다른 한편으로는 베드로전서에 반영되어 있는 핍박이 어느 때의 것이냐에 따라 결정된다. 실제로 초대 교회 시절에 기독교에 대한 박해는 대충 세 차례 있었던 것으로 생각된다. 첫 번째가 네로 황제 때(64년경)의 것이고 두 번째는 도미시안 황제 때(95년경) 그리고 세 번째가 트라얀 황제 때(98-117년)의 것이다. 이 박해 문제를 저자 문제와 연관시켜 이 서신의 기록 시기를 결정하고자 할 때 다음과 같은 세 가지 가능성이 대두되게 된다. (1) 저자를 베드로 자신이라고 생각할 경우 그는 네로 황제의 박해와 관련해서 이 서신을 썼다고 생각하게 되며 기록 시기는 자연히 주후 64년경이 된다. (2) 베드로가 저자가 아니라 실루아노가 나중에 베드로의 이름으로 기록한 것이라고 생각 할 경우에는 도미시안 황제 때인 95년경 혹은 (3) 트라얀 황제 때인 2세기 초일 것이다. 그러나 우리는 베드로가 저자일 수 없을 것이라고 생각하기 때문에, 그리고 네로 황제 때의 박해는 로마 지역에 국한되었지 소아시아 지역 등에 보편적으로 널리 확대된 것이 아니었기 때문에 첫번째 가능성은 배제할 수밖에 없다. 더구나 왕이나 총독들을 존경하고 그들에게 복종하라는 권면(벧전 2:13-17)들은 신약 후대의 문서들, 특히 종말 지연과 더불어 세상과의 관계 개선을 꾀하던 누가 문서나 목회 서신 등에서 찾아볼 수 있는 것들이다. 또한 베드로전서의 본문이 트라얀 황제 당시 비두니아(벧전 1:1)의 지배자로 있었던 플리니(Pliny)의 편지와 비슷한 점이 많아 세 번째 가능성을 주장하는 학자들(Marxsen 등)도 있으나 보다 많은 학자들은 두 번째 가능성, 즉 도미시안 황제 때의 기록으로, 그러니까 주후 95년경의 기록으로 보는 경향이 있다.

기록 장소에 관해서는 만일 "바벨론"(5:12)이 로마를 가리키는 은어였다고 이해할 경우, 그리고 실루아노가 베드로가 죽었던 곳, 그래서 그의 이름과 영향이 남아 있던 곳에서 이 편지를 기록한 것이라고 생각할 경우 로마였다고 보아야 할 것이다.

4. 수신자

서신의 서두에서 저자는 수신자를 "본도와 갈라디아와 갑바도기아와 아시아와 비두니아에 흩어져 기류하는 택함을 받은 사람들"(1:1)이라고 밝히고 있다. 만약 이 명칭들이 로마의 행정 구역을 가리키는 말들이라면 이 편지는 소아시아 전체에 흩어져 사는 기독교인들에게 보내진 것이라고 생각해야 한다. 그러나 "흩어져 기류하는 택함을 받은 사람"이란 말을 문자적으로 취하여 디아스포라 유대인을 혹은 유대 기독교인을 연상할 필요는 없다. 기독교인들은 하나님의 참된 백성으로서 그들의 고향이 하늘에 있기 때문에 이 세상에서는 나그네처럼 흩어져 사는 자들이기 때문이다(cf. 갈 6:16, 빌 3:20, 히 13:14, 벧전 1:17; 2:11). 실제로 본문 가운데서 "전에 알지 못할 때에 가졌던 욕망을 따라 살지 말라"(1:14); "여러분의 조상 때로부터 전해 내려온 헛된 삶의 길에서 여러분이 속량받은 것"(1:18); "여러분이 전에는 하나님의 백성이 아니었다"(2:10); "여러분은……무분별한 우상 숭배에 빠져 살아왔습니다"(4:3)란 말씀이 나오는 것으로 보더라도 수신자들은 이방 기독교인이었음에 틀림없다.

5. 내용 개요

1) 서두 인사(1:1-2).

2) 세례 예식 설교(1:3-4:11).

가) 하나님이 주신 구원과 새 삶을 기뻐하라(1:3-12).

나) 택함받은 족속이며 왕같은 제사장에 합당한 거룩한 생활을 하라는 권면(1:13-2:10).

(ㄱ) 그리스도의 피로 속량받았으니 하나님의 거룩하심처럼 거룩하며 형제를 사랑하라(1:13-25).

(ㄴ) 택함받은 백성, 왕같은 제사장으로 부르신 그 부

름에 합당하게 살라(2:1-10).

다) 기독교인 생활의 실제적인 면에 대한 권면(2:11-3:12).

(ㄱ) 이방 사람들 가운데 덕을 세우라(2:11-12).

(ㄴ) 인간의 모든 제도와 권위에 대해 복종하라(2:13-17).

(ㄷ) "가정 법전"(2:18-3:7) : 종들에게, 아내들에게, 남편들에게 주는 권면의 말씀.

(ㄹ) 일반적인 훈계(3:8-12).

라) 고난의 축복에 대한 교훈(3:13-4:11).

(ㄱ) 선한 행실로 박해자를 부끄럽게 만들라(3:13-17).

(ㄴ) 그리스도의 모범과 세례의 효과(3:18-22).

(ㄷ) 핍박을 받더라도 이방인의 삶을 버리라(4:1-6).

(ㄹ) 종말이 오기 전에 고난이 임할 것이다(4:7-11).

3) 핍박받는 성도들에 대한 충고(4:12-5:11).

가) 그리스도의 고난에 동참하는 줄 알고 기뻐하라(4:12-19).

나) 장로들은 양떼의 참된 모범이 되라(5:1-5).

다) 너희에게 신실하신 하나님을 신뢰하라(5:6-11).

4) 결론 : 작별 인사(5:12-14).

27

유다 서신

1. 문학적 특징과 목적

유다서는 분명히 서신의 형태로 되어 있다. 서두에서 저자는 "예수 그리스도의 종이요 야고보의 동생인 유다"로 밝혀져 있고, 수신자로는 "부르심을 받은 자들 곧 하나님 아버지 안에서 사랑을 받고 예수 그리스도 안에서 보호를 받는 이들에게" 보내진 것이라고 언급되어 있다. 그리고 이 서신은 비록 마지막 작별 인사와 축복은 없지만 찬양의 노래로 끝나고 있다(베드로후서와 마찬가지로). 그러나 이 편지는 구체적인 개체 교회에 보내진 것이 아니며 개인적인 강조도 없다. 그러기에 유다서는 서신으로보다는 오히려 교회 안에 나타난 이단자들을 공박하는 논쟁적인 훈계나 설교로 보는 것이 더 적절한 것이다.

유다서가 논쟁을 벌이고 있는 이단자들은 방종한 영지주의자들이었던 것으로 보인다. 19절에서 그들을 "육적으로 사는 자들"이라고 말했는데 이것은 영지 주의자들이 사용하는 전문용어에 속한다. 그들은 확실히 자유주의적 방탕자들이었다. 그들은 육신의 세상을 멸시하면서 자신들을 육체적 방탕에 내던지는 것에 대해 조금도 구애받지 않았다(8, 12절). 이런 부도덕에 빠진 불경건한 자들이 교회 안에 나타나 그들의 왜곡된 교훈과 악한 행동으로 기독교 신앙을 위협하고 있었다. 이런 상황에 직면하여 유다서는 이단 교설을 뿌리는 거짓 교사들을 공격하면서 독자들로 하여금 믿음 가운데 견고하게 서도록 하려는 목적을 갖고 기록되었다.

2. 저자와 수신자 문제

이 서신의 저자는 자신을 "예수 그리스도의 종이요 야고보의 동생인 유다"라고 소개하고 있다. 여기의 "야고보"가 아마도 예루살렘 교회 지도자로 있던 "주의 형제 야고보"일 것이기 때문에 결국 유다도 "주의 형제들" 가운데 하나였을 수 있다. 그러나 "야고보의 동생"이며 따라서 "주의 형제"인 유다가 이 편지를 기록한 것일까? 많은 학자들은 저자가 사도들의 시대를 멀리 뒤돌아보고 있는 점(17절), 그리고 유다서가 훌륭한 희랍어로 기록되었다는 점, 그리고 유다서의 기록이 훨씬 후대의 것이라는 점들 때문에 "야고보의 동생" 유다가 기록한 것일 가능성을 부인하는 경향이 있다. 아마 이 서신도 1세기 말경 익명의 저자가 "야고보의 동생 유다"의 이름을 빌어 교회 내의 문제에 대처하는 글을 썼던 것으로 보인다.

이 서신의 수신자는 "부르심을 받은 자들, 곧 하나님 아버지 안에서 사랑을 받고 예수 그리스도 안에서 보호를 받는 이들"로 언급되고 있다. 간단히 말해서 이것은 교회 일반 혹은 기독교인 전체를 대상으로 한 것이다. 그러나 유다서는 좀더 유대 기독교인을 대상으로 한 것같이 보인다. 이스라엘 백성의 출애굽, 그리고 미가엘, 가인, 고라의 아들들과 같은 구약 인물들이 9절과 11절에 언급되는 것이라든가 저자가 쿰란 도서관에 속한 유대 묵시록인 에녹 일서를 14절에서 인용한 것으로 보아 비록 이 서신이 교회 전체에 보내진 것이라고 하더라도 독자들은 주로 유대 기독교인들이었을 것으로 생각된다.

1. 기록 시기와 장소

17절에서 사도들을 과거의 인물로 회고하는 것, 3절에서 "전해진 믿음" 곧 신앙의 전통을 암시하는 점, 그리고 영지주의의 징조에 대한 언급 등으로 보아 유다서는 초대 교회의 역사 중 후대 단계에서 기록된 것이라고 보아야 한다. 정치적이며 사회적인 배경으로 미루어 대략 90년경의 것으로 생각된다.

기록 장소에 관해서는 전혀 알려지고 있지 않다. 유대 기독교적 배경으로 미루어 볼 때 팔레스틴이나 시리아가 가장 가능성이 있는 장소로 생각된다.

4. 내용 개요

1) 1-2절 : 서두의 인사말.
2) 3-4절 : 거짓 교사들이 교회 안에 나타났기 때문에 성도들에게 전해진 믿음을 지키기 위해 투쟁할 필요가 생겼다.
3) 5-7절 : 죄와 벌에 대한 성서적 실례들. 저자는 하나님이 믿지 않는 이스라엘 백성들을 광야에서 벌하신 것을 예로 들어 하나님께서 죄에 대해 벌하실 것임을 독자들에게 경고한다.
4) 8-16절 : 거짓 교사들에 대한 정죄. 천사장 미가엘에 대한 언급(9절)은 외경인 모세의 승천기에 대한 언급인데 거기에 보면 미가엘이 모세를 묻으려고 무덤을 파는데 사탄이 나타나 모세의 시체를 달라고 요구하나 성공하지 못한다. 가인(창 4장)과 발람(민 22-24장)은 유대교 및 기독교 전통 가운데서 많이 나타난다. 고라는 모세를 반역했었다(민 16:1-11). "사랑의 식탁"(12절)은 제의적인 면과 일상적 공동 식사가 혼합된 기독교 성찬의 한 형태이다. 고린도와 기타 다른 지역에서도 이 성찬의 남용과 악용으로 제의적인 면은 상실되었다. "길잃은 별들"(13절)에 대한 언급은 외경 에녹서에서 나온 것이며 14-15절의 인용은 에녹서 1:9에서 나왔다.

5) 17-23절 : 신도들에게 요구되는 태도. 만약 19절이 인용문이라면 그 자료에 대해서는 알 수 없다. 아마도 사도들의 교훈에 대한 저자의 이해를 나타내는 듯하며 상당히 묵시 문학적인 어조로 되어 있다.

6) 마지막 찬송(24-25절).

28

베드로후서

1. 저자 문제

서신은 서두(1:1)에서 저자를 "예수 그리스도의 종이요 사도인 시몬 베드로"라고 분명히 밝히고 있다. 1:16 이하에선 저자가 변화산의 예수를 목격한 자라고 말한다. 그리고 3:1에서는 저자가 "지금 내가 두번째 편지를 여러분에게 써보낸다"고 말함으로써 베드로후서가 베드로전서에 이어서 기록되고 있음을 말하고 있다.

그러나 이 편지가 사도 베드로의 기록으로 볼 수 없다는 것이 많은 학자들의 결론이다. 다음과 같은 이유들 때문이다. (1) 베드로후서가 여러 가지 점에서 유다서와 비슷하여 문학적으로 분명히 유다서에 의존하고 있다(이하 참조). 사도 베드로가 유다서를 의존할 이유가 없다. (2) 저자의 사상 세계와 수

사학적 언어가 너무나도 헬라 사상의 영향을 강하게 받은 점으로 보아 사도 베드로의 글로 생각하기 어렵다. (3) 임박한 재림 기대를 부인하는 사람들에 대한 경계 교훈이 나오고 있는 것으로 보아 재림 지연이 신앙적으로 문제가 되던 후대의 기록임에 틀림없다. (4) 바울 편지의 수집록과 다른 성경의 존재에 대해 언급하고 있는 점(3:16)도 훨씬 후대의 기록임을 가리키고 있다. (5) 이 편지가 경전화 과정에서 끝까지 많은 반대와 의심을 받았다. 심지어 4세기에 이르기까지 잘 알려지지도 않았고 경전으로 인정되지도 못했다. 이런 여러 가지 이유들로 보아 베드로후서는 아마도 베드로의 추종자 가운데 한 사람이 사도 베드로의 이름으로 이 서신을 기록했던 것으로 보인다.

2. 유다서와의 관계

베드로후서와 유다서는 사상, 문구와 어휘 그리고 글의 순서 등에서 상당히 비슷한 점을 보여 주고 있다. 특히 베드로후서 2:1-18과 유다서 4-13, 그리고 베드로후서 3:1-3과 유다서 17-18절이 그러하다. 이것을 비교하면 다음과 같다.

벧후 1:5와 유 3절
벧후 1:12와 유 5절
벧후 3:2-3과 유 17-18절
벧후 3:14와 유 24절

특히 눈에 두드러진 것은 거짓 교사들에 대한 설명이다. 거짓 교사들은 주님이신 그리스도를 부인하여 방탕한 생활을 한다(벧후 2:1-2=유 4). 그들은 하늘에 있는 영광스런 자들, 곧 선한 천사들의 세력을 경시하며 모독한다(벧후 2:10-11=유 8-9). 그들은 터무니없는 허무맹랑한 말을 한다(벧후 2:18=유 16). 그들은 공동의 식사를 더럽히며 망치는 자들이다(벧후 2:13=유 12). 그들은 바람에 밀려다니는 물 없는 구름이며 그들에겐 캄캄한 어두움이 마련되어 있을 뿐이다(벧후 2:17=유 12-13). 그들은 그들의 육체적 타락과 그들의 방탕한 생활 때문에 비난을 받고 있다(벧후 2:10, 12 이하, 18=유 7-8, 10, 12, 16). 유다서 5절 이하에서 구약으로부터 형벌의 실례가 광야의 이스라엘, 타락한 천사, 소돔과 고모라의 순서로 제시되고 있는데 베드로후서에선 재림을 부인하는 자들을 경고하기 위해 노아 홍수가 하나 삽입되어 타락한 천사, 노아 홍수, 소돔과 고모라의 순서로 제시되고 있는 것도 주목할 만 하다. 이런 유사점으로 보아 두 문서 중 하나가 다른 하나에 의존한 것이 틀림없는데 베드로후서가 유다서에 의존했다는 것이 거의 틀림없다. 유다서에 나온 외경에 대한 언급이 빠진 것도 이미 베드로후서가 그런 문서의 사용을 기피한 것으로 보여진다. 이 밖에 두 문서의 유사점은 특히 두 문서가 다루고 있는 거짓 교사들이 같기 때문이었을 것으로 생각된다.

3. 기록 시기와 장소

사도 베드로가 저자가 아니라고 전제할 경우, 이 서신의 기록 시기는 2세기 초나 중엽으로 추산되며 학자들 중에서는 신약 27권 중 가장 나중에 기록된 문서일 것으로 생각하는 사람들이 많다. 기록 시기를 이렇게 늦게 잡는 이유는 이 서신을 베드로의 기록으로 보지 않는 이유와 대체로 일치한다. 즉 바울 편지의 수집록이 "성서"로 인정되기 시작한 점, 베드로후서가 유다서에 의존하고 있는 점, 거짓 교사들의 영지주의가 2세기에 기대될 수 있는 것이라는 점, 주의 재림 지연이 교회 안에 문제가 되고 있다는 점 등이 이 서신의 기록 시기를 주후 1세기 이전으로 추산하기 어렵게 만들고 있다. 따라서 대충 2세기 중엽인 150년경으로 생각하는 것이 좋을 것으로 보인다.

기록 장소는 그렇게 큰 문제가 아니다. 그러나 제자가 사도 베드로의 이름으로 기록하고 있기 때문에 아마도 그는 독자들이 이 편지를 로마와 연관시키기를 원했을 것으로 보인다. 그리고 이런 식으로 저자는 로마 교회의 권위를 쉽게 이용할 수 있었을 것이다.

4. 내용 개요

1) 인사(1:1-2).

2) 성결에 대한 권고(1:3-21).

가) 권면(1:3-11) : 세상의 타락에 대한 강조와 하나님의 성품에 참여하라는 권면. "덕행의 목록"(5-6절)은 헬라 시대에 널리 알려진 덕행 목록을 기독교화(化)한 것이다. "하나님 나라에 들어간다"(11절)는 표현이

헬라적 표현인 "영원한 나라로 들어간다"로 바뀌었다.

나) 약속의 확실성(1:12-18) : 사도들은 예수가 영광 가운데 들어가는 것을 목격했다. 사도들은 이 경험을 근거로 기독교인들도 언젠가 그 영광에 참여하게 될 것이란 약속의 확실성을 증거할 수 있게 되었다.

다) 성서 예언에 대한 호소(1:19-21) : 약속은 성서에 의해서도 보증된다. 모든 성서가 예언으로 이해되고 있으며 성서가 영감된 말씀이란 견해가 제시되고 있다.

3) 거짓 교사들에 대한 공격(2:1-22) : 이 부분은 유다서 4-16절에 근거되었다.

가) 거짓 예언자 출현의 예고(2:1-3) : 이스라엘에게 거짓 예언자가 있었듯이 거짓 교사들이 나타날 것이며 많은 사람들이 그들을 따를 것이다.

나) 악한 자를 벌하고 의로운 자를 구하신 구약의 본보기(2:4-9) : 죄지은 천사와 소돔과 고모라, 그리고 노아의 경우가 실례로 제시되고 있다.

다) 거짓 교사들에 대한 묘사(2:10-22) : 그들은 영적인 존재를 헐뜯는, 이성없는 짐승과도 같은, 마시고 떠드는 것을 낙으로 삼는, 음녀만 보며 끊임없이 죄를 짓는, 들뜬 영혼을 유혹하고 욕심을 채우는 데만 마음쓰는 저주의 자식들이며 멸망의 종들이다.

4) 재림의 지연(3:1-16).

가) 이전 교훈들에 대한 일깨움(3:1-2).

나) 재림 약속을 부인하는 자들(3:3-4).

다) 재림을 부인하는 자들에 대한 대답(3:5-10) : 노아 홍수 때도 노아의 말을 믿지 않은 사람은 멸망당했다. “주께는 하루가 천년 같고 천년이 하루 같다”(8절). 인내로 기다리면 도둑같이 그 날이 올 것이다.

라) 실제적인 결론(3:11-15).

마) 바울의 편지에 대한 언급(3:16-19).

5) 마지막 경고, 권면, 송영(3:17-18).

29

요한 서신들

1. 서신들간의 관계

신약성서 가운데에는 요한이 기록한 것으로 알려진 서신들이 3개가 있다. 이 세 서신은 요한복음과 요한계시록과 함께 같은 그룹 혹은 같은 "학파"에 의해 기록된 것으로 알려지고 있다. 각 문서들간에 신학적 주체적 차이가 없는 것은 아니나 그래도 차이점에 못지 않게 주목할 만한 유사점들도 있는 것으로 인정되고 있다. 여기서는 주로 세 서신간의 관계만을 간단히 비교해 보기로 하자. 우선 요한일서는 편지라고는 하지만 전혀 편지의 형식으로 되어 있지 않다. 서두에서 발신자와 수신자가 언급되고 있지 않으며 끝부분에서 마지막 인사나 축복의 말이 나오지도 않는다. 그래서 학자들 중에는 요한일서는 편지가 아니라 일종의 신학적인 소책자 혹은 설교로 보기도 한다. 그러나 거기에 비해서 요한이서와 삼서는 분명히 동일한 저자에 의해 기록된 것으로 보이며 분명한 서신의 형태를 갖고 있다. 그리고 요한일서가 익명으로 기록되었는데 반해서 요한이서와 삼서는 구체적으로 "장로"의 편지라고 밝히고 있다. 그리고 요한일서는 일정한 지역의 여러 교회들에 보내진 편지의 형태로 되어 있으나 요한이서와 삼서는 한 지역의 개체 교회들에게 보내진 편지들이다. 요한이서의 수신자는 "택함을 받은 부인"인데 지방 교회 중의 하나를 가리키는 말일 것으로 보인다. 그리고 요한삼서는 "사랑하는 가이오"에게 보내진 편지로서 이렇게 요한이서와 삼서는 요한일서와 달리 구체적인 교회와 대상에게 보내졌다. 그리고 요한일서는 요한복음과 훨씬 더 유사하다는 점에서도 다른 두 요한 서신들과 구별될 수 있다.

2. 요한 서신들과 요한복음의 관계

3개의 요한 서신들이 종교적으로나 문화적으로 같은 배경을 갖고 있으며 또한 비슷한 교회 문제들을 갖고 있다는 사실을 제외하고는 그 세 서신들의 기록 순서 같은 것을 확실히 규명할 수는 없다. 요한이서와 삼서가 개체 교회나 구체적 대상에게 보내진 반면 요한일서는 "회람 편지" 같은 성격을 보이기 때문에 가장 나중에 기록된 것 같은 인상을 주기도 한다. 그러나 세 편지가 거의 같은 시기에 기록되었을 수도 있다. 요한이서와 삼서가 다른 교회들에 보내졌으나 그 두 편지가 요한일서의 수신자들 가운데 포함되어 있었을 것으로 보인다. 그리고 관련된 교회들이 모두 같은 지역 곧 에베소 지역의 교회들이다.

요한일서가 어휘와 문체에 있어서 요한복음과 아주 비슷하다는 사실은 의심의 여지가 없는 것으로 생각되어 왔다. 그러나 중요한 차이들이 나타나고 있기도 하다. 가령 요한일서에는 구약 인용문이 없으며, 복음서의 "실현된 종말론"과는 달리 "미래적 종말론"을 강조하고 있다(2:28; 3:2; 4:17). "보혜사"가 요한복음에선 성령을 가리키는데 여기서는 그리스도를 가리킨다(2:1). 복음서에선 "빛"이 그리스도의 명칭인데(8:12), 서신에서는 하나님을 가리킨다(요일 1:5). 그리고 서신에선 예수 죽음의 속죄적 성격이 강조되고 있고(1:7, 9; 2:2; 4:10) 거짓 교사들이 적그리스도로 규정되고 있다(2:18, 22; 4:3).

이런 유사점과 차이점의 관계는 대체로 다음과 같은 두 방향으로 설명되고 있다. 첫째는 요한일서가 같은 저자 혹은 같은 "학파"에 의한 일종의 요한복음 주석이라고 보는 입장이다. 그러나 요한복음이 편집의 여러 과정을 거쳐 오늘의 모습을 이룬 것으로 알려지고 있기 때문에 단순히 이렇게 생각해 버리기는 어렵다. 둘째는 요한일서와 요한복음의 관계를 목회서신과 바울 서신들의 관계로 이해하는 입장이다. 즉 목회 서신이 바울 서신 이후 바울 "학파"에 의해 기록되었듯이 요한서신도 요한복음 이후 요한 "학파"에 의해 기록되었으며 따라서 요한 서신은 요한 학파의 "목회 서신"이다. 바울의 목회 서신과 마찬가지로 초대 공교회(Early Cathplicism)의 특징을 많이 보여 주고 있는 점도 주목할 만하다.

그러나 요한 서신을 요한복음보다 후대의 기록으로 보는 데에는 문제가 있는 것으로 생각된다. 요한복음의 현재 형태는 분명히 여러 발전 과정의 최종 단계의 모습이고 서신들이 특히 요한일서가 오히려 먼저 기록된 것으로 여겨지기 때문이다. 실제로 요한의 사상들이 요한일서에서보다는 복음서에서 더 발전된 모습을 보이고 있다. 가령 미래적 종말론이 서신에 나타나고 있는데 복음서에서는 이것을 영적으로 해석하여 "실현된 종말론"으로 발전시킨 것 같고 예수의 죽음을 속죄적으로 이해하는 것도 초기 바울 서신의 특징인데 복음서에서는 그리스도의 죽음보다는 영광을 강조하는 쪽으로 발전되어 있다.

이런 차이를 기록한 시기의 격차 때문으로 이해할 수도 있으나 저자가 서로 다른 사람이었다는 점을 생각함으로써 이해할 수도 있다. 요한복음과 요한일서를 같은 저자의 기록으로 보는 학자도 있으나 다른 저자의 기록으로 생각하는 사람도 있기 때문이다. 그러나 요한이서와 삼서의 경우는 대체로 같은 저자의 기록으로 생각되고 있다.

3. 요한일서의 목적과 특징

한마디로 요한일서의 기록 목적은 교회 안에 나타난 거짓 교사들(2:18-19, 26; 3:7)을 경고하는 데 있다. 그러나 이것은 부정적인 목적이고 보다 적극적인 목적은 거짓 교사들의 유혹으로부터 기독교인들을 보호하고 올바로 지도하는 것이었다. 따라서 요한일서의 목적을 목회적 목적과 논쟁적 목적으로 구분할 수 있을 것이다.

1) 목회적 관심

저자는 이 서신에서 그의 독자들을 위한 따뜻하고 부드러운 목회적 관심을 보여주고 있다. 그의 첫번째 관심은 이 서신의 배경을 이루고 있는 거짓 교사들을 공격하는 데 있는 것이 아니라, 그의 독자들을, 그의 사랑하는 "자녀들"을 보호하며 그들을 기독교 신앙과 생활 가운데 견고히 세우기 위함이었다. 그래서 그는 자신의 목적을 밝히는 글 가운데서 "너희의 기쁨이 충만게 하려 함", "너희로 죄를 짓지 말게 하려 함" 혹은 "너희로 너희가 영생을 가지고 있음을 알게 하려 함"(1:4; 2:1; 5:13)이라고 말했다. "기쁨", "성결", "확신"은 목회자가 그의 양들 가운데서 찾아보기 원하는 기독교인의 특성이라고 할 수 있다.

2) 논쟁적인 목적

저자가 독자들의 신앙을 지키려고 했던 관심은 그가 이 서신을 기록할 때 갖고 있었던 논쟁적 혹은 변증적 목적과 다른 것이 아니었다. 이 서신은 도서관 속의 학문적 분위기에서 씌어진 신학적 논문이 아니라 교회 내의 특수하고도 긴박한 상황에 의해 씌어진 그 당시 형편을 위한 소책자이다. 그 상황이란 어떤 거짓 교사들의 출현과 그들의 교활하고 그릇된 선전에 관한 것이다. 그래서 저자는 "너희를 미혹케하는 자들에 관해서 내가 이것을 썼노라"(2:26). "자녀들아 아무도 너희를 미혹하지 못하게 하라"(3:7)고 외치고 있다. 사도 바울이 에베소 장로들에게 말했던 예언, 즉 "내가 떠난 후에 흉악한 이리가 너희에게 들어와서 그 양떼를 아끼지 아니하며 또한 너희 중에서도 제자들을 끌어 자기를 좇게 하려고 어그러진 말을 하는 사람들이 일어날 줄을 내가 아노니"(행 20:29-30). 그리고 나중에 디모데에게 반복했던 말씀, 곧 "때가 이르리니 사람이 바른 교훈을 받지 아니하며 귀가 가려워서 자기의 사욕을 좇을 스승을 많이 두고 또 그 귀를 진리에서 돌이켜 허탄한 이야기를 좇으리라"(딤후 4:3-4, cf. 3:1, 이하)고 한 말씀이 실제로 요한의 교회들에 나타나게 된 것이다.

저자는 그런 사람들을 다음과 같은 3가지 표현으로 나타내고 있다.

가) "거짓 선지자"(false prophet, 4:1)

나) "미혹케 하는 자"(deceivers 요이 7)

다) "적그리스도"(anti-christs, 2:18; 4:3, 요이 7)

그런데 이런 사람들의 오류는 크게 3가지로 즉 신학적인 오류, 윤리적인 오류, 그리고 사회적인 오류로 나눌 수 있다,

가) 그들의 신학적 오류는 주로 예수 그리스도의 인격에 관한 것이다. 그들은 예수가 그리스도이심을 부인한다(2:22). 그러나 그렇다고 나사렛 예수를 구약성서가 기대한 그리스도(메시아)이심을 불신한 것은 아니다. 저자의 적대자들이 부인했던 것은 예수가 메시아 되심이 아니라, 예수의 성육신(成肉身), 곧 예수가 육체로 오신 그리스도이심을 부인하는 것이다(4:2, 요이 7).

나) 그들의 윤리적 오류는 우리의 본성과 우리의 행동에 죄가 있음을 부인하고 죄가 우리와 하나님간의 사귐에 아무런 걸림돌이 되지 않는다고 주장하는 것이었다. 그러나 저자는 우리가 죄 없다고 하면 자신을 속이는 것이고(1:8), 하나님을 거짓말쟁이로 만드는 것이며(1:10), 마찬가지로 하나님을 알고 있다고 말하면서 그의 계명에 순종치 않으면 거짓말하는 자이다. 그리스도 안에 거한다고 말하는 자는 그리스도께서 행하신 대로 행함으로써 그 증거를 보여야 한다고 말한다(2:4-6).

다) 그들의 사회적 오류는 형제에 대한 사랑이 없는 것이다. 하나님은 사랑(4:8)이기 때문에 하나님께로부터 난 사람은 사랑하는 사람이다(4:7). 반면에 사랑하지 않는 사람은 죽음의 나라에 있는 사람이다(3:14). 그런데 거짓 교사들은 자기 형제를 사랑하는 자가 아니라 오히려 미워하는 살인자들이다(3:15). 저자는 하나님 사랑과 형제 사랑을 동일시하고(4:20-21) 하나님의 계명을 지키는 것과도 동일시한다(5:3).

저자가 반대하던 거짓 교사의 정체는 예수가 육체로 오신 그리스도이심을 부인하고, 의와 사랑을 무관한 것으로 보는 자들이었는데 그들의 정체는 영지주의적 "가현설"(docetism) 주의자들로 생각된다. 당시 교회를 위협하던 영지주의의 3가지 특성이 1) 기독론적 이단, 2) 도덕적인 방종, 3) 사랑없는 교만으로 지적되고 있는데 저자는 여기에 대해 기독교 신앙의 세 가지 특징을 내세우고 있다. 즉 1) 예수가 육신으로 오신 그리스도이심을 믿는 신앙, 2) 하나님의 계명들에 대한 순종, 3) 형제 사랑이다. 저자에게는 이 세 가지가 참다운 기독교 신앙을 저울질해 볼 수 있는 척도들로 생각되었을 것이다.

4. 요한이서의 목적과 특징

요한이서의 기록 목적도 요한일서의 경우와 마찬가지로 거짓 교사들로부터 교회를 지키기 위한 것이었다. 저자는 거짓 교사들을 "미혹하게 하는 자", "미혹하는 자", "적그리스도"(7절)란 표현으로 지칭하고 있고 이들은 "예수 그리스도께서 육신을 입고 오셨다는 것을 고백하지 않는"(7절) 자들이었다. 저자가 "지나치게 나가 그리스도의 가르침에 머물러 있지 않은 사람"(9절)이라고 말하는 것으로 보아 그들은 상당히 진보주의적인 인물들이었던 것 같다. 그런데 저자는 교회를 향해 그런 사람들을 집에 받아들이지도 말고 사귀지도 말라고 촉구한다(10절).

저자는 요한일서에서와 같이 "서로 사랑하라"는 개념을 강조하고 있고(5절) 사랑하는 것이 계명을 따라 사는 것이라고 말한다. 그러면서도 저자는 거짓 교사들에 대해선 사랑과 관용을 베풀지 말 것을 촉구한다. 만일 우리가 요한일서를 "사랑의 서신"이라고 부른다면, 우리는 요한이서를 "사랑의 한계에 대한 서신"(The Letter of Love's Limitation)이라고 불러야만 할 것이다. 요한이서는 우리 기독교인들에게 어떤 경우에 우리가 이웃에 대한 사랑을 거부해야 되는가를 보여 주고 있다. 즉 요한이서는 사랑과 관용의 한계에 관한 문제를 제기하고 있다. 기독교인은 의견과 신앙을 달리하는 사람에게라도 항상 사랑과 관용을 베풀어야 하는가? 오히려 신앙에 위협을 주거나 다른 사람의 자유를 구속하는 사람들을 단호히 배격하고 거기서 돌아서는 것이 기독교인의 의무일 경우가 있지 않은가? 교회가 자체의 신앙을 위해 투쟁할 때마다 교회 지도자들은, 그리고 모든 기독교인들은 가끔 관용과 사랑이 너무나도 타협에 근사하기 때문에 관용과 사랑이란 표어가 언제나 안전한 좋은 원칙이 아니라는 점을, 그리고 관용과 사랑을 믿지도 않고 다른 사람의 종교적 자유를 인정하지도 않는 사람에게까지 관용과 사랑을 베푸는 것이 옳지 않음을 인식해야 할 것이다.

5. 요한삼서의 목적과 특징

요한삼서는 요한일서나 이서와 몇 가지 점에서 다르다. 첫째로 다른 요한 서신들이 "교회들"에게 보낸 서신이라면 요한삼서는 "사랑하는 가이오"에게 보낸 사신(私信)의 형태로 된 점이다. 둘째로는 다른 요한 서신들이 "거짓 교사들"의 문제를 다루고 있는 데 반해서 요한삼서는 "거짓 교사"가 아닌 문제의 교회 지도자를 다루고 있다는 점이다. 이 점에서 요한삼서는 교회가 아직 연합된 조직체로 존재하지 않고 개체 교회로서 각 지역 지도자들의 지도 아래 운영되고 있을 때의 교회 지도자들간의 문제를 다루고 있다고 볼 수도 있다.

요한삼서에서도 "사랑"과 "손님 접대" 문제 등이 언급되는 점에서는 요한이서와 비슷하나 특별히 "디오드레베"라는 교회 지도자의 문제를 다루고 있다는 점에서 다르다. 그는 으뜸이 되기를 좋아하는 자(9절)이며 자기와 뜻이 맞지 않는 사람을 악한 말로 헐뜯고 그런 사람들을 받아들이지 않을 뿐 아니라 받아들이는 사람까지 방해하고 교회에서 쫓아내는 그런 인물이었다. 저자인 "장로"는 독자(들)에게 이런 "악한 것을 본받지 말고 선한 것을 본받으라"(11절)고 권하면서 자기가 직접 방문할 때까지(13절) 계속 나그네 된 형제들을 잘 대접하고 잘 봉사하라고 훈계한다(5-6절). 초대 교회 시절에 이방인들에게서는 아무것도 받지 않으면서 주의 이름을 위해 복음을 전하러 다니는 사람들을 잘 영접하고 받들어 주는 것은 당시 기독교인들의 의무로 생각되었다(8절). 그런데 자기를 "최고"(으뜸)로 인정하지 않는 사람을 받아들이지 않을 뿐 아니라 받아들이려는 사람까지도 방해하고 교회에서 쫓아내는(10절) 디오드레베와 같은 사람은 본받아서는 안 될 표본이었다. 오히려 저자는 따라야 할 본으로 모든 사람이 인정하고 진리도 인정하는 "디메드리오"를 추천하고 있다. 여기서도 우리는 양들의 영적 성장과 바른 신앙 생활에 대해 관심을 갖는 "장로"의 목회적 충정을 엿볼 수 있다.

제 6 장

신약 성서의 묵시 문학

30

요한계시록

1. 문학적 성격

신약성서 27권 가운데서 요한계시록은 아마도 가장 이해하기 어려운 책 중 하나일 것이다. 본문들 가운데 수많은 상징들이 사용되고 있기 때문이다. 그러나 요한계시록을 이해하기 어렵게 만드는 것 가운데 하나는 이 책의 문학적 성격 때문이기도 하다. 한마디로 요한계시록은 하나의 통일된 문학적 형태를 보여 주고 있는 것이 아니라 오히려 복합적인 문학 형태를 반영하고 있기 때문이다. 이미 학자들 중에선 이 책이 서로 다른 세 가지 문학 형식의 복합체임이 지적된 바 있다. 첫째는 묵시 문학 형태요, 둘째는 예언 문학의 형태이고, 셋째는 서신 형식이라는 것이다.

1) 요한계시록은 이름 그대로 "계시" 혹은 "묵시"의 책이

다. "이 책은 예수 그리스도께서 계시하신 일들을 기록한 책"이다(1:1). 묵시 문학으로 분류될 수 있는 가장 대표적인 기독교 문서라고 하는 데 아무런 이의가 있을 수 없다. 우리 성경에는 이런 종류의 문서가 하나 더 있는데 곧 다니엘서이다. 외경 가운데에는 더 많이 있다. 대체로 묵시 문학은 박해 시대의 산물이다. 그래서 "지하 문학"(underground literature)이라고 불리우기도 한다. 악한 세력이 이 세상에서 세력을 잡고 신앙인들이 그 밑에서 하나님께 대한 충성 때문에 극심한 고통을 당할 때, 그들은 어쩔 수 없이 보이지 않는 초월 세계에 소망을 둘 수밖에 없다. 그리고 우주의 심판자가 악한 자를 멸하고 그의 성도들을 구원해 주실 것에 소망과 기대를 두고 위로를 얻으려고 한다. 이런 사람들이 고난 중에서도 신앙을 잃지 않은 채 마지막 구원에 대한 꿈과 환상을 갖게 되는 것은 당연한 일이다. 이런 꿈과 환상에 대한 기록을 우리는 묵시록이라고 부른다.

묵시 문학의 특징은 많은 상징적인 표현을 사용하는 것이다. 묵시 문학의 언어나 표현이 아주 암시적이고 상징적인 데에는 이유가 있다. 그 중 하나는 이런 문서들이 말로 표현하기 어려운 초월적이며 미래적인 보이지 않는 세상에 대해 말하고 있기 때문이다. 이런 초자연적이며 영적인 것에 대해서는 오직 상징적으로만 표현할 수 있을 뿐이다. 그러나 또 다른 더 중요한 이유는 이런 묵시 문학들이 위험한 메시지를 갖고 있는데다가, 마음대로 말하고 표현할 수 없는 그런 억압의 시대 가운데서 기록되었기 때문이다. 저자들은 분명한 말로 공공연하게 표현할 수가 없었다. 그는 독자들만이 이해할 수 있는 일종의 암호와도 같은 은어로 메시지를 전할 수밖에 없었다. 이런 이유 때문에 저자는 수많은 상징적, 암호적 표현을 사용할 수밖에 없었다.

2) 그러나 요한계시록을 묵시 문학으로만 이해하는 것은 이 책을 올바로 읽는 것이 못 된다. 요한계시록은 다른 묵시 문학처럼 우주 생성이나 천문학 혹은 역사 진행에 관한 신비를 전해 주려는 데 뜻을 두고 있는 것이 아니라 독자들의 관심을 현재적이며 종말론적인 결론에로 돌리고 있다. 저자는 자기의 문서를 과거의 유명한 신앙 위인들의 이름이나 권위로 익명으로 제시하고 있지도 않다. 고대 문서처럼, 그리고 특별한 그룹의 사람들에게만 제시되어야 할 신비한 지혜가 봉인된 그런 계시의 책처럼 제시하고 있지도 않다. 오히려 저자는 자기의 이름을 밝히고 있고(1:1, 4, 9; 22:8) 소아시아에 있는 일곱 교회에 써 보내고 있다. 그리고 무엇보다도 요한계시록은 기독론적 역사관에 의해 다른 묵시 문학으로부터 구별된다. 그리스도가 만물을 지배하는 하나님과 밀접히 연관되어 있으며 그는 그의 백성을 구속할(5:9-10) 그리고 최후 승리로 인도할(19:11 이하) 하나님의 어린양이다. 요한계시록은 다른 외경 묵시 문학을 인용하고 있지도 않다. 오히려 요한계시록에 가장 많은 영향을 준 책은 묵시 문학이 아니라 예언 문학이라고 보아야 한다.

실제로 저자는 자기의 임무가 옛날 선지자들의 임무와 비슷한 것으로 이해하고 있다. 그는 하나님의 음성을 듣고(1:10) 본 것을 써보내라는 임무를 받는다. 그는 자주 자기의 책을 "예언"이라고 묘사하고 있다(1:3; 19:10; 22:7, 10, 18-19) 거기에 반해 "계시" 혹은 "묵시"란 명칭은 오직 한 번(1:1) 사용되고 있을 뿐이다. 유대 묵시 문학에서는 "선지자들" 혹은 "예언자들"이 오직 두 번만 나오는데 요한계시록에선 일곱 번이나 반복되고 있다(10:7; 11:8; 16:6; 18:20, 24; 22:6, 9). 이런 모든 사실들은 저자가 위대한 예언자들의 전통에 속하고 있음을 가리키고 있다. 그래서 요한계시록을 훌륭한 기독교 예언서라고 말하기도 한다.

3) 요한계시록은 전형적인 기독교적 서신의 형태로 되어 있다. 이 책은 그 서두에서 분명하게 "요한은 아시아에 있는 일곱 교회에 이 편지를 씁니다"(1:4)라고 말하고 있고 끝부분에선 "주 예수의 은혜가 모든 사람들에게(어떤 사본엔 "여러분 모두에게") 있기를 빕니다. 아멘"이란 말로 매듭짓고 있다. 더구나 일곱 교회에 보낸 메시지(2:1-3:22)는 서신의 형태를 갖고 있다. 서신의 특징이랄 수 있는 어조의 직접성은 요한과 독자간의 의사 전달 정신을 잘 보여주고 있다. 따라서 우리는 이 책이 갖고 있는 이런 3가지 문학 형태, 곧 묵시 문학 형태, 예언 문학 형태 그리고 서신 문학 형태를 다 염두에 두고 이 서신을 읽기 시작해야 한다. 그래야 저자의 의도를 좀더 바로 이해할 수 있을 것이기 때문이다.

2. 저자 문제

요한계시록의 저자는 자신의 이름을 네 군데에서 "요한"이라고 밝히고 있다(1:1, 4, 9; 22:8). 그는 또 자신을 "예언자들과 같은 종"(22:9)이라고 말하고 있다. 또한 그가 "예수 안에서 환난과 나라와 인내에 같이 참여했고", "하나님의 말씀과 예수를 증거한 까닭에 밧모라는 섬에 있었던"(1:10) 것을 언급하는 것으로 보아 그는 로마 당국으로부터 유배당한 인물이었던 것으로 보인다. 그리고 거기서 그가 소아시아의 일곱 교회들에 편지를 써보낸 것을 보면 그는 소아시아 교회들에 잘 알려진 인물이었고 어느 정도 권위가 있던 사람이었던 것으로 보인다.

교회 전승에 의하면 요한계시록을 기록한 "요한"은 세베대의 아들 사도 요한이다. 제2세기로부터 이렇게 인식되어 왔다. 특히 이 요한이 요한복음을 기록한 사람과 같은 인물로 생각되어 왔다. 이렇게 생각하는 데에는 몇 가지 내적인 근거가 있는 것으로 보인다. 요한복음과 요한계시록이 용어와 사상에서 비슷하다고 생각되기 때문이다. 예를 든다면 신약 문서들 중 이 두 문서에서만 그리스도를 "어린양"으로 표현하고 있으며(요 1:29, 36, 계시록에선 희랍어 단어가 다르나 28번 이런 표현이 나온다). 또 "하나님의 말씀"으로 나타나고 있다(요 1:1, 14, 계 19:13). "신부"란 단어가 상징적으로 하나님의 백성을 가리킨다(요 3:29, 계 21:2, 9; 22:17). "생수"(요 4:10-11; 7:38)와 "생명의 물"(계 7:17; 21:6; 22:1, 17)이란 표현에서 생명은 물로 상징되고 있다. 스가랴 12:10이 두 문서에서 70인역과는 다른 형태로 인용되고 있다(요 19:37, 계 1:7). 그리고 새 예루살렘엔 성전이 없을 것이란 사상도 요한복음 4:21의 사상과 비슷하다. 이런 사실들은 요한계시록의 저자가 요한복음의 저자와 같은 사람이라고 생각하게 만드는 데 충분한 것으로 생각되었다.

그러나 그런 유사점보다는 오히려 두 문서들이 보여주고 있는 언어와 종말 사상의 차이점이 더 중요하다고 지적되기도 했다. 복음서의 희랍어는 단순하고 정확한 데 반해서 계시록의 희랍어는 파격적이며 야만적인 표현들로 가득 차 있어 학자들은 요한계시록의 저자가 생각은 아람어로 하고 그것을 초보적인 실력뿐인 희랍어로 번역한 유대 기독교인이었다고 생각한다. 더 중요한 것은 계시록의 종말론이 하나님께서 가져다 줄 미래적 구원을 소망하는 묵시 문학 전통의 관점과 상징들로 지배되고 있는데 그것과는 반대로 요한복음은 묵시 문학과는 별다른 관련없이 믿는 자들의 구원이 이미 이루어진 것으로 늘 생각하고 있다. 또 요한복음이 예수의 지상 생활에 관심하고 있는 반면, 계시록은 한두 번 예수의 죽음이 언급될 뿐 그리스도의 초월적 상태에 더 많은 관심을 기울이고 있다. 이런 근본적인 차이는 복음서와 계시록의 저자를 동일 인물로 보기 어렵게 만들며 따라서 계시록의 저자가 세베대의 아들 사도 요한이란 주장은 오늘날 많은 학자들 가운데 진지하게 받아들여지지 않고 있다. 다만 저자는 요한이란 이름을 가진 1세기 말경의 유대 기독교인이거나 사도 요한의 영향 가운데 있던 요한 "학파"의 한 사람이었을 것이란 점만이 여러 사람들로부터 인정되고 있다.

3. 요한계시록과 세례 요한에 관한 전승

복음서들 가운데 전해지고 있는 세례 요한에 관한 전승과 요한계시록에서만 볼 수 있는 중요한 몇 가지 주제들이 있다. 그래서 학자들 중에는 둘 사이의 연관성에 대해 많은 관심을 기울이기도 한다. 계시록과 세례 요한 전승에서만 독특한 몇 가지 신학적 주제들을 살펴보면 다음과 같다.

첫째로, 계시록과 세례 요한만이 예수를 하나님의 어린양으로 소개하고 있다. 요한복음 1:29, 36에서 세례 요한은 "하나님의 어린양"이란 명칭을 직접 그리스도에게 적용하고 있다. 그러나 그리스도를 이사야의 고난받는 여호와의 종으로 분명하게 언급하고 있지는 않다. 즉 세례 요한은 예수를 "세상의 죄를 지고 가실 분"으로 이해하고 있기는 하나 그가 고난받고 죽어야 할 분으로 소개하고 있지는 않다. 요한계시록에서도 비록 어린양이 죽임을 당하는 것처럼(5:6) 그리고 그의 피가 정결케 하는 효과를 가진 것으로(7:14) 언급되고 있기는 하지만 어린양의 죽음에 대한 분명한 설명은 없다. 이런 점은 사도행전 8:32와 베드로전서 1:19가 "하나님의 어린양"이란 명칭을 실제로 사용하고 있지는 않지만 거기에 나타난 양의 이미지와 아주 대조적이다. 유대교 묵시 문학에선 마지막 심판 때 악을 멸망시키는 승리적인 하나님의 어린양을 예언한다. 계시록 6:16에서도 어린양의 진노가 언급되며 7:17에선 어린양이 목자와 지도자로 나타나고 17:14에선 원수들을 이기신다. 그런데 이런 묵시 문학적, 승리적, 파괴적인 양의 모습은 세례 요한의 불같은 설교와 잘 일치된다. 세례 요한이 전한 하나님의 어린양도 하나님이 악의 세력을 멸하기 위해 일으키신 묵시 문학적 어린양이다.

둘째로, "오실 이"에 대한 사상이다. 시편 118편이 인용된 복음서의 몇 구절(마 21:9; 23:39, 눅 19:38, 요 12:13)을 제외한다면 "오실 이"란 명칭은 주로 복음서에서 오직 세례 요한, 그리고 계시록과 관련해서만 나타나고 있다. 세례 요한은 오실 이께서 그 손에 키를 들고 알곡과 쭉정이를 갈라놓는 심판을 하신다고 선포했다(마 3:12, 눅 3:17). 계시록 14:14-16에서도 인자 같은 이가 손에 낫을 들고 땅의 곡식을 추수한다는 말이 나온다.

셋째로, "불 세례"이다. 세례 요한은 "오실 이"께서 "불로 세례를 주실 것이라"고 선포한다. 성경에서는 불에 대한 언급이 주로 구약에 많이 나오고 신약에는 거의 없다. 신약에 나오는 불에 대한 언급들 중 대부분(25번)은 계시록에 나온다. 구약에서는 불 세례가 심판을 뜻하나 신약에선 정화(淨化)를 의미한다. 그러나 세례 요한과 계시록에선 불 세례가 심판을 뜻한다.

넷째로, "신랑" 사상이다. 계시록이 비록 어린양을 신랑이라고 분명히 말하고 있지는 않지만 그러나 혼인 관계로 말하고 있다. "신부"를 뜻하는 희랍어 단어가 계시록에서는 네 번 나온다. 신약 다른 곳에서는 예수의 어록(Q)과 열 처녀 비유에서만 나온다. "신랑"이란 단어는 마태복음 9:15, 마가복음 2:19-20, 누가복음 5:34-35, 요한복음 3:29에서만 나온다. 그런데 신랑의 이미지를 예수에게 적용한 것은 세례 요한과 관련된 자료에서뿐이다. 세례 요한의 제자들이 있던 도시(행 19)인

에베소로 보낸 편지에서 다시금 그리스도를 신랑으로 나타내고 있는 것도 흥미 있는 일이다.

이 밖에도 세례 요한의 메시지가 구원보다는 하나님의 진노를 전하는 것인데 이것은 계시록의 중요한 주제이다. 그리고 계시록이 예배식과 성전에 대한 친밀한 지식을 갖고 있고 이 때문에 저자는 아마도 예언자이면서도 동시에 제사장이었을 것이라고 생각되기도 한다. 그런데 세례 요한도 제사장 집안 출신이다. 이렇게 세례 요한과 계시록간의 밀접한 연관성 때문에 계시록의 저자를 세례 요한 혹은 그의 제자로 보는 학자도 있다(J. M. Ford). 계시록에 나오는 그런 주제들이 복음서에 나온 세례 요한의 전승에서 영향 받은 것이라고 보기 때문이다.

4. 기록 시기

요한계시록의 기록 시기를 추정하는 것은 비교적 쉬운 것으로 생각된다. 내용으로 보아 소아시아 지역의 기독교인들이 로마 당국으로부터 극심한 박해를 당하던 때의 문서임이 거의 틀림없기 때문이다. 박해로 말미암아 감옥에 들어가게 될 것이 예상되고 있고(2:10), 순교자들의 피가 이미 흘렀고(2:13, 6:9) 이젠 로마 전역으로 박해가 확대 될 시기에 있었다(3:10). 창녀인 로마는 "성도들의 피와 예수의 증인들의 피에 취해 있었다(17:6, cf. 19:2; 18:24; 16:6). 모든 사람이 신격화된 로마제국에 경배하고 그 낙인을 받아야만 했다(13:4; 14:9, 11; 16:

2; 19:20).” 따라서 아시아 지역의 기독교인들이 박해를 받게 된 이유는 이런 우상 숭배를 배격했기 때문이다.

초대 기독교회 시절에 교회가 로마로부터 박해를 받던 때가 언제였던가? 우선 네로 황제를 생각할 수 있다. 그는 기독교인에 대한 최초의 박해자로 알려지고 있다. 그러나 요한계시록에 반영되어 있는 박해 상황은 그렇게 초기에 있었던 네로 황제 때의 박해 상황과 잘 어울리지 않는다. 첫째로 네로 황제의 기독교인 박해는 주로 로마와 그 주변에 국한되었지 소아시아, 혹은 온 땅에 확대되지는 않았으며, 둘째 네로 황제의 기독교인 박해는 로마를 불질렀다는 모함 때문이었지 결코 로마의 황제 숭배를 거절한 것 때문이 아니었다. 그런데다가 2-3장의 편지를 보면 소아시아의 일곱 교회들이 이미 어느 정도의 역사를 갖고 있었으며, 그래서 에베소(2:4), 사데(3:3) 그리고 라오디게아 교회는 처음 열심을 잃어버렸다고 책망받았다. 더구나 라오디게아는 주후 60~61년의 지진으로 완전히 파괴되었는데 본문에서는 “부자”였고 그래서 “풍족하고 부족한 것이 조금도 없다”(3:17)고 자랑하고 있다. 이런 사실들은 네로 황제 때의 초기 박해보다는 그 후대의 박해를 생각하게 해준다.

그래서 학자들은 계시록의 기록 시기를 90~96년경에 있었던 도미시안 황제 때의 박해 시기로 추산한다. 도미시안은 그의 통치 기간 동안 황제에게 신적(神的)인 영광을 돌리도록 강력히 요구하며 소위 황제 숭배를 강력히 추구했던 인물이다. 황제 숭배를 로마 제국의 국가 종교로 발전시켜 제국의 통일을 꾀하려는 것이 목적이었다. 이 황제 숭배는 소아시아에서 가장 강력히 추진되었으며 도미시안 통치 때 에베소에 황제 숭배를 위한 새 신전이 세워졌고 제사장이 임명되기도 했다. 누구나 황제를 "우리의 주(主)와 신(神)"(Dominus et Deus noster)으로 숭배하게 했다. 이런 상황이 계시록에 반영된 박해 상황에 가장 잘 어울리고 있기 때문에 오늘날 대부분의 학자들이 예외없이 계시록의 기록 시기를 도미시안의 통치 말기인 90~95년경으로 생각하고 있다. 저자는 이 시기에 소아시아에서 기독교 교회들로 하여금 박해를 잘 견뎌내도록 격려하고 동시에 하나님께서 그의 백성들을 끝내 악의 세력에서 구원해 주실 것이라고 확신시켜 줄 목적으로 이 계시록을 기록한 것으로 생각된다.

5. 구조와 내용

요한계시록의 구조는 학자들에 따라 여러 가지로 이해되고 있다. 그중 하나는 요한계시록이 이스라엘에 대한 저주 선언과 열방에 대한 저주 선언을 포함하고 있는 구약 예언서들의 형태로(에스라 25-32장 참조) 구성되어 있다고 보는 입장이다. 이런 이해에 의하면 계시록 4-11장은 이스라엘이 예수를 배척한 것 때문에 하나님의 진노가 그들에게 임하는 것을 보여주며 또한 주후 70년의 예루살렘 멸망을 가리킨다. 다른 한편 12장 이하에서는 이방의 박해자인 로마의 미래 멸망이 암시되고 있다. 하나님이 예루살렘을 이스라엘의 죄 때문에 멸망시킨 것과 마찬가지로 로마를 그들의 죄 때문에 멸망시키실 것이다. 이것이 계시록의 위로의 메시지이다. 이렇게 보면 계시록은 전반(前半) 이스라엘에 대한 하나님의 진노와 심판, 그리고 후반(後半) 로마에 대한 하나님의 진노와 심판으로 크게 나누어지게 된다.

그러나 많은 학자들은 계시록의 구조를 "7"이란 숫자를 중심으로 7구분하는 경향이 있다. 일찍이 로마이어(E. Lohmeyer)는 7이란 숫자가 "이 책의 구성 원리"라고 말한 바 있는데 실제로 7이란 숫자가 계시록 전반에 걸쳐 중요한 역할을 하고 있기 때문에 계시록을 크게 일곱 부분으로, 그리고 다시 그 각 부분을 일곱으로 재구분하고 있다. 보우만(J. W. Bowman)은 요한계시록을 7막(幕) 7장(場)으로 구성된 드라마로 이해하고 있기도 하다. 7이란 숫자를 중심으로 요한계시록을 7부분으로 나누어 읽는다면 다음과 같은 구조로 이해할 수 있게 된다.

서론(1:1-8).

제1부 지상의 교회(1:9-3:22).

1. 일곱 금촛대 가운데 나타나신 인자같은 이(1:9-20).
2. 일곱 교회들에 보낸 편지(2-3장).
   (1) 열정을 잃은 에베소 교회(2:1-7).
   (2) 박해받는 서머나 교회(2:8-11).
   (3) 너그러운 버가모 교회(2:12-17).
   (4) 타협하는 두아디라 교회(2:18-29).
   (5) 죽은 사데 교회(3:1-6).
   (6) 선교하는 빌라델비아 교회(3:7-13).
   (7) 교만한 라오디게아 교회(3:14-22).

제2부 역사에 있어서의 하나님의 목적(4:1-8:1).

1. 하늘 보좌에 계신 하나님(4:1-5:14).
2. 일곱 봉인(6:1-8:1).
   (1) 흰 말을 탄 자(6:1-2).
   (2) 붉은 말을 탄 자(6:3-4).
   (3) 검은 말을 탄 자(6:5-6).
   (4) 누렁 말을 탄 자(6:7-8).
   (5) 순교자들의 기도(6:9-11).
   (6) 종말 사건들(6:12-7:17).
      1) 우주의 대격변(6:12-17).
      2) 순교자들의 봉인(7:1-8).
      3) 하늘의 순교자들(7:9-7:17).
   (7) 하늘의 침묵(8:1).

제3부 환난을 당하는 교회(8:2-11:18).

1. 성도들의 기도(8:2-6).
2. 일곱 천사의 나팔(8:7-11:18).
   (1) 우박과 불이 떨어짐(8:7).
   (2) 산이 바다에 던져짐(8:8-9).
   (3) 별이 강과 샘에 떨어짐(8:10-11).
   (4) 천체가 빛을 잃고(8:12) 독수리가 3가지 화를 예고함(8:13).
   (5) (첫째 화) : 지옥 구덩이와 메뚜기(9:1-12).
   (6) (둘째 화) : 네 천사들(6:13-15), 2억의 기병들(9:16-21).

작은 책을 가진 강한 천사(10:1-11), 이방인의 시대, 두 예언자, 악한 도시(11:1-14).

(7) (셋째 화) : 하늘에서의 예배(11:15-18).

제4부 교회의 구원(11:19-15:4).

1. 성전 안의 언약궤(11:19).
2. 일곱 표적들(12:1-15:43).

(1) 여인과 용(2:1-18).

(2) 바다에서 올라오는 짐승(13:1-10).

(3) 땅에서 올라오는 짐승(13:11-18).

(4) 어린양과 144,000 순교자(14:1-5).

(5) 공중을 나는 천사(14:6-13).

(6) 흰 구름을 타고 오는 인자(14:14-20).

(7) 구원받은 자들의 어린양 송가(15:2-4).

제5부 고뇌 가운데 있는 세상(15:5-16:21).

1. 증거의 장막(15:5-16:1).
2. 일곱 대접(16:2-21).

(1) 땅에 대한 재앙 : 사람의 종기(16:2).

(2) 바다에 대한 재앙 : 피(16:3).

(3) 강과 샘에 대한 재앙 : 피(16:4-7).

(4) 태양에 대한 재앙 : 뜨거운 열(16:8-9).

(5) 짐승의 왕좌에 대한 재앙 : 흑암(16:10-11).

(6) 유브라데강에 대한 재앙 : 아마겟돈(16:12-16).

(7) 공중에 대한 재앙 : 황폐(16:17-21).

제6부 세상의 심판(17:1-20:3).

1. 성소에서 나와 일곱 재앙을 쏟는 천사 중의 하나(17:1-2).
2. 일곱 재앙의 전개(17:3-20:3).
 (1) 주홍색 짐승을 탄 여인(17:3-5).
 (2) 그 여인과 싸우는 짐승(17:6-18).
 (3) 마지막 우주적 오라토리오(48:1-19:10).
 (4) 흰 말에 관한 하나님의 말씀(19:11-16).
 (5) 태양 안에 서 있는 천사(19:17-18).
 (6) 아마겟돈 전쟁(19:19-21).
 (7) 지옥에 던져진 사탄(20:1-30).

제7부 천년 시대의 교회(20:4-22:5).

1. 그리스도와 함께 보좌에 앉은 교회(20:4-6), 사탄의 제한된 권위와 패배(20:7-10).
2. 하나님의 일곱 가지 계획(20:11-22:5).
 (1) 옛 하늘과 옛 땅(20:11),
 (2) 최후의 심판(20:12-15).
 (3) 새 하늘과 새 땅(21:1).
 (4) 새 예루살렘(21:2-8).
 (5) 새 예루살렘의 측량(21:9-21).
 (6) 새 예루살렘의 조명(21:22-27).
 (7) 새 예루살렘의 생명샘(22:1-5).

결론(22:6-21).

이렇게 요한계시록 전체를 7부분으로 나눌 경우 우리는 여기서 교차 대칭 구조(chiastic structure)를 볼 수 있게 된다. 즉 제1부 지상의 교회는 제7부의 천년 시대의 교회와 대칭되며, 제2부의 역사에 있어서의 하나님의 목적은 제6부의 세상의 심판과 연결되고, 제3부의 환난을 당하는 교회는 제5부의 고뇌 가운데 있는 교회와 관련된다. 그리고 가운데 부분인 제4부에서 교회의 구원이 중심을 이루고 있다. 결국 계시록의 메시지는 세상의 환난 가운데서 교회를 구원하시는 하나님의 최후 승리에 대한 메시지라고 말할 수 있으며 신약성서 27권 중 마지막에서 요한계시록은 신약성서의 해피 엔딩(happy ending)을 이루고 있는 셈이다.

신약성서개론

초　판　1 쇄 / 1986년 11월　25일
초　판 13 쇄 / 2003년　2월　28일
개정판　1 쇄 / 2006년　1월　10일
개정판　4 쇄 / 2015년　3월　10일

지 은 이 / 김 득 중

발 행 인 / 김 철 환
편 집 인 / 최 태 훈

발 행 소 / 도서출판 컨콜디아사
(기독교한국루터회 총회 출판국)
서울시 용산구 소월로2길 21-11 루터교센터
(전화) 3789-7452, 7453　(팩스) 3789-7457
등록 / 1959년 8월 11일(제3-45호)

책　값　16,000원

ISBN 978-89-391-0112-8　03230